세상
좀 바꾸고
갈게요

세상 좀 바꾸고 갈게요

기후위기와 젠더문제가 공부만큼 중요하다고 믿는 십대들에게

초판 1쇄 발행 2021년 3월 12일

초판 3쇄 발행 2022년 6월 1일

지은이	제이미 마골린
추천사	그레타 툰베리
옮긴이	정아영
펴낸이	이영선
책임편집	김영아
편집	이일규 김선정 김문정 김종훈 이민재 김영아 이현정 차소영
디자인	김회량 위수연
독자본부	김일신 정혜영 김연수 김민수 박정래 손미경 김동욱

펴낸곳 서해문집 | 출판등록 1989년 3월 16일(제406-2005-000047호)

주소 경기도 파주시 광인사길 217(파주출판도시)

전화 (031)955-7470 | 팩스 (031)955-7469

홈페이지 www.booksea.co.kr | 이메일 shmj21@hanmail.net

ISBN 979-11-90893-49-7 43330

기후위기와
젠더문제가
공부만큼
중요하다고 믿는
십대들에게

세상
좀 바꾸고
갈게요

제이미 마골린 지음
그레타 툰베리 추천사
정아영 옮김

서해문집

특별한 어린이, 청소년들에게

아무도 우리를 막을 수 없어

이 책은 행동하는 우리를 위한 도구 상자다

이 책의 저자인 제이미 마골린에 대해 처음 들은 건 2018년 5월이었습니다. 스웨덴에서 7월 21일에 있을 제로 아워Zero Hour의 국제 청소년 기후 행진을 다른 사람들과 함께 준비하는 중이었어요. 제가 스웨덴 국회의사당 앞에서 1인 시위를 하기 몇 주 전이었습니다.

이전에는 기후, 환경, 지구와 인류의 미래, 생존의 문제에 관심이 있는 십 대를 만난 적이 없었어요. 청소년은 기본적으로 게으르고 이기적이며 기후와 생태계 위기에는 전혀 신경 쓰지 않는다고 여겼습니다. 제이미 같은 사람은커녕 변화를 바라거나 주변에서 어떤 일이 벌어지고 있는지 제대로 보려는 제 또래가 아무도 없는 것 같았고, 그래서 외로웠어요.

하지만 계속해서 제 생각이 틀렸다는 사실이 증명됐습니다. 저와 똑같이 느낀 청소년이 셀 수 없이 많다는 것을 알게 됐어요. 우리 세대가 세상을 바꾸고 싶어 하는 것은 물론, 지키고 싶어 한다는 것을 알게 됐어요. 우리는 뭘 해야 할지 모를 뿐이었습니다. 어떻게 하면 좌절과 절망을 원동력 삼아 적절한 방향으로 나아갈 수 있는지 모를 뿐이었어요. 그리고 이 때문에 우리는 편안한 생활 밖으로 나가 행동하기를 주저하고 있었던 것입니다.

이곳저곳을 방문하고 경험을 쌓으며 더 많은 사람을 만날수록 기후와 생태계 위기의 해결책에 대한 확신이 들었습니다. 이건 다른 여러 위기의 해결책이기도 한데요. 간단합니다. 해결책은 바로 사람이에요.

특히 청소년입니다. 청소년이 지닌 힘은 강하고 아무도 꺾을 수 없습니다. 환경 문제를 해결할 사람은 우리입니다. 힘을 합친 우리 청소년들입니다. 지금 우리가 해야 할 일은 힘을 연결하고 행동으로 바꿀 방법을 찾는 것입니다.

우리가 함께 무엇을 해낼 수 있는지 진정으로 깨달을 때, 우리가 간절히 기다리는 티핑 포인트가 찾아올 것입니다. 머지않아 그 순간에 도달할 것이라고 확신해요. 여러분도 마음 깊숙이 그렇게 느끼고 있지요? 문제는 이 티핑 포인트가 언제 나타날 것이며, 때맞춰 나타날 것인가입니다.

제로 아워 캠페인이 시작되고 나서 많은 것들이 움직이기 시작했습니다. 하지만 아직 충분하지 않아요. 여전히 꼼짝 못 하고 있는 듯한 느낌마저 들 때도 있습니다. 그래서 지금 우리에게는 다음 단계가 무엇이며 어떻게 해야 하는지를 알려줄, 그리고 종종 첫 단계에 대해서까지도 알려줄 지침이 절실해요. 이 책이 필요한 이유입니다.

세상을 바꾸려면 필요한 도구를 갖춰야 합니다. 바로 이 책에서 그 도구들을 찾을 수 있을 것입니다.

2019년 11월 12일

그레타 툰베리

제이미 마골린이 《세상 좀 바꾸고 갈게요》에서 여러 번 강조하듯 어린이와 청소년은 어른보다 훨씬 도덕적인 측면에서 우위에 있으며, 이해관계에 얽히지 않은 순수함과 정의로움이 있습니다. "왜"라는 질문에서 시작해 어떻게, 무엇을, 누구와 함께할 것인지부터 세상을 바꾸기 위한 메일 작성법, 통화 요령, SNS 활용 팁까지 친절한 가이드 역할을 해줍니다. 이 책을 통해 청소년 여러분은 새로운 시대를 여는 희망의 전사가 될 수 있을 것입니다. 《세상 좀 바꾸고 갈게요》는 청소년들에게 건네는 말이기도 하지만, 어른들이 편견과 선입견을 부숴야만 이 세상이 정의로워질 수 있다는 외침이기도 합니다. 청소년 활동가를 기특하고 대단한 것으로 여기는 것이 아니라, 한 사회의 동등한 시민으로 존중할 때, 그 사회는 비로소 한 걸음 나아갈 수 있기 때문입니다.

'청소년이 무슨 시위냐. 대학 가서 해라', '어른들의 영역에 목소리 내지 마라', '기특하다'-우리를 향해 사람들은 이렇게 말합니다. 한국의 청소년들이 주도하는 청소년기후운동조직인 청소년기후행동은 기후문제에 대해 가장 오랜 시간 영향받을 당사자 중 한 명으로서, 온실가스 정책의 즉각적인 변화를 요구해왔습니다.

청소년기후행동의 목표를 이루기 위해 우리는 끊임없이 시행착오를 거쳤고, 그 과정에 실제로 큰 도움이 되었던 건 이 책의 저자 제이미 마골린이 세운 청소년 국제 환경 단체 제로 아워에서 나온 지침들이었습니다.

《세상 좀 바꾸고 갈게요》가 많은 활동가에게 진짜 필요한 도움을 줄 거라고 믿고 있습니다. 왜냐하면 우리는 우리의 목소리가 세상을 어떻게 바꿀 수 있는지 그 방법 하나를 찾기가 너무 어려웠기 때문입니다. 세상을 바꾸어보고자 하는 청소년이라면 누구나, 다양한 노하우와 그것을 실제로 적용한 사례를 이 책에서 확인하길 바랍니다. 세상을 바꾸는 방법은 거창하지 않습니다.《세상 좀 바꾸고 갈게요》속 지침들을 참고하여 좀 더 용기 내어 목소리를 낼 수 있길 바랍니다.

\<청소년 활동가와의 3분 인터뷰\>

저자의 말 °

세상엔 여러분의 목소리가 절실하다

어둠의 시대가 도래할 때마다 사람, 국가, 변화의 흐름을 지킨 것은 권력에 맞서 용기 내 진실을 말한 민중의 목소리다.

그러나 우리 시대는 반대 목소리를 격려하지 않는다.

우리가 유치원에 던져지면서부터 듣는 얘기란 이런 것들이다 – '조용히 해, 말하고 싶으면 손 들어, 늘 시키는 대로 해야지, 고개 숙이고 네 할 일이나 해, 윗사람 말에 반문하지 마, 그냥 그대로 받아 적고 외우면 돼'. 또 이런 얘기를 듣는다 – '규칙만 잘 따르면 확실하고 안전한 길이 네 앞에 펼쳐질 거야. 좋은 성적을 얻고, 성공적인 삶을 살게 된다는 말이지. 밝은 미래를 위해 열심히 공부하렴'.

그런데 그렇게 공부해서 준비할 미래가 없다면 어떻게 되는 걸까? 예컨대 여러분 세대가 딛고 있는 지구가 기후 변화로 더는 인류 문명을 지탱할 수 없는 지경에 이르렀다면 어떻게 되는 걸까?

우리가 당연히 따르게 돼 있는 틀에 박힌 규칙들이 더는 적용되지 않을 것이다. 기후 변화로 급변해 내일을 보장받지 못하는 세상에서 학교 시스템 속의 확실하고 안전한 길을 따라가면 밝고 성공적인 미래가 있을 것이라는 논리는 더 이상 작동하지 않는다.

유감스럽게도 우리가 잘하는 공부, 암기, 규칙 따르기 등은 우리 자신을 구하는 데 도움이 안 된다. 우리를 기계에 들어갈 또 하나의 부품으로만 보는 세상에 익숙해지면 익숙해질수록, 우리는 자신 앞에 놓인 불의를 보지 못하고 의문을 품지 않게 된다.

오늘날 많은 어른이 의문을 제기하고 저항할 의지를 잃은 채, 혹은 그럴 에너지가 다 빠져버린 듯이 살아간다(물론 전부 다는 아니다. 내가 태어나기 훨씬 전부터 이 싸움을 훌륭히 치러 오고 있는 원주민 어른들에게 감사를 표하고 싶다). 오해하지 않기를 바란다. 어른들에게는 우리와 나누고 세상을 바꿀 풍부한 경험과 지혜가 있다. 세상을 바꾸려면 세대를 아우르는 사회 운동을 해야 한다. 세대 간의 대립을 조장하거나 우리에 앞서 변화를 위해 애쓴 세대들이 있다는 사실을 잊어서는 안 된다. 앞선 이들의 업적을 잊는 것은 굉장히 무례한 일이며, 과거로부터 배울 가능성을 차단하는 것이나 다름없으므로 우리 스스로에게도 해로운 일이다. 앞선 세대의 활동가들이 변화의 길을 닦아놓았기 때문에 우리 청소년들이 있는 것이다. 우리는 늘 이 사실을 인정하고 존중해야 마땅하다. 그렇지만 현재 권력을 가진 어른은 애초에 문제를 야기한 것과 똑같은 억압적 논리와 방식에 근거해 우리 세대가 직면해 있는 기후 변화 같은 큰 문제와 싸우려 하고 있다.

청소년은 어떤가? 우리는 아직 의지가 꺾이거나 지치지 않았다. 어른들과 비교해 우리의 내면은 세상을 곧이곧대로 수용하길 거부하며 의문과 도전 의식으로 넘친다. 우리에게는 세상을 바꿀 생기 있는 에너지, 통찰력, 그리고 특별한 힘이 있다. 우리가 학교에서 곤란한 상황에 빠지는 것은 대개 규칙에 의문을 제기할 때다. 하지만 규칙에 의문을 품을 때야말로 우리는 위대한 힘을 발휘할 수 있다.

흔히 젊은이는 언제나 역사의 옳은 편에 있어왔다고 말하곤 한다. 나는 이 말을 단순히 위트 있는 농담이 아니라 완전한 진실이라고 믿는다. 우리가 늘 역사의 옳은 편에 서왔다는 사실은 역사를 통해 수없이 증명된 바다.

마틴 루서 킹 목사가 감옥에서 희망을 잃기 시작할 때 그를 도와 결정적 민권 투쟁을 승리로 이끈 것은 누구인가? 청소년이다. 1960년대 미국 앨라배마주 버밍햄에서 벌어진 어린이 행진으로 당시 민권 운동의 판도가 바뀌고 이는 차별 정책의 철폐로 이어졌다.

다코타 액세스 송유관 건설*을 반대하는 혁명과도 같은 #NODAPL No Dakota Access Pipeline 운동을 시작한 것은 누구인가? 청소년이다. 원주민 보호구역 스탠딩 락Standing Rock의 수 부족Sioux 청소년이 연장자의 저항을 무릅쓰고 시작한 이 시위는 우리가 석유 산업에 맞서

---

* 미국 노스다코타, 사우스다코타, 아이오와, 일리노이 등 4개 주를 관통하는 대형 송유관 건설 사업.

는 방식을 완전히 바꾸고 미국 전역 원주민 사회를 전례 없는 수준으로 결집시켰다.

청소년의 목소리는 강력하다. 우리는 거의 모든 이슈에 있어 높은 도덕적 우위를 지니고 있기 때문이다.

우리와 우리의 세상을 억압하는 그 어떤 시스템도 우리가 만들어내지 않았다. 우리는 태어날 때부터 좋든 싫든 그 시스템을 강요받았을 따름이다. 우리에게는 숨은 의도가 없다.

청소년은 사회 운동을 통해 이기적으로 이득을 취하려고 하는 게 없다. 사회 운동을 한다고 금전적 보상을 받는 경우도 거의 없을뿐더러 드물게 명성을 얻기는 하지만 그렇더라도 대개가 미미하고 덧없는 수준이다.

청소년은 부정한 동기로 목소리를 내지 않는다. 우리가 권력에 맞서 진실을 말하는 것은 진정으로 변화를 갈망하며 더 나은 세상을 꿈꾸기 때문이다. 청소년의 목소리가 순수하고 강할 수밖에 없는 이유다. 늘 그래 왔고, 앞으로도 그럴 것이다.

사회는 우리를 맹목적으로 규칙이나 따르도록 길들이려 하지만 우리는 질리고 질린 허튼소리를 능숙하게 꿰뚫어 볼 수 있다. 사회를 운영하는 어른이 인정하든 인정하지 않든 지금의 청소년이 지금, 이 순간의 진실이다. 늘 그래 왔다.

내 이름은 제이미다. 이 책을 쓰는 지금 고등학생이고, 특별한 건 전혀 없다. 정치가 집안이나 활동가 집안, 혹은 부유한 집안에서 태어나지도 않았다. 내 손을 잡고 활동가가 되는 길을 친절하게 안내해준 사람도 없었다. 어쩌다보니 무책임하며 부패한 지도자들에, 그리고 우리 세대에게 남겨질 살기 어려울 정도로 무너져가는 세상에 진저리가 나게 된, 그저 무사히 고등학교를 졸업하길 소망하는 여자아이일 뿐이었다(지금도 마찬가지다).

나는 열네 살 무렵 내가 발을 내딛는 곳이 어떤 세계인지 확실히 알지 못한 채 사회 운동을 시작했다. 그때 내게 한 권 있기를 간절히 바랐던 책이 바로 이런 책이다. 다른 청소년 활동가들은 자신과 똑같은 경험을 해서 그게 어떤 상황인지 실제로 잘 아는 사람으로부터 안내를 받으며 활동할 수 있기를 바란다. 그 마음으로 한 장 한 장 모든 페이지를 진실로, 청소년 활동가로서의 여과되지 않은 경험과 조언으로 채웠다.

책장을 넘길 때마다 활동 구축, 공동체 조직, 비영리 단체, 그리고 체인지 메이킹에 관해 내가 갖고 있는 내부 정보를 만날 수 있을 것이다. 이 책은 청소년 활동가가 되는 길을 알려주는 안내서다. 체인지 메이킹의 세계는 신나고 힘이 샘솟는 자극으로 가득하므로, 희망과 안도감을 안고 당면한 도전 과제에 맞서며 앞으로 나아갈 수 있을 것이다.

세상을 향해 던질 말도, 세상을 위해 줄 수 있는 것도 분명히 많아 보이는데 자신은 그러기에 부족하다며 주저하는, 재능 있는 청소년을 무척 많이 만났다. 이들은(나는 이 친구들과 나눈 대화 덕분에 일하는 방식과 활동 내용을 개선하기도 했는데도) 끝없이 자신이 활동가가 될 만큼 똑똑하지도 용감하지도 않으며, 어떤 식으로든 부족하다고 믿고 있었다.

주제에 맞지 않게 정치를 하려 한다고 비아냥대거나 대의나 이상을 좇기엔 능력이 모자란다고 여러분을 깎아내리는 사람은 모두 다 거짓말쟁이다. 여러분(지금 이 글을 읽고 있는 바로 당신!)은 우리와 같이 세상을 바꾸는 젊은이다.

여러분은 우리 중 한 명이다. 환영한다.

나에게 있어 활동가로 살아가는 여정이란, 세상 그 무엇과도 바꾸고 싶지 않은 것이다. 여러분이 이 여정의 어디에 위치해 있든 문제없다. 아직 두려운 마음을 안고 사회에 영향을 미치고자 하는 격동의 세계에 발만 살짝 담가보려 하는 중이어도 좋다. 앞으로 나아갈 자신도 있고 준비도 돼 있으니 약간의 지침만 필요하다면, 그것도 좋다. 자신의 지역구 의원을 상대로 로비 활동을 하고 압력을 행사하는 것이 껄끄럽거나 시위에 참여하고 공동체를 조직하는 것이 걱정된대도 전부 괜찮다! 현재 자신의 목소리를 내는 것이 어렵다고 해서 앞으로도 쭉 그럴 수밖에 없는 것은 아니다. 행동주의 여정을 걸어나가는 과정에서 여러분은 함께할 동료를 얻게 될 것이다. 배우고 성장하고 진화할 것이며, 목표가 무엇이든 여러분은 그곳에 도달하게 될 것이다. 내가 장담한다. 이렇게 자신만만하게 말할 수 있는 것은 나도 얼마전까지 여러분과 같은 입장이었기 때문이다. 나는 세상에 대한 두려움과 걱정으로 가득하지만, 뭘 어떻게 시작해야 할지 막막하고 자신감 없는 열네 살이었다.

그래서 내가 행동주의를 시작할 때 누군가 알려주길 바랐던 것들을 진실하게 모두 털어놓으려 한다. 좋은 점과 나쁜 점 모두 말이다. 조심해야 하는 것들, 내가 다뤄야 했던 문제들(그러니 여러분은 나보다 수

월하게 그 문제에 대처할 수 있을 것이다!), 그리고 고무적이긴 하지만 두루뭉술한 말들과 미사여구에 가려진 힘들고 유쾌하다고 할 수 없는 모든 일에 관해 이야기할 것이다.

나는 국제 환경 운동도 해야 하고 숙제도 너무 많아서 늘 지쳐 있는 고등학생이다. 사탕발림 같은 말을 떠들고 있을 시간이 없다. 이 책에는 여러 가지 조언과 참고할 만한 전략들도 있지만, 청소년 활동가로 살고 있는 나의 진짜 이야기도 있다. 매서운 폭풍우가 몰아치던 날, 연방 대법원 밖에서 즐겁게 시위를 한 일, 화석 연료 업계 로비스트가 내 어깨를 오싹하게 움켜잡으며 '얘야' 하고 부른 일, 커다란 조직의 온갖 내부 업무를 처리해본 일 등 말이다. 사회 정의 활동을 하는 다양한 관점을 접할 수 있도록 각 장이 끝날 때마다 내게 영감을 주는 다른 청소년 활동가들과의 인터뷰 발췌본도 실었다(인터넷 사이트 YouthToPower-Book.com을 방문하면 인터뷰 전문을 볼 수 있다). 여러분이 이 이야기들에서 영감과 용기를 얻고, 하려는 활동을 하는 데 도움을 받기를, 그리고 때로는 무엇을 '하면 안 되는지'도 확실히 알 수 있기를 바란다.

나의 현실도, 다른 활동가들의 현실도 극적인 음악을 배경으로 펼쳐놓은 화려한 시위 장면들의 몽타주가 아니다. 소셜 미디어에서 볼 수 있는 젊은이들이 당당한 얼굴로 의기양양하게 행진하고 있는 사진 같은 것들은 전체 이야기에 전혀 채워지지도 않는다. 나는 (내가 알거나 함께 일하고 있는 다른 청소년 활동가들도) 수많은 메일을 처리하려 애쓰면서 숙제와 비교과 활동을 저글링 하듯 하는 동시에, 쉬는 시간이면 불도 잘 안 들어오는 학교 의상실로 가 꼬리에 꼬리를 물고 이어지는 영상 회의를 하며 하루하루를 보낸다. 거기서는 아무리 각도를 잘 잡아 보려 해도 턱이 네 개로 나온다.

이 책을 발판 삼아 이전에 배운 것들을 잊고 좋은 문제를 일으키고, 현 상황을 깨부수고, 여러분의 목소리를 내고, 문제투성이 권력자들에게 도전하고, 문화를 바꾸고, 법을 바꾸고, 그렇다, 나아가 세상을 바꾸자.

이 책은 청소년 혁명의 선언문이다.

책장 귀퉁이를 접고 메모를 써넣고 순서와 상관없이 읽고 형광펜을 칠하고 찢어서 침대맡에 붙여라. 내용을 소화하는 데 도움이 된다면 변기에 넣고 내려버려라. 나는 하나도 언짢지 않다(변기가 막힐 수도 있으니 조금 염려는 된다).

우리는 같은 처지다. 나는 여러분에게 이렇게 또는 저렇게 하라고 지시하거나 내가 더 나은 듯 굴거나 모든 걸 아는 체하지 않을 것이다. 사실 나도 여러분과 마찬가지로 아직 배우는 중이다. 우리는 함께 나아가는 것이다.

이 책이 여러분 자신의 혁명을 시작하는 데 지침이 되어줄 것이다. 어떤 혁명이든 좋다.

우리 함께하자.

부디 계속 읽고 우리 함께 싸움에 기꺼이 뛰어드는 활동가가 되자.

기꺼이 싸우고, '이기는' 활동가가 되자.

제이미 마골린 Jamie Margolin, 18세, 여성 She/Her *

제로 아워 설립자, 아워 칠드런스 트러스트Our Children's Trust 소송 원고,
기후 정의 활동가, 작가, LGBTQ+ 청소년과 퀴어 여성 옹호 활동가

기후 행동에 나선 건 초등학교 2학년 때였다. 나는 기후 위기와
환경 파괴를 다룬 다큐멘터리를 보며 자랐고, 자연스럽게 내 미
래에 대해 두려운 마음을 가질 수밖에 없었다. 나는 행동하고
싶었다. 하지만 방법을 몰랐다. 나는 자그마한 그린 클럽 배지
를 만들어 친구들에게 나눠주며 말했다-"우리 같이 지구를 살
리자".

사회에 영향을 미치는 사람이 되려면 나이도 더 들어야 하고
대학도 졸업해야 한다고 세상이 끊임없이 내게 말하는 것 같았
다. 그래서 나는 환경 문제를 친구에게 이야기하거나 학교 과제

---

* 여기서 '여성'은 생물학적 성별이 아닌 젠더 정체성을 의미한다. 이름 다음에 she/her,
he/him, 또는 they/them이라고 표기하는 것은 인터넷 상에서 널리 퍼져 있는 방식으로,
자신의 성 정체성을 드러내고 상대방의 혼란을 방지하기 위한 것이다. 성 소수자가
아니어도 성 소수자에 대한 지지를 표현하기 위해 쓸 수 있다. 한편 they/them은 남성,
여성이 아닌 제3의 성이거나 성 정체성을 밝히고 싶지 않을 때 쓰는 성 중립적 단수형
인칭 대명사로, 이 책에서는 '제3의 성'으로 옮겼다.

주제로 삼았고, 그게 내가 할 수 있는 사회 운동의 최대 범위였다. 하지만 당연히 만족스럽지 않았다. 그러다 2016년 대선 때 내게 청소년으로서의 특별한 힘과 식견이 있다는 것을 깨달았고, 더 이상 침묵하지 않기로 결심했다.

고등학교 1학년 때 지역 선거 사무소에서 가장 어린 인턴으로 활동했다. 선거철이 끝나고는 풀뿌리 시민 단체에 들어가 선출직 공직자와 지자체를 상대로 기후 위기에 대해 알리고 로비 활동을 벌이며 상식적인 조치를 요구하는, 중요하지만 매력적이진 않은 일을 했다.

그렇게 만나는 어른들은 내가 청소년이라고 내 목소리를 경청해주지 않았다. 그래서 나는 국가적 차원에서 사회 운동을 벌이기로 했고, 국제 청소년 기후 정의 조직인 '제로 아워'를 창설했다. 제로 아워의 공식적인 주도로 2018년 여름에 워싱턴 D.C., 그리고 전 세계 25개 이상의 도시에서 청소년 기후 행진이 진행됐다. 제로 아워는 현재 일어나고 있는 기후 행동을 위한 학교 파업의 토대를 마련하고 영감을 주었다. 청소년 기후 행동에 대한 관심이 높아지고 있지만, 나는 식민주의같이 당초 기후 위기를 낳은 원인인 억압적인 시스템을 다루는 데 계속해서 집중하고 있다.

이 기막힌 여정을 거치며 나는 아워 칠드런스 트러스트가 이끈 '아지 P. 대 워싱턴주 소송Aji P. v. State of Washington'에 원고로 참여해, 살기 좋은 환경을 누릴 우리 청소년 세대의 헌법상 권리를 부정한 데 대해 내 고향인 워싱턴주를 고소하기도 했다. 지금 나는 환경 정의를 지키는 데 필요한 자원을 결집하고 조직하는 일을 한다. 전 세계를 대상으로 연설을 하고 환경 문제를 알리고 사람들을 규합한다. 실수하고 다시 시도하고 또 실패하고 최선을 다해 일하고 다른 사람들로부터 배우면서, 조직가이자 활동가로 살아가는 요령을 체득했다. 그리고 여러분이 나처럼 헤매지 않길 바라는 마음으로 내가 알게 된 모든 것들을 이 책에 실었다. 여러분은 내가 그랬듯 아무것도 없이 망망대해에 뛰어드는 대신 이 책을 들고 한결 수월하게 변화를 향한 여정을 걸어나갈 수 있기를 바란다.

1 자신만의 '왜'를 찾아라

활동가 여정의 시작

활동가가 되는 데 가장 중요한 일은 먼저 자신만의 **왜**를 찾는 것이다.

자신만의 **왜**를 찾는 일은 공동체를 조직하거나 활동을 기획하는 등의 모든 구체적 활동에 앞서는 것으로, 활동가로서 변화를 만들어 나가는 여정의 기초 단계라고 할 수 있다. 왜 활동가가 되려 하며 정확히 무엇을 위해 싸우고자 하는가?

무턱대고 뛰어들기 전에 자신이 왜 싸우려 하는지를 잘 알고, 그 이유를 명심하며 활동가로서의 삶을 꾸려나가야 한다. 분명한 이유와 의도가 있어야 올바른 방향에서 벗어나지 않을 수 있기 때문이다. 변화를 일으키는 방법은 수없이 많고 세상에는 각양각색의 조직과 단체, 대의가 있다. 따라서 자신만의 **왜**가 없으면 어느 길을 선택해야 하는지 혼란스러울 수밖에 없다.

왜는 지엽적 목표가 아니라 자신이 하려는 모든 일을 하게 하는 근본적 이유다. 바뀔 가능성이 거의 없으며, 자신의 삶과 중대하게 연결돼 있기 때문에 싸워서 이루려는 것이다.

왜는 단기 목표가 아니다. 그렇다고 장기 목표도 아니다. 언론의 주목을 받는 것은 **왜**가 아니다. 심지어 집회를 조직하거나 송유관 건설 반대 시위를 하는 것도 **왜**가 아니다. 구체적이라고 할 수 있는 목표는 전부 다 **왜**가 아닌데, 이런 것들은 바뀌기 때문이다. 송유관 건설 공사를 막는 데 성공했다고 해보자. 시위를 벌였고, 그러한 행동주의로 수많은 언론 매체의 관심을 끌었다. 그다음은?

활동가라면 누구나 자신만의 **왜**가 있다. 우리가 어떤 집회에 참여하고, 행사를 기획하고, 기사를 쓰고, 또 어떤 일을 하거나 하지 않는 것은 모두 이 **왜**를 달성하기 위한 전략이다. 각각은 최종 목표가 아니다. 어떤 캠페인을 벌이고 회의에 참석하고 연설을 하는 건 **왜**에 이르기 위한 작은 한 단계, 작은 한 개의 퍼즐 조각, 그저 하나의 전략일 뿐인 것이다.

늘 **왜**를 이루는 데 도움이 되는 행동을 선택해야 한다. 그래야 성공적인 활동가가 될 수 있다. 자신만의 **왜**를 오래도록 가슴에 품고 앞으로 나아가야 간절히 바라는 변화를 불러일으킬 수 있다는 말이다.

나의 **왜**는 외부의 반응과 소음 등 주의를 흐트러뜨리는 모든 것에서 벗어나 나 자신과 마주할 때면 언제나 변함없는 모습으로 나타난다. 나의 **왜**는 바로 미국 태평양 북서부 지역, 내가 자란 곳을 지키는 것이다.

자신의 **왜**를 찾지 못하면 이 책을 덮고 내려놓는 게 나을지도 모른다. 활동을 조직하고 활동을 벌일 수 있는 모든 정보와 노하우를 읽는 것이 시간 낭비에 불과할 테니까.

자, 말해보라.

왜 그 일을 하려는 것인가?

왜 활동가가 되려는 것인가?

왜 어떤 캠페인에 동참하려 하나?

왜 어떤 활동을 시작하려는 것인가?

왜 변화를 위해 싸우려 하나?

너무나도 소중하기 때문에 절대 잃을 수 없다고 생각하는 어떤 장소를 위해서일까?

아니면 특정한 누군가를 위해 싸우려 하는 것인가? 또는 지역 사회나 공동체 때문일까?

그 누구도 절대 다시는 겪지 않길 바라는 어떤 일이 자신이나 자신이 아끼는 누군가에게 일어났나?

자신의 어떤 부분, 자신이 하려는 어떤 일을 세상이 이해해주길 바라는 것일까?

자신이 부당한 일에 관련돼 있었다는 걸 알아차렸고, 다른 사람들도 거기에서 벗어나도록 돕고 싶은가? 자신의 선조가 사회 정의에 반하는 일에 동조했다는 걸 깨달아서 바로 잡고 싶은 것인가?

혼자만의 시간을 가져보자. 시간이 얼마나 걸리든 곰곰 생각해보자. 서두르지 않아도 된다. 자신의 **왜**를 찾아낼 때까지 일주일이고 열흘이고 방 안에 갇혀 머리를 싸매라는 말이 '아니다'. **왜**를 못 찾았다고 해서 시위나 집회, 시민 단체 모임에 나가면 안 된다는 얘기도 아니다. 사실 자신을 움직이게 하는 가치는 보통, 자신을 돌아보고 여러 가지에 도전해보는 적극적인 과정에서 발견할 수 있다. 참여하고 싶은 활동은 무엇이든 참여하고 탐구하고 싶은 주제는 무엇이든 막힘없이 솔직하고 자유롭게 탐구하라. 한 가지 더 명심해야 할 점은 **왜**가 꼭 누가 봐도 훌륭하고 비범한 가치일 까닭은 없다는 것이다.

나의 소중한 멘토, 나탈리 미베인Natalie Mebane의 **왜**는 자신이 어린 시절을 보낸 트리니다드토바고Trinidad and Tobago[*]의 어느 만灣을 지키는 것이다. 나탈리는 기후 정의 활동가인데, '왜 이 일을 하시는 거예요?'라는 내 물음에 어릴 때 가족과 함께 뛰놀았던 그 만의 사진을 보내왔다. 그곳은 카리브해 출신 여성이라는 자긍심을 지닌 나탈리에게는 어마어마한 유산이자 무척 소중한 곳으로, 현재 기후 변화의 영향으로 파괴되고 있다. 그곳이 사라진다면 나탈리는 견딜 수 없을 것이다. 나탈리는 자신이 백만장자라면 죽을 때까지 매 순간을 그곳에서 보내고 싶다고 말한다. 이게 바로 나탈리가 진정으로 추구하는 가치다. 나탈리가 어떤 어려움이 닥치든 환경 활동 조직가로서 자기 일을 해나가게 하는 단단한 버팀목인 것이다.

그러니 자기 생각에 온전히 집중할 수 있는 조용한 장소로 가라. 세상의 모든 방해에서 벗어나라. 스마트폰을 끄고 자기 자신과 솔직한 대화를 나눠라. 성가신 어린아이처럼 끊임없이 **왜**라고 물어라. 얕고 피상적인 답을 얻는 데 그치지 말고, 더 깊어질 수 없는 답이 나올 때까지 **왜**라고 캐물어라.

---

* 카리브해 서인도제도에 있는 섬나라.

이제 나의 **왜**를 자세히 소개해보겠다. 내가 기후 정의 활동가이며, 제로 아워를 세우고, 워싱턴주 정부를 고발하고, 목소리를 내는 이유는 아름다운 태평양 북서부 지역을 지키기 위해서다. 그곳은 내가 자란 곳이고, 어린 시절의 기억을 간직하고 있는 유일한 곳이며, 이 책을 쓴 곳이기도 하고, 내 개인적인 견해로는 지구에서 가장 아름다운 곳이다. 나는 미국 로스앤젤레스에서 태어났고 어머니는 콜롬비아에서 온 이민자지만, 또 미국 여기저기에서 다 살아보고 싶은 데다 언젠가 어머니의 고향인 콜롬비아에도 한동안 머무르고 싶은 바람이 있지만, 영원히 내 가슴속에서 가장 빛나는 곳은 태평양 북서부 지역이다. 산이며 언덕, 바다, 동물과 식물, 그리고 시애틀의 문화와 삶의 방식은 내가 살아가는 이유다. 나의 **왜**는 한마디로 태평양 북서부 지역의 거룩한 생명을 지키는 것이다. 그곳의 상쾌한 공기와 키 큰 상록수, 짭짤한 바닷물, 새, 연어, 사슴, 곰, 물개, 범고래, 비 갠 뒤의 삼나무 내음 없이 나는 살 수 없다.

나는 종교가 없다. 그럼에도 가장 영적인 느낌을 받아본 게 태평양 북서부 연안에서 성스러운 자연 속에 둘러싸여 있었을 때다. 그런데 기후 변화가 이 모든 것을 위협한다. 기후 변화로 바다의 생태계와 경이로운 생명이 파괴되고 있다. 연어가 죽어나가고 이제 물개는 보이지도 않으며 범고래는 멸종될 지경이다. 하늘은 점점 더 뿌예지고 숲은 망가져가고 바다는 산성화되고 있다. 대기 중의 높은 이산화탄소 농도는 바다의 생태계뿐만 아니라 바다에 인접해 있는 시애틀의 문화도 파괴한다.

또 한 가지 짚고 넘어갈 점은 **왜**는 두 개 이상이어도 아무런 문제가 없으며, 각 **왜**에 따라 다양한 활동을 해도 된다는 것이다.

내가 왜 LGBTQ+ 활동가가 되었는가는 이성애 중심 사회(이성애를 표준으로 보는 사회)에서 살아가는 레즈비언으로서의 경험에 뿌리내리고 있다. 내가 퀴어 공동체를 위해 열렬히 목소리를 높이는 까닭은 세상이 나 같은 여자아이를 거부하고 지워버리려 한다는 데서 수치심, 스트레스, 우울감, 소외감, 불안감 등을 경험해왔기 때문이다. 나는 내가 더는 이런 일을 겪지 않아도 되는, 그리고 그 누구도 이런 일을 겪지 않아도 되는 세상을 만들기 위해 온 힘을 다해 싸우고 있다. 나는 사회가 나를 달갑게 여기지 않으며 나를 대신해주는 사람도 없다는 사실을 감당할 수 없을 정도로 실감했고 지금도 가끔 그렇게 느낀다. 더는 어린이 성 소수자가 이런 기분을 맛보지 않아도 되는 사회를 만들고 싶다. 평등과 해방의 가치가 곳곳에 깃든 세상을 꿈꾼다. 기후 행동주의와 달리 LGBTQ+ 행동주의는 내 정체성 및 개인적으로 겪은 경험에서 비롯된 **왜**에 이끌려 시작했다. 내가 LGBTQ+ 활동을 하는 이유는 진실하고 단순하다. 내가 속한 공동체가 억압에서 벗어나 궁극적으로는 생존을 보장받길 바란다는 데서 출발한 것이기 때문이다.

여러분은 무엇을 위해 싸우려 하는가? 없으면 도저히 살 수 없을 것 같은 게 뭔가? 무엇을 빼앗겼는가?

지금 당장 이 책을 덮고, 아니면 오늘 밤 잠자리에 들기 전에, 조용히 앉아 자신에게 물어보자 – "나의 **왜**는 뭐지?".

찾았나?

좋다.

그 가치를 꼭 붙들어라.

그리고 그 내용을 가지고 비전 보드를 만들자. 글을 쓰고 그림을 그리고, 영상을 찍어도 좋다. 그렇게 해서 늘 자신의 **왜**를 상기할 수 있도록 눈에 띄는 곳, 특히 책상 같은 곳에 걸어두자. 왜냐하면 나의 지난 경험에 비추어 보건대 활동가 앞에 놓인 길은 절대 순탄치만은 않으니까.

하지만 우리는 자신이 왜 이 길을 걸어가는지 알고 있다. 그러니 이 길은 헤쳐나갈 가치가 충분하다. 자, 신발 끈을 단단히 묶고 출발하자!

후안 다비드 히랄도 맨도사 Juan David Giraldo Mendoza,
19세, 남성 He/Him / 알레한드로 로테로 세데뇨 Alejandro Lotero Cedeño,
18세, 남성 He/Him

기후 정의 활동가, 미래를 위한 금요일 콜롬비아 지부

제이미 왜 활동가가 되었나요?

후안 콜롬비아 정부가 공립 학교 운영 비용을 지원하지 않으려고 했어요. 그래서 대학가 전체가 동맹 휴업에 들어갔고 저도 참여했죠. 수천 명의 학생이 모여 거리 행진을 벌였어요. 교수님과 교직원분들도 함께였고요. 정부는 4개월 정도 파업을 무시한 끝에 결국 대화에 나설 수밖에 없었죠. 다른 남미 국가들에서도 지지를 보내왔어요. 정부가 받는 압박이 엄청났을 거예요. 그때 시민의 힘을 알게 됐어요.

그러고 나서 얼마 안 돼 《여섯 번째 대멸종》(엘리자베스 콜버트 지음)을 읽었는데, 기후 위기를 다룬 책이었어요. 그때쯤 그레타 툰베리가 미래를 위한 금요일 영상에서 기후 행동을 위한 결석 시위를 촉구하는 모습도 봤고요. 그러자 기후 위기 문제가 너무 심각하게 다가오더라고요. 그 정도가 점점 더 심해져서 공황 발작을 겪는 수준이 되고 말았죠.

결국, 2019년 1월 15일에 안티오키아주 정부 건물 앞에 가서 앉게 됐어요. 라틴아메리카에서 처음으로 기후 행동을 위한 결석 시위를 하게 된 거죠. 얼마 후 알레한드로도 자기 지역에서 시위를 시작했고, 저희 둘은 온라인에서 만나 합심해서 콜롬비아 다른 지역으로부터도 학교 파업을 이끌어냈어요.

제이미 활동가로서 겪은 어려운 점이 있다면 뭘까요?

후안 국가가 학생 시위를 폭력적으로 제압하려는 부분이 그렇죠. 콜롬비아에는 ESMADMobile Anti-Disturbance Squadron라고 불리는 특수 진압 경찰이 있는데 온갖 전술을 구사해서 시위대를 진압해요. 법적으로는 시위의 자유를 보장하고 있다고 하지만 실질적으로 보호받지 못하고 있는 거죠. 보고타에서는 백여 명 정도 되는 학생이 거리 시위를 벌였는데, 이 학생들을 해산시키겠다고 트럭을 동원하기도 했어요.

또 문제는 미디어가 실제 벌어진 일이랑 다르게 왜곡된 보도를 하고 있다는 거예요. 대학생 시위 행진을 했을 때 이 점을 너무 분명하게 느낄 수밖에 없었는데, ESMAD가 시위대를 억압하고 때려놓고는 학생들이 부당한 시위를 전개하고 있기 때문에 자신들은 공무를 묵묵히 수행할 수밖에 없었다는 식으로 TV에 내보내는 거죠. 언론을 통해서 우리를 범죄자로 만들고 경찰이 우리를 공격하는 걸 정당화시키는 거예요. 우리가 왜 시위를 하는지는 제대로 설명을 내보내지도 않고, '폭력적인' 학생들로 몰아서 모든 잘못을 뒤집어씌우는 거죠.

알레한드로 제가 시위를 벌인 곳에서는 경찰이 엄청나게 방해를 했어요. 저희가 시위하는 것 자체를 싫어하더라고요. 시위에 호응을 끌어내는 것도 중요한데, 그렇게 많은 사람이 시위에 동참하지 않거나 저희의 주장을 비롯해 이런 위기 상황에 관심을 기울여주지 않을 때도 있고요. 그래서 제가 감정적으로 회복력이 약한 사람이었다면 이 일을 계속해오기란 어렵지 않았을까 하는 생각이 들 때가 있어요.

소매를 걷어붙이고
일에 뛰어들 시간!

자, 여러분은 자신이 왜 변화를 향한 여정에 나섰는지도 알고, 시작할 준비도 돼 있다. 열의로 넘치고 뭐든 다 할 기세다. 그런데 딱 한 가지 문제가 있다. 수학 시간에 멍하니 앉아 있다가 문득 깨달을지도 모른다─"어떻게 시작해야 할지 전혀 모르겠다고…!".

열네 살 때 나는 세상에 무척 화가 나 있었고 변화를 만들 준비가 되어 있었지만, 어디에서부터 시작해야 할지 정말 전혀 몰랐다. 정치 캠페인에 참여하고 싶고 사회 운동도 하고 싶고 지역 사회에 도움을 주거나 중요한 사안들과 관련해 학교 차원의 활동을 하고 싶었다. 뭔가 '큰일'을 하고 싶었다.

온라인상에서 활동가가 주도하는 사회 운동이 눈에 들어왔고, 곧바로 나도 그렇게 하고 싶다는 꿈에 부풀었다. 그러나 어떻게 하면 그 방향으로 발을 내디딜 수 있는지 도무지 감도 잡을 수 없었다.

활동가로서 첫걸음을 뗄 방법을 모색하기에 앞서, 우선 활동가가 어떤 사람인지부터 알아보자. 그런데 활동가를 한마디로 정의 내리기란 어렵다. 체인지 메이킹 활동에는 각양각색의 다양한 형태가 있고, 그중 어느 하나가 다른 것보다 더 중요한 것도 아니기 때문이다.

자신이 다니는 고등학교나 대학교에서 흑인 학생들이 모여 함께 역량을 기를 공간을 마련하기 위해 흑인 학생회를 만든다면 여러분은 활동가다. 비영리 단체를 설립하면 활동가라고 할 수 있는 것과 다를 바 없이 말이다.

어떤 사람들에게는 행동주의가 학교 문제에 관여하는 것이다. 또 어떤 사람들에게는 블로그 등 소셜 미디어 계정을 운영하며 식민화된 사회에서 간과하기 쉬운 삶 속의 이야기와 중요한 이슈들을 다루는 것이다. 그런가 하면 거리에 대중을 모으는 것이나 정치인을 찾아가는 활동을 하고 싶어 하는 사람들도 있다. 변화를 일으키는 행동은 한 가지만 선택해야 하는 것이 아니다. 어떤 분야를 가장 먼저 시도했다고 해서 쭉 그 방향으로만 나아가야 한다는 압박을 받을 까닭도 없다.

자신의 에너지와 잘 맞는 영역을 찾는 것은 여러 옷을 입어보는 것과 마찬가지다. 마음에 드는 티셔츠가 있으면 원하는 만큼 입고 다니겠지만, 더 이상 자신에게 안 맞다고 판단되면 다른 티셔츠를 입어볼 것이다.

그러니 클럽, 기관, 비영리 단체, 지역 공동체 조직 같은 곳 중 활동가 여정을 시작할 장소를 선택할 때 '일생일대의 결정이 돼야 한다'는 압박감을 갖지 말자. 오히려 그러한 부담 없이 무엇이든 배우려는 자세로 접근하는 것이 좋다. 하나의 그룹이나 조직에만 소속돼야 하는 것도 아니다. 여러 곳에 동시에 참여해도 전혀 상관없으며, 시간이 지나면서 자신이 전개하고 싶은 행동주의의 형태가 바뀔지도 모른다.

이곳저곳 살피고 시험 삼아 해보기도 하며, 무엇보다 '배워라'.

하지만 인생을 완전히 바꾸는 여정은 대개 이메일을 보내는 것처럼 작은 일에서부터 시작된다는 사실을 잊지 않길 바란다.

나의 행동주의 활동은 우리 지역 민주당 사무소에서 보낸 광고를 클릭한 데서부터 시작됐다. 폰뱅크 선거 운동과 관련된 내용이었는데, 회신해달라고 돼 있었다. 그래서 바로 했다!

한 건의 이메일 답장으로 내 커리어, 삶의 여정, 삶의 방식이 송두리째 바뀌었다.

자세히 설명해보면 이렇다. 어떤 이유에서인지 2016년 대선 당시, 선거 캠프들이 내 이메일 주소를 손에 넣었던 것 같다. 나는 이런 스팸 메일을 계속해서 받았다 – '○○○ 후보의 후원금 모금에 동참해주시길 바랍니다. 온 국민의 사활이 걸려 있습니다' 같은 뻔한 선거 운동 메일 말이다.

일반 선거를 앞두고 이메일 하나가 내 눈을 사로잡았다. 민주당 선거 사무소에서 유권자 등록 독려 전화를 걸 자원봉사자를 모집하고 있다는 것이었다. 그 무렵 나는 TV에서 몇몇 후보자들이 쏟아내는 말 때문에 진저리가 난 상태였다. TV 화면에 대고 소리를 지르는 대신 선거 참여 운동에 나서야겠다는 생각이 들었다. 나는 당장 민주당 선거 사무소로 가서 민주주의를 살리는 길이라고 내가 믿는 것에 시간과 에너지를 몽땅 바쳤다. 나는 곧 자원봉사자에서 인턴이 되어 비공식 스페인어 통역사로 일했고(그곳의 유일한 라틴계 직원이었다), 나아가 시애틀 민주당 본부 정규 직원이 되어 좋은 평가를 받으며 자원봉사 교육자로 일했다.

여러분에게 의지를 불어넣기 위해 두 장에 걸쳐 풀어놓은 여러 이야기로 지금쯤 빈틈없는 전략을 기대하고 있을 것 같다. 여러분의 비전이 무엇이든 메가폰을 휘두르며 거리를 행진하는 급진적 활동가로 변모시켜줄 거창한 방법과 해야 할 일 목록이 복잡하게 나올 것이라고 말이다. 하지만 사실 정말 간단하다.

어떻게 시작할까?

1. 들어가고 싶거나 자원봉사를 하고 싶은 조직, 정치 캠프, 지역 공동체 그룹 등을 찾는다. 그저 더 알아보고 싶은 곳이어도 좋다

2. 그곳 담당자에게 연락할 수 있는 이메일 주소나 전화번호를 찾는다. 웹사이트, 소셜 미디어 채널을 비롯해 모든 플랫폼을 뒤져본다

3. 메일을 보내거나 전화를 한다. 궁금한 점을 물어보고 그곳에 참여하고 싶다는 의사를 전한다. 여러분이 누구이며 왜 그곳에 관심을 두게 됐는지 등, 자신에 대해서도 어느 정도 밝히는 것이 좋다. 그 조직이 어떤 일을 하는지 좀 더 파악하기 위해 뉴스레터도 구독하자

4. 과감하게 회의, 행사 등에 참석한다. 이를 통해 알게 되는 것을 바탕으로 언제든 다시 생각해봐도 된다

5. 늘 배움에 열려 있어야 한다. 주어진 일을 하면서 배워라

6. 자신의 '왜'를 발견한다

　　환경 운동을 하고 싶다고 처음 생각했을 때 어디에서부터 시작해야 할지 도무지 알 수 없었다. 그래서 인터넷 검색을 통해 내가 사는 곳의 청소년 환경 단체들을 알아본 후, 그중 한 곳이었던 플랜트 포 더 플래닛 시애틀Plant for the Planet Seattle(클라이밋 체인지 포 패밀리스 Climate Change for Families라고도 한다)에 전화를 걸었다. 바로 담당자와 연결이 됐고, 나는 단숨에 본론을 털어놓았다 - "안녕하세요. 저는 열네 살이고, 제이미 마골린이라고 합니다. 지금 이렇게 전화를 걸어서 여쭤보는 게 맞는지도 사실 잘 모르겠어요. 하지만 저는 정말 기후변화에 대해서 걱정이 많고, 제가 뭔가 할 수 있었으면 좋겠어요".

　　그 문제라면 간단하다는 식의 이야기가 돌아왔고, 곧 나는 그곳의 회의에 참석하게 됐다. 상황이 어떻게 흘러가는 건지도 잘 모른 채 나는 회의실 맨 뒤에 앉아 있었다. 그리고 내 옆에는 그 일을 몇 년 동안이나 계속해온 내 또래이거나 나보다 어린 친구들이 있었다. 그 아이들에 비하면 나는 너무 부족한 것 같았고 자신감도 빠져나가는 기분

이었다 – '저 애는 열두 살인데도 기후 위기 문제에 대응하는 데 나보다 훨씬 더 많은 걸 했잖아. 나는 저렇게 할 수나 있을지도 모르겠어'.

자기가 걸어가고 싶은 사회 운동의 여정에서 자기보다 훨씬 앞서 있는 것 같은 나이 어린 친구들과 한 방에 있는 것보다 더 자신에 대해 불만족스럽게 느끼는 때도 없을 것이다. 하지만 나는 불안감을 삼키고 결심했다 – '나도 이 아이들처럼 될 거야. 나도 할 수 있어'. 나는 점점 더 많은 회의에 참석했다. 질문하고, 배우고, 아이디어와 계획을 제시했다. 그러자 플랜트 포 더 플래닛 시애틀에서는 내가 성장하고 연구하고 리더십을 발휘할 수 있도록 자리를 내주었다.

그곳의 어른들은 자신들이 아는 모든 걸 내게 가르쳐주며, 내가 시애틀의 지역 사회 조직가가 되고 활동가로 성장할 수 있도록 지지하고 이끌어주었다. 나를 활동가 집단의 일원으로 받아들이고 일으켜 세워준 것은 어른들만이 아니었다. 나는 다른 청소년 활동가들과 금세 한 무리가 돼, 그 아이들로부터도 많은 것을 배웠다. 플랜트 포 더 플래닛 시애틀의 모든 청소년 활동가들이 두 팔 벌려 나를 환영해주었다. 우리는 기후 법안 통과를 위한 로비 활동을 하려고 올림피아로 가는 차 안에서 다 같이 뮤지컬 〈해밀턴Hamilton〉의 노래를 목청 터지도록 불렀고, 정치인들과 썩 유쾌하지 않은 대화 시간을 가진 후 함께 팬케이크를 먹으며 몇 시간 동안이나 정치 이야기를 나눴다. 나는 내가 속하고 싶은 공동체를 찾았고 바라던 활동가가 됐다. 단지 인터넷으로 어떤 조직이 있는지 검색을 하고, 전화를 걸고, 뛰어들었기 때문이다.

실제로 해보기 전에는 아무리 만반의 조사와 준비를 한다고 해도 조직가가 될 태세를 완전히 갖출 수 없다. 배우는 유일한 방법은 시작하는 것뿐이다. 찾아낸 조직에 참여하고, 열린 마음으로 어떤 일이든 주어진 일을 성실히 수행하라. 사람들과 대화를 나누고 관찰하고 질문하라.

그리고 자신이 실수를 저지르게 될 것이라는 사실을 빠르게 받아들이면 받아들일수록 좋다. 나는 완벽주의 성향이 있어서 내가 그 모든 내용을 결코 완전히 이해하지 못하고 연달아 실수할 가능성이 백 퍼센트라는 사실을 인정하기가 몹시 어려웠다. 하지만 그게 이 분야에서 일이 돌아가는 방식이다. 우리는 계속 물어보고, 스스로 공부하고, 또다시 부딪혀야 한다. 컴퓨터 앞에 앉아 미친 듯이 조사만 하고 있지 말자. 문밖으로 나가 지역 사회 조직을 도와 무슨 일이든 하고 최고의 스승, '시행착오'로부터 배워라.

지역 공동체나 비영리 단체에 들어가지 않고 기회를 만드는 방법

1. 자신이 사는 지역의 선출직 공무원에게 편지나 이메일을 보낸다 (전화도 좋다)

사실 우리의 대표자와 접촉하는 것은 그리 어려운 일이 아니다. 나는 내가 온 마음과 영혼을 바친 선거 결과가 너무 실망스러워서 어찌할 바를 모르는 상태였다. 나는 우리 지역에 재임 중인 정치인에게 내 목소리와 내 우려가 닿는지 확인하고 싶었다. 그래서 노트북을 꺼내 워싱턴주 의회 의원들과 시애틀 시장, 시애틀 시 의회 의원들에게 보낼 편지의 초안을 작성하기 시작했다. 나도 이전에는 정치인에게 편지를 보내본 적이 없다는 사실을 상기해주기를 바란다. 나는 이제 고등학교 1학년 학생일 뿐, 정치인에게 연락하려면 어떻게 해야 하는지 따로 아는 것이 없었다.

자기 지역구 의원에게 메일을 보내거나 전화를 하는 것은 권력을 가진 이들에게 자신의 의견과 생각을 전할 수 있는 훌륭한 수단으로, 장소에 구애받지 않고 쓸 수 있는 방법이기도 하다. 비영리 단체와 지역 공동체 조직을 내 근거로 삼기 전에는, 일주일에 몇 차례씩 환경 위기에 대한 우려를 담아 주 의원들에게 편지를 보내거나 전화를 하곤 했다. 내가 쓴 편지는 형식을 제대로 갖춘 것도 아니었고, 그렇다고 가식적으로 꾸며 쓴 것도 아니었다. 역사에 길이 남을 정갈하고 멋들어진 편지를 쓰기 위해 아등바등할 필요가 없다. 마음으로부터 우러나는 내용을 평소에 쓰는 표현으로 자연스럽게, 그리고 체계적이고 예의 바르게 쓴 다음, 보내라.

인터넷으로 검색해보면 각 정부 수준*에서 자신이 사는 곳이 어느 지역구에 속해 있는지 금세 확인할 수 있다. 조금 더 클릭하다 보면 해당 의원의 전화번호, 우편 주소, 이메일 주소를 찾을 수 있을 것이다. 정치인에게 연락하려 할 때 우리를 응대하는 사람

---

* 한국의 경우 시, 도, 구, 군.

은 보통 비서이거나 입법 보좌관이다. 그런데 이들은 그 정치인이 제안하는 정책을 만드는 데 일조하는 경우가 다반사기 때문에, 이들과 관계 맺는 것도 중요하다는 사실을 명심해야 한다.

자신이 보낸 메시지를 그 정치인이 반드시 직접 확인하기를 바란다면, 보좌관에게 메시지를 상관에게 꼭 전해달라고 요청하면 된다. 설령 어려서 투표권이 없다 하더라도 우리의 목소리는 정치 시스템에 전달될 자격이 있으며, 편지나 이메일은 어디에서나 보낼 수 있다. 변화를 일으키는 방법은 다양하다. 시스템의 규칙을 깨는 방식이 있는 한편, 규칙을 준수하며 변화를 도모할 수도 있다. 둘 다 가치 있는 일로, 만약 여러분이 아직 어떤 규칙도 깰 준비가 되어 있지 않다면, 권력자들이 여러분의 이야기에 귀 기울이게 하는 이 방법이 매우 효과적이라고 할 수 있다.

얼마나 간단한 일인지 실례를 들어 보여주기 위해 내가 우리 지역구 의원에게 보냈던 이메일을 실었다. 자신이 연락을 취하려는 정치인이 자기가 사는 곳을 대표하는 정치인이 맞는지 분명히 확인하자. 정치인들은 대개 자기 선거구로부터 들려오는 메시지에만 신경을 쓴다. 왜 그럴까? 그들에게는 자신을 뽑은 사람들, 즉 자기 선거구 구성원을 대표할 책임만 있기 때문이다. 자기 선거구 밖의 시민으로부터는 메시지가 오더라도 그다지 시급하게 받아들이지 않을 것이다(이메일은 주 상하원 의원 등 지역 정치인에게 보낼 때만 소용이 있는 것 같다. 이들은 자기 앞으로 온 이메일을 실제로 읽을 가능성이 높기 때문이다. 연방 상원 의원 등 고위 공직자들에게는 편지를 보내거나 전화를 거는 편이 효과적이라고 한다. 아래는 내가 트럼프 대통령이 당선된 직후에 우리 주 하원 의원에게 보냈던 이메일이다. 나는 앞으로 펼쳐질 세상이 정말로 두려웠다). 그럼 한번 살펴보자.

제목:

언론과 표현의 자유를 우려하는 열다섯 살 청소년입니다

내용:

안녕하세요. 저는 〈허핑턴 포스트〉* 와 〈시애틀 타임스〉 정치부 청소년 기자로 활동하고 있으며, 학교 주니어 스테이트 오브 아메리카Junior State of America 팀 멤버입니다.**

저는 의견이 사실로 둔갑하고 사실을 의견으로 치부하는 도널드 트럼프 대통령의 '탈진실post-truth 시대'를 굉장히 우려합니다.

트럼프 대통령은 이미 독재적 면모를 심상찮게 드러내왔습니다. 저는 언론을 상대로 전쟁을 벌이고 사실을 묵살하고 자신을 비판하는 이는 누구나 공격하는 트럼프 대통령의 행태가 우리 사회 저변에 스며, 민주주의와 미국이 상징하는 가치들을 항구적으로 훼손하게 될까 봐 날이 갈수록 더욱 걱정됩니다. 미국이 푸틴의 러시아와 같이 변하게 될까 두렵습니다. 어떻게 하면 좋을까요?

---

* 허핑턴 포스트는 2017년 허프포스트Huffpost로 이름이 바뀌었다.
** 미국 전역을 대상으로 하는 청소년 정치, 사회 기구.

주 하원 의원으로부터 받은 답장(말 그대로 주 하원 의원에게서 온 것이다):

보내준 이메일 잘 받았습니다. 저는 트럼프 대통령과 그로 대변되는 가치를, 자신보다 나이가 네 배는 많은 사람들보다 훨씬 명료하게 간파하고 있는 제이미 같은 청소년이 있어 우리 국가와 세계가 트럼프 시대를 이겨낼 수 있으리라 봅니다. 우리가 트럼프 대통령과 공화당의 민주 제도에 대한 공격, 언론 탄압, 부정부패의 일상화 등 민주주의 침식의 신호를 항상 면밀하게 감지하고 비판하는 것이 중요합니다. 이러한 것에 무감각해져서는 안 되며 언제든 규탄의 목소리를 높여야 할 것입니다. 저는 트럼프 대통령이 역사상 그 어떤 대통령보다도 낮은 지지율 속에서 대통령직을 수행해야 한다는 사실을 고무적으로 받아들이고 있습니다. 우리가 상황의 반전을 이끌어내기 위해 해야 할 일이 많은 것은 분명하지만, 적어도 미국인 대부분이 트럼프 대통령이 사기꾼에 불과하다는 것을 이미 알고 있다는 뜻이니까요.

트럼프 대통령이 미국 민주주의에 가하는 위협을 계속해서 주시하고 다른 시민에게도 알려주기를 바랍니다. 앞으로 4년 동안 비판의 고삐를 늦추지 않아야 할 것이며, 4년 후에는 제이미 학생을 비롯해 또래의 수많은 학생이 투표권을 행사해 우리 국가와 세계를 위해 상황을 반전시킬 수 있을 것입니다(최근 민주주의 규범과 가치의 침식을 겪고 있는 나라는 미국뿐만이 아닙니다. 터키, 필리핀, 폴란드에서도 걱정스러운 상황이 펼쳐지고 있어요).

이렇게 쉽다! 편지나 통화의 내용은 전하려는 주제에 따라 짧을 수도, 길 수도 있겠다. 자, 우리 생각을 자신의 대표자에게 말해보자!

2. 집회와 시위에 참여한다. 선거철이라면 선거 사무소를 방문해 본다

당연히 정치인에게 연락을 시도하지 않고 기회를 만드는 방법도 있다. 공개적으로 행동주의 행사가 벌어지고 있는 곳을 찾아가기만 하면 된다. 파업이나 행진 같은 공동 행동에 살짝 섞여들어 함께하는 것이다. 분위기를 살피고, 거기서 자신이 본 것과 하게 된 활동이 마음에 든다면 그 행사를 주최한 조직가를 찾아라. 그리고 그와 비슷한 행사에 더 본격적으로 참여하고 싶으면 어떻게 해야 하는지 물어라.

3. 관심을 기울이고 있는 사회 이슈, 그리고 그와 결부된 자신의 경험을 정리해 SNS에 올리기 시작한다

비영리 단체에서 2년 정도 일을 해야만 관심 있는 문제와 이야기를 블로그 등 소셜 미디어 플랫폼에 올려 다른 사람과 공유할 수 있는 것이 아니다. 자신의 마음에 상처를 주고 신경 쓰이게 하는 이슈에 대해 입을 여는 데 갖춰야 하는 자격이나 요건 같은 것은 없다. 내 친구 한 명은 만성 질환을 겪고 있으며 그 때문에 장애도 갖게 됐는데, 그러한 자기 삶의 이야기를 인스타그램에 꾸준히 올렸다. 그러면서 장애인의 권리에 관한 대화를 시작했고, 만성 질환과 장애가 있는 청소년에 대한 인식을 제고하며 그들의 목소리를 증폭시키는 역할을 하고 있다. 최근에는 유튜브 채널도 운영하기 시작해, 자기 방에서 주류 언론이 등한시하는 청소년 장애인을 둘러싼 주제들을 중심으로 영상을 촬영하고는 한다. 자, 지금 당장 시작하자. 말하고 싶어 입이 근질근질한 자신의 경험에 관해 SNS에 글을 올리고 영상을 제작하자. 용기 내 세상에 자신의 이야기를 공개하는 순간 마침내 활동가의 영역에 발을 들여놓게 될 것이다.

4. 학교 프로젝트나 지역 공동체 이니셔티브를 시작한다

자신이 다니는 학교나 지역 사회에 관여하기 시작하라. 아무도 바로잡을 생각을 안 해서 학생들을 성가시게 하는 문제는 없을까? 사람들을 모아 여러분이 직접 문제 해결에 나서라. 자신의 학교나 지역 사회에 다문화 학생 모임, 환경 동아리, 퀴어-이성 애자 연합 등이 있으면 좋을 텐데 없다고? 하나 만들어라! 정신 건강 또는 경찰 폭력 등 지역 사회 청소년들이 직면해 있는 문제가 있을까? 지원 그룹을 만들자. 자신이 다니는 대학을 환경 의식이 높고 특정 그룹 사람들에게 한결 친화적인 곳으로 바꾸려면 어떻게 해야 할까? 사람들을 모아 더 살기 좋은 사회를 만들기 위한 노력을 시작하자.

학교, 공동체, 지역 사회를 개선하는 일이 다소 시시하게 느껴질 수도 있겠다. 하지만 소수의 사람에게 직접 영향을 주며 아래에서부터 변화가 시작될 때라야 진정한 변화, 가장 성공적인 변화를 이끌어낼 수 있다. 그리고 그 성공이 여러분을 보다 큰 규모의 활동으로 이끌 것이다. 학생들은 학교에서 하루 종일 시간을 보낸다. 매일매일 하루의 대부분을 지내는 곳인데, 왜 학교의 환경을 개선하거나 변화를 만들려고 생각하지 않는가? 학교 밖에서 일을 하고 있는 경우라도 마찬가지다. 근무 환경을 개선하면 좋겠다고? 거기에서부터 시작하자.

이 과정에서 자신의 힘이 어디에서 비롯되는지 알고 그 힘을 어떻게 발현할지에 대해 생각해보는 것도 중요하다는 사실을 짚고 넘어가야겠다.

그렇다. 우리에게 주어진 문제는 힘을 발현하는 것이다. 우리에게는 이미 힘이 있기 때문이다. 우리는 청소년이고, 세상이 필요로 하는 우리의 힘은 각자의 생생한 경험과 고유한 시각의 결합으로부터 생겨난다. 우리는 그 힘을 꺼내 쓰기만 하면 된다. 여러분이 다루고자 하는 그 주제에 관해 세상이 여러분의 목소리를 들어야 하는 이유는 뭔가? 그 문제 때문에 씨름한 개인적 이야기가 있나? 여러분의 가족이나 공동체에 영향을 줬나? 자신이 겪었고 잘 알기 때문에 권위를 갖게 된 주제로부터 우리의 힘이 비롯되며, 우리는 이 힘으로부터 활동가 여정을 지속해나갈 수 있는 것이다.

예를 들어, 여러분이나 여러분의 가족이 중남미 국가로부터 온 이민자라서 히스패닉 이민자의 권리를 옹호하는 조직에 참여하고 싶은 상황이라면, 여러분은 존재 자체가 힘이다. 여러분은 여러분 자신의 이야기를 알고 있는 유일한 사람이다. 여러분은 자신이 어떤 문제를 겪고 있으며, 여러분과 여러분이 속한 집단에 어떤 해결책이 필요한지 잘 안다. 활동가의 길을 걸어가는 데 어떤 주제와 관련해 직접 겪은 경험이 있다는 것은 박사 학위와 비교해도 절대 뒤지지 않을 만큼 소중하다. 역경을 겪은 경험을 떠올리고(그런 경험이 있는 경우에) 왜 자신의 목소리가 강력할 수밖에 없는지 생각해보라.

앞에서도 말했듯, 내가 행동주의 세계로 뛰어들 수 있었던 것은 폰 뱅크 선거 운동 자원봉사자를 모집하는 광고의 회신 버튼을 클릭했기 때문이다. 나는 늘 규범에 의문을 제기하는 부류였다. 기억하는 한 줄곧 정치에 관심이 많았다(부모님이 아직 보여주지 않던 때부터 이미 정치 풍자 프로그램을 보며 자랐다).

우리 지역의 민주당 선거 사무소에 제일 처음 걸어 들어간 날을 절대 잊지 못할 것이다. 2016년 대선을 앞둔 7월인 데다 TV로 민주당 전당대회 중계를 시청한 직후였기 때문에 나는 우리 지역 정당의 선거 운동을 돕겠다는 열의로 불타고 있었다. 선거 사무소는 사람들로 꽉 들어차 있었다. 사무소 직원이 재빨리 나를 혼잡한 방 하나로 안내해줬다. 거기서 수백만 명은 되는 것 같은 다른 자원봉사자 사이에 끼어 간단히 교육을 받고 나자 핵심 사항이 정리된 전화 대본이 주어졌다. 직원들의 도움으로 몇 번 연습을 마친 후, 나는 사무소 전화를 하나 집어 들었다(따라서 모르는 사람에게 내 개인 정보가 흘러가지 않는다). 첫 번째 선거 운동 전화를 건 다음, 또 걸고, 또 걸었다. 처음에는 낯선 사람에게 말을 걸기도 어렵고 긴장이 많이 돼서 대본을 그대로 따라 읽으며 겨우 통화를 마쳤다. 하지만 차츰 쉬워졌다.

그 다음 주에는 가서 문을 두드리러 다녔다. 또 그 다음 주에는 전화를 더 돌렸다. 그러고 나서는 일주일을 기다리기가 힘들어 며칠 만에 다시 갔다. 집집마다 방문할 준비가 돼 있었다. 나는 정규 봉사자가 됐다. 사무소 직원 누구나 내 이름을 알았고 내게 점점 더 큰 임무가 주어졌다. 곧 나는 현장 조직가(지역 주민들이 투표를 하도록 조직하고 결집하는 데 힘쓰는 사람으로 현장, 즉 지역 사회 속으로 들어가 풀뿌리 결속을 이끌어낸다)로서 인턴 계약을 했고, 갈수록 더 많은 시간을 워싱턴주 민주당 본부에서 보내기 시작했다. 그 사무실은 내 또 하나의 집이 되었다. 학교를 쉬는 날이면 선거 사무소에 가서 꼬박 7시간을 일했다. 주말에도 같이 놀자는 친구들을 뿌리치고 선거 사무소로 향했다. 방과 후에도 선거 사무소에 있었다.

호별 방문 선거 운동, 자원봉사자 교육, 폰뱅크 선거 운동(선거 운동 전화를 달가워하지 않는 아저씨들의 욕설도 수없이 들어야 했다), 조직 활동 등으로 정말이지 정신없이 일했다. 전화로 다른 주에서 일어난 유권자 위협 사건 처리를 돕거나(스페인어를 통역해줄 사람이 필요했기 때문에), 진땀을 빼가며 컴퓨터 시스템에 자료를 입력해 넣기도 하고, 지역 신문에 게재될 선거 관련 칼럼도 썼다.

지금쯤 이런 생각을 하고 있을지도 모르겠다―'기고하는 것도 별로고 모르는 집을 찾아가 문을 두드리는 것도 못 하겠어. 더군다나 전화에 대고 나한테 고래고래 소리치는 사람을 참아 내고 싶진 않아!'.

무슨 말인지 잘 안다. 여러분은 이 일들을 하지 않아도 된다. 어떻게 하다보니 내가 하게 됐던 일들을 설명한 것일 뿐이다. 이 페이지를 읽으면 모든 일이 자연스럽게 진척된 것처럼 보일지도 모르겠다. 마치 내가 선거 사무소에 발을 들여놓았더니 갑자기 하고 싶었던 모든 일을 하게 된 성공적인 활동가인 듯 말이다. 하지만 그런 일은 벌어지지 않았다. 선거 사무소에서 일하는 내내 나는 실수를 하기도 했고, 그러면서 배웠고, 그곳에 발이 닳도록 드나들며 열심히 일했기 때문에 나에게 주어진 상황들(그리고 기회들)에 뛰어들었다.

그러니 놀라운 일이 일어나기 시작했다. 주요 정치인들, 그러니까 연방 상원 의원들, 워싱턴 주지사, 심지어 대통령 후보 힐러리 클린턴까지 우리 사무실을 깜짝 방문한 것이다.

나는 시청에서 열린 행사에 자원봉사자로 참여할 수 있었고, 700명가량 되는 청중 앞에서 내가 관심이 있는 문제에 관해 가장 먼저 질문할 기회도 얻었다.

활동을 하면서 배워야 한다는 것이 무슨 뜻인지 감이 오는지? 모습을 드러내라. 일을 맡고 싶고 배울 준비가 돼 있다는 것을 알려라. 서서히 자신의 가능성을 증명하고, 더 심도 있는 업무를 접해보고, 다양한 인맥을 쌓고, 계속해서 배워라. 눈덩이처럼 불어날 것이다. 그러나 문밖으로 나가지 않고, 자신의 존재를 알리지 않고, 그저 뛰어들어서 뭔가를 '하지' 않는다면 애초에 불어날 눈덩이를 손에 넣지 못할 것이다.

최선을 다해 노력했음에도 2016년 대선이 끝나고 기대한 결과를 볼 수는 없었다. 하지만 선거 사무소 인턴으로 일한 경험은 내 인생을 한층 풍요롭게 변화시켰다. 시민 참여, 정치 참여의 세계로 가는 문을 열어주었으니까. 그 문에 들어선 나는 이제 다시는 되돌아갈 수 없었다. 나 자신보다 큰 무언가의 일부가 되는 것이 어떤 느낌인지 마침내 맛봤던 것이다. 그 긴 시간 동안 뉴스와 정치 논평 프로그램을 시청하고 주위 세상을 걱정하면서도 아무것도 하는 일 없이 손 놓고 앉아 있다는 무력감을 느꼈는데, 마침내 변화를 만드는 데 나의 에너지를 연결할 수 있게 됐던 것이다. 정말 황홀하고 신나는 기분이었다. 그런 기분을 더욱더 많이 맛보고 싶었다!

이제 여러분도 그 기분을 맛볼 차례다. 뭘 기다리나? 가서 이메일을 보내라! 전화를 걸어라! 행사에 참여하라! 이 책을 내려놓고 현실로 만들어라.

기다릴 테니 도전하고 첫걸음을 떼고 와라. 그런 후에 이 페이지를 넘기고 다시 이야기를 시작하도록 하자.

피전 파고니스Pidgeon Pagonis, 33세, 제3의 성They/Them

인터섹스 저스티스 프로젝트Intersex Justice Project 조직가,
LGBTQ+ 권리 활동가

제이미 청소년 활동가로 시작하셨잖아요. 저는 변화를 만드는 일을 살면서 계속해나갈 수 있다는 걸 청소년 독자에게 알려주고 싶어요. 그런 의미에서 어떻게 활동을 시작하셨는지부터 한번 얘기 나눠보고 싶습니다. 언제, 어떻게 자신이 인터섹스*라는 걸 드러내고 인터섹스 저스티스 프로젝트를 설립하게 되셨나요?

피전 시작은 제가 처음으로 만났고 가까워졌던 한 인터섹스인 분 덕분이라고 할 수 있어요. 그분이 <오프라 윈프리 쇼>에 출연했는데, 저는 방청객으로 갔었거든요. 그때 느꼈어요-자신의 이야기를 솔직하게 밝혀도 괜찮구나, 그래도 사람들이 계속해서 존중해주는구나, 라는 걸요.

---

* 간성. 선천적인 신체적 특징(난소/정소, 성염색체, 성호르몬, 성기 형태)이 남성 혹은 여성의 이분법적 구분에 맞지 않는 사람.

인터섹스 아동에 대한 성별 지정 수술은 1950년대부터 있었는데, 이에 대해 저항이 시작된 건 1990년대 들어서예요. 어릴 때 수술을 받은 아이들이 어른이 돼 진실을 알게 되면서부터죠. 사람들은 떨쳐 일어나, 우리를 '정상'으로 만든답시고 우리 몸을 훼손할 권리가 의사에게 있어서는 안 된다고 말하기 시작했어요.

대학 논문을 쓰는 과정에서 가족들을 초대해 말했어요-"저는 인터섹스죠. 이건 제 이야기예요. 여기 다른 사람들의 이야기도 있고요". 그때 처음으로 거리낌 없이 말한 거예요.

그러고 나서 인터섹스 저스티스 프로젝트를 공동 설립했어요. 저희는 자신에게 무슨 일이 벌어지는 건지 너무 어려서 제대로 이해할 수도 없고 동의할 능력도 없는 어린이들을 대상으로 (성기) 성형 수술을 자행하는 병원과 의사들에 반대하는 활동을 합니다.

제이미 LGBTQ+ 청소년들, 그리고 자신의 주변화된 정체성을 인정받기 위해 싸우고 있는 다른 모든 활동가들을 위한 조언이 있다면요?

피전 업무량을 분담하고 짐을 나누세요. 가장 좋은 결과는 공동체와 연대해서 일할 때 나와요. 사람들은 보통 시위 현장만을 보지만, 진짜 공동체는 함께 전략을 짜고, 현수막에 구호를 쓰고, 음식을 나눠 먹을 때 만들 수 있는 겁니다. 그러니까 만약 경찰이 여러분을 가로막아서 시위를 못 하게 됐다고 해도 괜찮아요. 여러분은 이미 연대와 공동체를 이루었으니까요.

자기 자신을 지키고 조직 활동을 순조롭게 전개해나가려면 기대를 조정하는 법을 배우고 작은 목표를 세우는 연습을 해야 해요. 큰 목표만 중요하게 생각하지 않는 마음가짐이 필요하죠. 페이스를 잘 조절하고 체인지 메이킹 과정을 즐기는 건 '승리'를 축하하는 법을 배우는 것이기도 합니다.

또 활동가로서 건강한 삶을 살아가기 위해서는 인생을 다양하게 꾸리는 것이 중요해요. 저의 경우 '인터섹스 권리 옹호 활동가'라는 게 제 정체성을 전부 잠식했던 때도 있었어요. 어떤 걸 자신의 백 퍼센트로 받아들이면 에너지가 금세 소진돼버리기 십상이죠.

여러분은 여러분이 하는 업무나 사회 운동, 좇고 있는 대의이상의 존재라는 점을 항상 명심하세요. 여러분에게는 형제자매, 딸, 친구, 연인, 반려동물의 친구, 예술가, 작가, 그 밖에 뭐든 여러분을 여러분 자신으로 만드는 많은 부분이 있습니다. 자신을 이루는 또 다른 소중한 부분들을 놓치지 않길 바랍니다. 자신을 돌보지 않으면 활동을 하는 데 필요한 최상의 자기 모습을 끌어내기도 어려울 테고요.

3 정치적 글쓰기와 신문, 잡지 기고

눈앞의 키보드를 두드려
자신의 목소리를
세상에 내보내자

자신에게 있는 것에서부터 시작해보자. 사람들 앞에서 말하는 데 소질이 없을 수도 있고, 정치인의 사무실을 찾아가 자기 생각을 전달할 마음의 준비가 안 돼 있을 수도 있다. 다른 사람들과 어울려 일하는 것이 내키지 않고, 그저 자신이 바라는 세상을 만드는 데 기여하면서도 활동가가 될 역량을 홀로 기를 시간이 필요한 상황일지도 모르겠다.

그게 바로 글쓰기가 존재하는 이유다. 작가로서 나는, 글쓰기가 사람들과 실제로 얼굴을 마주하지 않고도 중요한 내용을 세상에 전할 수 있는 방법이라고 믿는다. 우리처럼 내향적인 사람들에게 대면 상호 작용이란 종종 피하고 싶은 것이기 때문이다. 글을 써서 목소리를 내는 것은 여러분의 이야기를 세상에 알리는 가장 손쉬운 방법이다. 장애나 질병으로 이동성 또는 삶의 다른 부분의 반경이 바뀌었거나, 시위를 하기에 안전하지 않은 지역에 거주하고 있거나, 혹은 수줍음 많고 내향적인 성향이라거나, 그건 아니지만 줄곧 사람들과 대화하며 함께 작업해야 완수할 수 있는 일을 하는 건 조금 어색하다고 느끼는 경우, 글쓰기가 변화를 만드는 답이 될 수 있다. 한편, 이 글을 내향적인 독자만 읽고 있는 것은 아닐 텐데, 사실 정치적 글과 사설은 어떤 문제에 대한 의견과 인식을 퍼뜨리는 훌륭한 도구이기 때문에 대면 활동을 얼마만큼 하는지와 상관없이 모든 활동가가 갖춰둬야 할 무기다. 다만 사람에 따라 글쓰기가 활동의 대부분이거나 꽤 큰 부분일 수도 있고, 아주 작은 부분이거나 정보를 전달할 때 쓰는 방편 정도일 수 있을 것이다.

나에게는 글쓰기가, 열네 살 때 선거 운동 자원봉사자로 참여하겠다고 회신한 것보다도 앞서 행한 첫 번째 행동주의 활동이었다. 열세 살 때도 나는 내 출신 배경과 열정에 관한 이야기, 겪은 일들, 내가 관심이 있는 이슈들에 관해 에세이, 블로그 포스트, 칼럼, 사설을 썼다. 십 대를 위한 블로그 플랫폼인 《틴 잉크Teen Ink》에 글을 올렸는데, 그게 바로 나에게 중요한 이슈에 관해 쓴 글을 처음으로 공개적인 토론 공간에 내놓은 것이었다. 다른 마땅한 분출구가 없던 때에 나를 표현하고 내 목소리를 낼 수 있는 방법이었다.

우리가 어리다는 것은, 우리가 쓴 정치적 글이 세상에 특별하다는 뜻이다. 우리의 목소리는 보통 뉴스에서 찾아보기 힘든 데다 우리 중 대부분은 선거권 연령에 이르지 못했기 때문에 우리의 요구는 정치 시스템에 잘 미치지 않는다. 세상에는 우리에게 중대한 악영향을 끼치므로 지도자들이 '당장' 대처에 나서야 마땅한 문제들(환경 문제처럼!)이 즐비하다. 따라서 청소년의 시각을 정치 시스템에 수용하는 것이 굉장히 중요함에도, 우리 세대에게는 발언권이 없는 것이다.

외부 칼럼op-eds이나 독자 투고 글letters to the editor* 등의 정치적 글을 써서 신문, 잡지사에 보내면 이 간극을 메우고 우리의 필요를 어른들이 심각하게 받아들이도록 하는 데 도움이 된다. 투표에 참여하는 사람들은 대부분 고령층과 중년층이고, 그렇기 때문에 정치 시스템은 그들의 의견과 필요를 충족시키는 데 맞춰져 있을 수밖에 없다. 미국 인구 조사국에 따르면 2018년 65세 이상 고령층의 투표율은 여성이 65퍼센트, 남성이 68퍼센트로 나타났다. 이에 반해 18~29세 청년층의 투표율은 여성이 38퍼센트, 남성이 33퍼센트에 불과했다. 비단 2018년에만 이러한 양상이 벌어졌던 것이 아니다. 수십 년 동안 고령층은 젊은 층에 비해 훨씬 높은 투표율을 기록해왔다. (우리가 반드시 바꿔야 하는 부분이다. 투표권 있는 젊은이는, 투표하라!)

오해하지 않기를 바란다. 고령층의 필요를 정치적으로 충족시키는 것은 중요한 일이다. 문제는 정치 시스템에 닿는 것이 고령층의 목소리뿐이어서 언론과 정치인들이 수백만 명의 젊은이가 겪고 있는 문제는 뭔지도 알지 못한 채 고령층의 필요에만 귀 기울이는 실태다. 여러분의 목소리는 세상에 더 없이 긴요하다. 여러분이 컴퓨터에 접근할 수 있고 타자를 칠 줄 알고 인터넷을 이용할 수 있다면 세

*외부 칼럼/독자 투고 글
op-ed와 letter to the editor 모두 한국 일간지에는 정확히 부합하는 관행이 없어 임의로 선택한 번역어다. op-ed는 사설editorial 반대면opposite에 실리는 700자 정도의 기명 칼럼을 의미하기 때문에 이름이 op-ed이고, letter to the editor는 해당 신문에서 다뤄진 바 있는 기사와 이슈에 대해 독자가 의견을 피력하고 싶을 때 투고하는 300자가 안 되는 짧은 글을 말한다.

상에 영향을 미치는 데 필요한 것들을 다 갖춘 셈이다.

자, 시작해보자. 외부 칼럼과 독자 투고 글이란 무엇이며 어떻게 쓰는 걸까? 그리고 신문에 게재하려면 어떻게 해야 하는 걸까?

°외부 칼럼이란?

외부 칼럼이란 해당 신문사 편집국 소속이 아닌 필자가 자신의 의견을 피력하기 위해 써서 실린 산문을 말한다. 따라서 여러분을 포함해 누구나 어느 신문, 어느 잡지에든 외부 칼럼을 실을 수 있다. 보통 시사적 이슈가 주제가 되고, 외부 칼럼을 기고하는 데는 '나이 제한이 없다'! 지역 신문에서부터 《뉴욕 타임스》에 이르기까지 모든 신문에 여러분의 목소리가 소개될 수 있으며, 이를 통해 우리는 세상이 중대한 이슈에 눈을 뜨도록 하는 데 도움을 줄 수 있다.

°독자 투고 글이란?

독자 투고 글이란 독자들이 자신이 우려하는 이슈에 관해 편집국에 보내는 글이다. 칼럼에 비해 길이가 짧고, 일반적인 뉴스 이슈보다는 해당 신문사에서 기사로 다룬 바 있는 이슈에 관해 써서 보내는 경우가 많다.

독자 투고 글은 외부 칼럼보다 역사가 길다. 전통적인 종이 신문이 등장할 때 거의 같이 등장했기 때문이다.[*] 외부 칼럼과 마찬가지로 독자 투고 글도 일반 대중 누구나 보낼 수 있으며 나이 제한이 없다.

°외부 칼럼과 독자 투고 글을 쓰는 법

칼럼이나 독자 투고 글을 쓰기 위해서는 일단 뉴스나 주요 사회 쟁점에 관해 피력할 확고하고 흥미로운 의견이 있어야 한다. 설득력 있게 작성한다면 수백만은 아니더라도 수천 사람의 마음을 움직일 수 있을 것이다. 잘 쓴 정치적 글에는 사람의 마음을 사로잡고, 생각을 움직이고, 나아가 정치와 공공 정책에 실제적인 영향을 줄 수 있는 힘이 있다.

듀크대학교에서 발간한 아주 멋진 단계별 칼럼 쓰기 가이드가 있다. 듀크대 재학생과 졸업생을 위해 만든 것이겠지만, 꼭 명망 높은 대학을 졸업해야 끝내주는 칼럼을 쓸 수 있는 것은 아니다. 여러분이 알아야 할 것은 다음과 같다.

1. 뉴스를 주시하고 기회에 뛰어들어라

"타이밍이 중요하다. 어떤 이슈가 뉴스를 도배하고 있나? 바로

---

[*]   미국 신문의 역사에 해당하는 내용이다. 한국에서는 op-ed와 letter to the editor에 해당하는 글을 뚜렷이 구별하지 않고 칼럼, 여론, 독자 투고, 오피니언 등의 섹션(신문사마다 이 섹션을 부르는 이름이 다름)에 싣고 있다.

그 이슈가 독자들이 읽고 싶어 하고 편집자가 싣고 싶어 하는 내용이다. 자기 글의 주제를 뉴스에서 다루고 있는 이슈에 분명하게 연결시켜라."*

예를 들어 기후 변화의 영향으로 최근 여러분이 사는 지역에 자연재해가 발생했다면? 시사적인 사건이라고 볼 수 있기 때문에 이를 바탕으로 기후 위기 대응책 마련의 중요성을 성토할 수 있을 것이다. 만약 증오 범죄 사건이 뉴스에 올라 있다면, 그러한 사건이 여러분 삶에 미치는 영향을 담아 차별을 막기 위한 조치가 필요하다는 내용으로 칼럼을 쓸 수 있겠다.

2. 750단어 내로 써라

"이보다 짧으면 더욱 좋다. 신문 지면은 한정돼 있고, 편집자들은 굳이 외부 필진의 긴 글을 적당한 길이로 만드는 데 시간을 허비하려 하지 않을 것이다."

간결하게 써야 한다. 750단어 이상의 긴 글을 보내는 것은 이미 거절당할 각오를 하고 있다는 뜻이다. 할 말이 많은 것은 알지만(나 또한 말이 무척 많은 사람이라 칼럼을 써놓고 줄여야 할 때면 굉장히 속이 쓰리다) 짧게 만들어야 한다!

---

* 1~15의 따옴표 속 내용은 저자가 듀크대 가이드를 발췌, 요약한 것이다.
듀크대 가이드 원문: https://commskit.duke.edu/writing-media/writing-effective-op-eds/

3. 한 가지 주제에 초점을 맞춰라

"세상의 모든 문제를 750단어로 해결할 수는 없다. 하나의 주제에 관해 명확하고 설득력 있게 쓰는 것으로 만족하라. 자신의 생각을 한두 문장으로 정리할 수 없다면 너무 많은 이야기를 하려 하고 있는 것이다."

특히 청소년에게는 자신의 경험과 생각을 표현할 분출구가 제대로 없기 때문에 여러분에게 할 말이 많다는 것은 백 번 이해가 간다. 하지만 신문이나 잡지의 칼럼은 모든 것을 털어놓을 기회가 아니다. 한 가지 생각에 초점을 맞춰야 한다. 말하고 싶어 참기 어려운 다른 의견은 분명 또 다른 기회에 칼럼이나 다른 글로 내놓을 수 있을 것이다.

4. 요점을 맨 위에 써라

"바쁜 독자의 눈길을 사로잡는 데 주어진 시간은 단 10초다. 역사와 관련된 여담이나 재치 있는 이야기 같은 것을 하며 목소리를 가다듬고 있으면 안 된다는 말이다. 곧장 요점으로 들어가 자신의 글이 소중한 시간을 들여 읽을 만한 가치 있는 글이라는 사실을 독자에게 확신시켜라."

즉각 요점을 밝히고 재빨리 독자를 낚아라! 칼럼은 학교에서 쓰는 작문과 다르다. 작문은 우리가 서론을 잘 썼든 못 썼든 어쨌거나 선생님이 읽어준다. 하지만 편집자는 신문사에 기고되는 글을 무조건 다 읽어야 할 의무가 없다. 처음 몇 문장이 재미없으면 나머지 부분은 쳐다보지도 않을 것이다.

5. 독자가 관심을 가져야 하는 이유를 말하라

"자신의 글을 읽을 바쁜 독자의 입장이 돼 몇 단락 끝날 때마다 큰 소리로 물어보라. '그래서 뭐? 그게 어떻다는 건데?' 이 물음들에 답할 수 있어야 한다. 또 관념적으로 진술하기보다 개인의 이해와 결부시켜 설명할 때 더 큰 효과를 얻을 수 있다."

여러분에게는 그 이슈가 명명백백하게 중대하겠지만, 독자들은 아마 여러분과 비슷한 경험이나 생각을 가져본 적이 없을 것이다. 독자가 여러분의 처지에서 생각해보도록 이끌고 관심을 가져야 하는 이유를 일목요연하게 제공해야 한다. 알기 쉽게 풀어서 설명해야 할 필요도 있을 것이다. 그 사안이 왜 여러분에게 문제이며 왜 독자들도 문제로 인식해야 하는지를 써라. 독자들이 자신과 같이 이미 그 이슈를 중요하게 여기고 있을 거라고 은연중에 가정한 채 추상적 설명을 앞세우는 대신, 구체적이며 독자가 공감대를 형성할 수 있는 내용을 담는 편이 좋다.

6. 구체적인 권고를 제시하라

"칼럼은 단순히 상황을 전달하는 뉴스 기사가 아니라, 상황을 개선할 방법에 관한 나의 의견이다. 따라서 권고가 포함돼야 한다. 주 정부가 환경을 지키기 위해 정확히 어떤 조치를 해야 한다는 것인가? 연방 정부는 대외 정책을 정확히 어떤 방향으로 변화시켜야 한다는 말인가? 부모들이 자녀에게 정확히 어떤 식으로 더 건강한 음식을 줘야 한다는 뜻인가? '조사는 스스로 더

해보라'라거나 양자 간의 의견 조율이 필요하겠다고 말하는 데 그쳐서는 안 된다."

칼럼은 사실을 일어난 대로 나열하기만 하면 되는 조사 보고서가 아니다. 여러분이 고심하고 있는 문제의 해결책과 관련해 세상에 자신의 생각을 말할 기회라는 것을 명심하자.

7. 자기 특유의 목소리를 포함하라
"자신의 경험에서 비롯된 예가 최고다."

그 어떤 학위도 직접 겪은 일만큼의 가치는 없다. 누구나 미국에서 젊은 여성 게이로 살아가는 것이 어떤 일인지 연구할 수 있지만, 이러한 연구는 우리가 LGBTQ+ 여성으로서 몸소 체험한 것에 비하면 아무것도 아니다. 자신의 삶에서 벌어졌기 때문에 겪어야 했고 알게 된 것, 자신의 이야기, 그것이 자신의 힘이다. 여러분이 실제 경험을 갖고 있음에도 전문가가 아니라고 부정하거나 깎아내리지 못하게 하라. 우리에게는 각자 자신만의 이야기, 힘이 있다. 내가 겪은 일을 나보다 더 잘 안다는 주장은 전부 거짓이다.

레즈비언 여성인 나는 여성 혐오misogyny와 뒤섞인 동성애 혐오homophobia를 일상적으로 직면해야 하는 삶이 어떤 것인지, 도서관에서 미국 동성애자 해방 운동 관련 책을 읽고 또 읽으며 논문을 쓴 그 어떤 이성애자보다도 잘 안다. 어떤 경험을 겪었든 그것은 여러분 고유의 경험이며, 그 경험에 있어 여러분은 전문가다. 그러니 주장에서 벗어나지 않는 한 경험에서 우러난 솔직한 이야기를 담고 인간적 면모를 내비치도록 하자.

한편 자신의 경계를 지켜야 하며, 모든 경험을 공유할 필요는 없다는 점을 유념하기 바란다. 다른 사람이 뭔가 배울 수 있도록 자신의 아픔과 트라우마를 드러내는 것은 감정적으로 쉽지 않은 일로, 여러분에게는 그 일을 떠맡아야 할 의무가 없다. 우리는 자신의 행복과 안위를 가장 우선시해야 하며, 경험을 전부 드러내는 것이 스스로를 쥐어짜는 느낌이 든다면 굳이 그렇게 할 필요가 없다. 보람과 활력을 얻을 수 있을 때만 자신의 경험을 공유해야 한다. 스스로 살펴보고 경계를 그어라. 우리와 공통된 경험이 없는 사람들을 일깨우고 살아 있는 본보기가 되기 위해 자신의 행복을 희생하는 것이 옳지 않을까 하고 생각하는 퀴어, 유색 인종을 비롯해 여러 주변화된 정체성을 지닌 사람들이 많은 것 같다. 하지만 기억하라. 여러분은 누구에게 그 무엇도 빚진 것이 없다. 맞다, 여러분의 이야기는 귀중하며 공유될 가치가 있다. 하지만 그것은 그 누구도 아닌 '여러분 자신의 것'이다.

8. 독자와의 개인적 연결 고리를 강조하라

"많은 지방지가 살아남기 위해 고군분투하고 있다. 중앙지, 텔레비전, 블로그 등 경쟁 매체들과 차별점을 확보하기 위해 자기 지역을 취재하는 데 열을 올리는 상황이다. 편집국에서는 그 지역에 살거나 어떤 식으로든 관련이 있는 외부 필진을 선호할 수밖에 없다. 자신이 거주하는 곳의 지역 신문에 기사를 보내면 유리할 것이다. 예전에 살았거나 일한 적이 있는 도시의 신문에 기고를 할 계획이라면 이름 옆이나 자기 소개 부분에 잊지 말고 반드시 그 사실을 밝혀라. 마찬가지로 특정 직종이나 인종 등 한정된 집단을 대상으로 하는 출판물에 글을 투고할 때도 그 독자들과 자신의 개인적 연결 고리를 내세워야 한다."

자신의 독자가 누구인지, 자신이 누구를 겨냥해 글을 쓰는 것인지를 명확히 하고 가능한 한 가장 진실한 방법으로 호소해야 하겠다.

9. 짧은 문장, 짧은 단락을 구사하라

"외부 칼럼 몇 개를 찾아 문장당 단어 수가 얼마나 되는지 세어 보라. 아마 문장이 꽤나 짧을 것이다. 여러분도 주로 단순한 평서문을 구사하며 그렇게 써야 한다. 긴 단락은 두 개 이상의 짧은 단락으로 나눠라."

뉴스 피드를 쭉 훑는 중이라고 해보자. 끝도 없이 이어지는 큰 단락으로 된 길고 장황한 뉴스와 짧고 읽기 쉬워 보이는 뉴스 중 어느 것을 읽을 것 같나? 자신이 읽고 싶은 글을 쓰자. 내 시선을 사로잡아 스크롤을 멈추고 눈여겨보게 만드는 기사는 어떤 기사인가?

10. 전문 용어를 피하라

"자신의 주장에 꼭 필요한 것이 아니라면 전문적인 세부 내용을 쓰지 마라. 어중간할 때도 빼버려라. 단순한 말로 썼다는 것은 생각도 단순하다는 뜻이 아니다. 오히려 아침상이나 컴퓨터 화면을 앞에 두고 반쯤 졸고 있거나 전문적인 부분까지 알지는 못하는 독자를 사려 깊게 배려했다는 뜻이다."

기억하라. 칼럼을 쓰는 일은 국어 시간에 작문을 하는 것과는 전혀 다르다! 여러분은 지금 고급스러운 단어를 되도록 많이 집어넣어 선생님께 잘 보이려고 하고 있는 것이 아니다. 어느 누구든 인터넷에서 검색해보지 않고도 이해할 수 있도록 자신의 정치적 견해를 세상에 간결하게 전달하려 하는 것이다. 모든 사람이 읽기 쉬운 글을 쓰도록 하자.

11. 능동적 목소리로 말하라

"이렇게 쓰지 마라—'특단의 조치가 필요한 것으로 보여진다'. 이렇게 써라—'특단의 조치가 필요하다'. 거의 모든 경우에 수동형보다 능동형 문장을 쓰는 것이 좋다. 읽기 쉬우며, 어떠한 조치가 취해지기를 희망하거나 촉구하는 주체가 누구인지 불확실성을 남기지 않기 때문이다."

능동형 문장은 힘이 있으며 시급성을 드러낸다. 발화자의 행위를 직접 표현하며 발화자가 자신의 진술에 대해 책임을 진다. 수동형 문장에서는 발화자가 자신의 진술에 대한 책임을 회피한다. 전달하고자 하는 요점을 빙빙 돌려 이야기하지 마라. 뉴스를 보며 TV에 대고 소리나 치던 것을 용감하게 말할 수 있는 기회다. 나이가 어떻든, 사회적 지위가 어떻든 주저하지 마라. 당당하게 나아가 권력을 가진 사람들의 잘못을 지적하라. "그렇게 말고 이렇게 하라고요!" 목소리를 높여 권력자에게 진실을 말하라. 이것은 바로 이 책이 궁극적으로 전하려는 메시지이기도 하다. 에두르지 말고 분명히 할 말을 하자. 권력의 자리에 있는 누군가에게 요구 사항이 있거나 벌어지고 있는 어떤 상황을 고발하고 싶다면 이름을 똑똑히 칭해서 소환하라!

12. 따분한 반박문이 되면 안 된다

"읽자마자 피가 거꾸로 솟는 것 같았던 지난 기사를 반박하기 위해 글을 쓰는 경우라면, 우선 일일이 따지고 싶은 충동을 물리쳐야 한다. 그렇게 해봤자 옹졸해 보일 뿐이다. 독자들은 그 기사를 안 봤을지도 모르고, 아마 봤더라도 잊어버렸을 것이다. 그러니 숨을 깊이 들이쉰 후, 그 기사를 한 번 언급만 하고 자신의 논지를 전개하라. 정 조목조목 반박해야겠으면 칼럼을 관두고 독자 투고란에 반박문을 보내라. 그 편이 더욱 글을 쓰는 목적에 부합할 것이다."

칼럼보다 신문사의 이전 기사와 관련해 보내는 독자 투고 글을 쓸 때 더욱 도움이 되는 조언이겠다. 안 그래도 한정된 분량을 제언을 하는 데 쏟아야지, 자잘하게 지난 기사를 논박하고 있어서는 안 된다. 그건 트위터에서도 할 수 있다.

13. 반대편을 인정하라

"자신은 옳은 데 비해 반대편은 바보까지는 아닐지라도 틀린 것이 분명하다는 이유만 줄줄이 나열하다 끝나는 글들이 있다. 반대편 의견 중 타당하다고 생각하는 부분을 잠시 짚어 인정하고 넘어간다면, 한결 겸손하고 설득력 있게 자신의 주장을 펼치고 독자에게 신뢰를 줄 수 있다. 전문 칼럼니스트들이 쓴 글에서 '물론' 하고 시작하는 문장이 보인다면 바로 이 작업을 하고 있는 것이다."

반대편을 옹호하라는 말이 아니다. 기후, 인종 등의 주제에 있어 '반대편'에 해당하는 기후 변화 부정론자들과 백인 우월주의자들의 주장은 해로운 선동에 불과하다. 따라서 반대편에게 쉽게 이해가 되고 타당하며 설득력 있는 점이 있다면 그 부분의 주장과 추론을 인정하도록 하자. 반대편이 추악한 편견과 거짓에 지나지 않아 인정할 여지를 발견할 수 없다면 이 단계는 건너뛰어라.

14. 최고의 문장으로 끝맺어라

"앞서 언급했듯 첫 부분은 독자를 사로잡을 수 있도록 강렬해야 한다. 오피니언 면에 실리기를 바란다면 글의 마지막에서 자신의 주장을 명쾌히 요약하는 것도 중요하다. 많은 독자가 신문을 읽을 때 대강 헤드라인과 서론을 훑은 다음 곧바로 마지막 단락과 작성자 이름을 본다. 사실 칼럼니스트들은 첫 단락에 썼던 구절이나 생각을 다시 등장시키면서 글을 매듭짓는 수법을 자주 쓴다."

학교 과제로 글을 쓸 때와 마찬가지로 결론에서는 논지를 다시 한 번 강조해주면 된다. 그런데 학교 과제를 할 때의 마음가짐으로 접근해서는 어림도 없다. 칼럼의 결론은 훨씬 흥미롭고 간결하며 효과적이어야 하므로, 한 방 제대로 날리는 문장으로 글을 마무리 짓자. 글의 요점을 담고 있으면서 독자가 곱씹도록 이끄는 문장 말이다. 사람들이 여러분의 훌륭한 칼럼을 리트윗하며 한마디 덧붙이는 말 속에 인용하고 싶어 할 만큼 멋진 문장을 쓴다고 해서 나쁠 것 하나 없지 않은가.

15. 긴장을 풀고 즐겨라

"특히 교수들을 비롯해 많은 사람이 칼럼을 쓸 때 엄숙하게 써야 한다고 여기는 것 같다. 솔직히 말해 조금만 힘을 빼고 재미있게 쓴다면 독자를 사로잡을 가능성이 커질 것이다."

학구적인 면모를 과시하려 애쓰며 지루한 이야기를 늘어놓을 때가 아니다. 칼럼은 여러분 자신을 지면상으로 드러낼 기회다. 신문 편집자들은 늘 독특한 청소년의 목소리를 찾고 있다. 나이 많은 필자처럼 보이려고, 즉 자기 또래보다 어른스럽고 다듬어졌으며 엄숙한 필자처럼 보이려고 노력할 필요가 없다. 여러분 글의 요점과 힘은 중요성에 비해 등한시돼온 청소년의 목소리를 세상에 들려주는 데 있다.

독자 투고 글을 작성하는 요령

1. 어느 기사를 읽고 쓰는 글인지 밝혀라

독자나 편집자가 당연히 알 것이라고 기대하지 마라. 모든 기사를 다 읽는 사람은 아무도 없다. 사실 그 누구도, 심지어 신문사 편집자도 자기 신문의 기사 하나하나를 전부 읽지는 않는다.

2. 짧고 간결하게 써라

독자 투고 글을 쓸 때는 주장을 펼칠 수 있는 분량이 적기 때문에 주제에 더욱 집중해야 한다. 다른 기사를 읽고 그에 대한 반응으로서 쓰는 글이므로, 전체적인 초점이 거기에 맞춰져 있어야 한다.

3. 시의적절성이 중요하다. 서둘러라!

신문사는 자사가 한 달 전 게재한 기사에 대해 여러분이 어떻게 생각하는지에는 흥미가 없다. 다루고 싶은 기사가 나온 당일이나 그다음 날까지 독자 투고 글을 써서 보내야 한다. 신문은 새로운 소식을 전하는 것이 임무다. 예전에 흘러가버린 기사에 대한 반응은 관심 대상이 아니다.

좋다…. 휴, 여러분이 해냈다! 여러분은 입이 떡 벌어질 만큼 힘 있는 칼럼을 써냈다. 세상에 외칠 중요한 주장을 글로 완성한 것이다. 여러분은 어른들이 지배하고 있는 미디어에 침투할 준비를 마쳤다. 그런데 이제 이런 생각이 들 것 같다 – '어, 잠깐만…, 이제 이걸 진짜로 신문사에 보내야 한다는 거잖아. 그걸 내가 어떻게 해?!'.

1. 신문사 리스트를 만들어라

인터넷에 들어가 자신의 칼럼에 꼭 맞는 신문사나 잡지사를 찾아라. 매번 수천 건의 투고가 쏟아져 들어온다는 《뉴욕 타임스》나 《워싱턴 포스트》 등 주요 일간지만 노리지 않기를 바란다. 여러분의 글을 반기고 게재해줄 가능성이 한층 큰 지방지와 전문지를 포함한 리스트를 만들어 접촉을 시도하자. 지역 신문이나 규모가 작은 신문에 글이 계속해서 실리면 큰 신문사의 눈에 띄어 여러분의 글이 그곳에 재게재될 가능성이 생기기도 하지만, 무엇보다 지역 사회와 공동체에 영향을 미칠 수 있다. 우리의 목표는 명망 있는 잡지에 글을 게재하는 것이 아니다. 우리의 메시지를 필요한 사람들에게 전하는 것이다. 따라서 지역 공동체 사람들이 읽는 지방지, 잡지, 또는 여러 온라인 뉴스 매체들에서부터 시작하는 것이 한 방법이다. 기고를 할 때는 주로 어떤 주제를 다루는 매체인지 알아본 후 자신의 글과 결이 맞는 곳에 기고를 해야 한다. 스포츠 잡지는 예멘에서 벌어진 전쟁 범죄에 관한 칼럼을 실어줄 가능성이 군사 역사 잡지보다 낮을 테니까.

2. 투고 가이드라인을 주의 깊게 살펴라

자신의 글을 투고하려는 잡지나 신문사의 원고 작성 및 투고 지침을 철저하게 확인하고 거기에 맞춰야 한다. 이메일에 포함할 사항과 요구하는 글의 서식이 매체사마다 전부 다를 것이다. 원고의 분량 제한도 지켜야 한다.《세상 좀 바꾸고 갈게요》가 깨져야 할 규칙들을 깨버리자고 말하는 책이기는 하지만 글을 신문, 잡지, 웹사이트에 기고하는 문제에 있어서는 각 사의 투고 가이드라인을 준수해야 글이 발표될 가능성을 높일 수 있다.

3. 이메일 초안을 작성하고 올바른 접수처를 찾아라

각 사별로 그곳의 가이드라인에 따라 시로 다른 이메일을 보내야 한다. 절대 모든 수신처의 이메일 주소를 참조란에 몽땅 집어넣어 발송하지 않도록 하자. 단체 메일을 보내지 말라는 뜻이다. 여러분이 누구이며 어떤 자격과 경력을 가지고 있고 왜 여러분의 글을 게재해야 하는지를 각 사에 맞춰 짧고 간결하게 작성한 메일을 개별로 발송해야 한다. 예를 들기 위해 내가《시애틀 타임스》에 보냈던 이메일을 실었다. 칼럼을 쓰기 시작한 초기에 투고에 성공했던 것으로, 열네 살 때쯤이었다.

아래가 내가《시애틀 타임스》편집자에게 보낸 실제 이메일이다.

편집자님께

안녕하세요.

열네 살 학생으로서 이번 대선후보 2차 TV토론은 충격과 경악의 연

속이었습니다. 뉴스 매체들의 초점은 벌써 다른 화제로 옮겨간 것 같지만, 저는 아직 충격에서 벗어날 수가 없습니다. 일요일 저녁에 벌어진 이 공방은 그냥 보아 넘길 수 없으며 좀 더 깊이 다룰 가치가 있는 문제라고 생각합니다.

제가 쓴 기사는 약 백만 명이 구독하는 《라이터스 다이제스트》의 블로그 플랫폼 《라이터스 디그》와 《틴 잉크》가 발행하는 월간 잡지에 게재된 바 있습니다. 《라이터스 디그》에 실린 글은 '십 대 작가들의 등장' 및 '청소년 책을 쓸 때 하면 안 되는 것-십 대 작가의 조언,' 《틴 잉크》에 실린 글은 '시팅 아웃' 및 '리본과 반짝거리는 모조 다이아몬드가 전부가 아니다'입니다.)*

제이미 마골린 드림

여기서 나는 내가 긴급한 현안에 관해 청소년으로서 고유하고 의미 있는 시각을 지니고 있다는 점을 피력하고, 과거에 발표한

---

* 다음 웹사이트에서 해당 글을 볼 수 있다.
① https://www.writersdigest.com/write-better-fiction/teen-writers-come-age
② https://www.writersdigest.com/write-better-fiction/what-not-to-do-when-writing-ya-books-advice-from-a-teen-writer
③ http://www.teenink.com/nonfiction/sports/article/865791/Sitting-Out/
④ https://www.huffpost.com/entry/not-just-ribbons-and-rhinestones-the-truth-about-rhythmic_b_584dfb1be4b0016e5043057f

글들을 소개했다. 아직 발표한 글이 없더라도 전혀 문제없다! 처음부터 경력이 있는 사람은 없다. 교내 신문 기자로 활동했다거나 다른 관련 일을 한 경험을 소개하는 것도 좋다. 하지만 이 역시 필수는 아니다. 길지 않은 투고 이메일을 작성하며 가장 우선해야 할 사항은 왜 어떤 시사적 쟁점에 관한 자신의 목소리가 세상에 긴요한가 하는 점을 담아내는 것이다.

4. 마지막으로 한 번 더 교정을 하라

이메일의 맞춤법을 살피고, 칼럼이나 독자 투고 글을 첨부하는 것을 잊지 말아야 한다. 글도 마지막으로 한 차례 더 읽으며 투고하려는 곳의 가이드라인에서 벗어난 부분이 없는지 꼼꼼하게 확인하도록 하자.

5. 보내라!

여러분의 목소리는 가치가 있고, 여러분의 이야기는 중요하다. 그러니, 필요하다면 눈을 감고, 보내기 버튼을 눌러라!

° 거절

앞으로 수없이 거절당하게 될 것이다. 나도 그랬다! 나는 온갖 언론사로부터 받은 거절 이메일만 모아놓은 폴더가 있다(아주아주 '큰' 폴더다). 불길한 기운으로 가득한 '고맙지만 사양할게요' 같은 이메일을 받으면 어쩔 수 없이 이런저런 생각들로 마음이 헤집어지겠지만, 중요하지 않은 것도, 괜한 애를 쓴 것도, 여러분에게 자질이 없는 것도 모두 아니다. 내가 아는 작가와 활동가 중 최소한 다섯 번 이상 거절을 안 당해본 사람은 아무도 없다. 다섯 번은커녕 열다섯 번 정도가 아닐까? 그것도 '최소한'! 신문과 잡지의 관심은 온통 속보와 독자를 확보하는 데만 있기 때문에, 자신의 글이 어떤 신문이나 잡지와 맞지 않다고 하더라도 개인적인 문제로 받아들일 이유가 없다.

실패를 떨치고 계속하라! 또 보내라! 다시 시도하라!

몇 주 동안 계속 투고했는데 싣겠다는 매체가 나타나지 않는다면 직접 발간하자! 블로그를 열어 자신의 글을 올리고 다른 SNS를 통해서도 그 사실을 알려라. 권력에 맞서 진실을 말하고 변화를 촉구하는 여러분의 목소리는 무슨 일이 있어도 세상에 전해질 가치가 있다.

그런 다음 새로운 칼럼을 써서 또 시도하자. 신문과 잡지들은 여러분의 끈기와 인내를 높이 살 것이다. 게다가 글을 많이 쓸수록 목소리가 다듬어지고 글 실력이 늘며 자신감이 커지는 것은 당연지사다.

° 수락

여러분이 보낸 칼럼과 독자 투고 글이 채택됐다고?

정말 축하한다! 신나게 춤을 춘 후, 잠시 마음을 가다듬고 찬찬히 느껴보자. 이제 자신의 목소리, 이야기, 자신이 청소년으로서 겪은 특별한 경험이 세상 사람들을 만나게 될 것이다! 여러분의 주장을 좀 더 명료하게 만들고 글을 간결하게 다듬기 위해 편집자가 몇 군데 손을 볼 수도 있다는 점을 기억해두길 바란다. 그 결과 최종적으로 발간되는 글은 여러분이 쓴 글과 조금 다른 모습일 수 있다.

또 한 가지, 여러분의 글을 채택한 매체가 투고자들에게 원고료를 지급하는 곳인지 아닌지 꼭 알아보기를 바란다. 나는 내 글을 실은 매체가 투고자들에게 원고료를 주는 곳이었음에도 나에게는 안 주고 넘어가려 한 적이 있다. 내가 달라고 하지 않은 데다 그쪽에서는 내가 어리기 때문에 안 줘도 될 것이라고 생각했던 것이다! 다행히 나는 문의를 했고, 내가 원고료 이야기를 꺼냈으니 그 매체도 내게 원고료를 줄 수밖에 없었다. 여러분은 자신의 글에 대해 보상을 받을 자격이 있다, 그러니 반드시 원고료를 지급하는지 여부를 알아보라!

자, 지금부터는 여러분이 예를 통해 배우기를 바라며 내가 여러 신문을 통해 발표한 칼럼 몇 개를 소개하려 한다. 청소년으로서 칼럼을 쓰는 방법을 이해하고 다양한 종류의 주제를 어떻게 다루어야 할지 감을 얻을 수 있기를 바란다.

첫 번째 칼럼은 86쪽에서 예로 든 이메일을 보낸 결과 내가 사는 곳의 지역 신문인 《시애틀 타임스》에 실렸던 것으로, 《틴 잉크》 블로그에 올린 글을 제외하면 공식적으로 발간된 나의 첫 기사라고 할 수 있다. 짧고 간결하면서도 논지가 분명하게 썼다.

14살의 눈에 비친 대통령 선거

미래 정치인을 꿈꾸는 청소년으로서
공화당 대선 주자 트럼프의 행태를 참을 수 없다

"우리 아이들이 이 선거를 지켜보고 있습니다." 영부인 미셸 오바마가 막장으로 치달은 2016 대선 레이스를 언급하며 한 연설에서 한 말이다. 맞다. 청소년들은 이번 선거전을 주시하고 있다. 그리고 나는 그중의 한 사람이다.

도널드 트럼프 후보와 힐러리 클린턴 후보 간의 세 차례 토론은 현대 대선 토론 역사상 가장 형편없는 토론이라는 평가를 받았다. 전적으로 동의하는 바다. 각 토론이 TV에서 방영될 때마다 리모컨을 집어 던지지 않기 위해 굉장한 인내심을 발휘해야 했다.

이번 토론이 눈을 뜨고 보기 어려운 진흙탕 싸움으로 전락한 까닭 중 하나는 트럼프가 기본적인 예의도 지키지 않은 채 클린턴에게 무차별적인 공격성을 드러낸 데 있다. 트럼프는 수시로 클린턴의 말을 끊었고

타운홀 미팅 방식으로 꾸며진 무대에서 클린턴을 사사건건 쫓아다니며 그의 개인적 공간을 침범했다.

이와 반대로 클린턴은 침착하고 정중했다. 대체로 트럼프의 공격적인 발언에도 미소로 응대하며, 조용히 의자에 앉아 차분하게 트럼프의 말이 끝나기를 기다렸다. 깡패 같은 트럼프를 앞에 두고도 품위를 잃지 않는 모습을 보며 나는 클린턴을 더욱 존경하게 됐다. 하지만 화도 날 수밖에 없었다.

트럼프 같은 인물이 클린턴과 한 무대에 있다는 것부터가 모욕적이다. 성인이 된 후 평생을 공직에 헌신해온 여성이 새벽 3시에 성관계 비디오를 들먹이며 트윗을 올리는 남성과 똑같은 조건에서 경쟁해야 하는 상황은 여전히 이중 잣대가 존재한다는 것을 증명한다.

미래에 정치인이 되기를 꿈꾸는

여성 청소년으로서 이는 상당히 불편한 사실이 아닐 수 없다.

그러나 이번 토론에서 가장 역겨운 부분은 트럼프가 끊임없이 교묘하게 도망치는 모습이었다. 그는 '빌 클린턴이 더 나쁘다(남성이 자신이 11년 전 행동에 대해 져야 하는 책임보다 여성이 자신의 남편이 20년 전 한 행동에 대해 져야 하는 책임이 더 크다는 의미)'고 큰소리치며 자신의 성폭행 의혹을 일축했다.

트럼프는 자신이 연방 소득세를 내지 않는다는 사실을 인정했다. 그런데도 선거전 내내 미디어는 그에게 다시금 기회를 주고 있다. 트럼프가 무너져내릴 때마다 기자들은 그가 다음 토론전에서 어떻게 자신을 '증명'할 수 있을 것인가를 이야기했다.

뭘 증명한다는 건가? 묻고 싶다. 모두 그가 무엇을 보여주기를 기다리고 있는 것인가? 소수 집단을 표적으로 삼고, 폭력을 부추기며, 성폭행을 자랑하고, 선거의 공정한 결과를 받아들이기를 거부함으로써 이미 자신이 우리에게 충분하지 않다는 사실을 드러낸 후보에게 더 이상 기대할 수 있는 것은 없다.

트럼프 같은 인물에게 '우리의 생각을 바꿀 기회'를 줘서는 안 된다. 트럼프가 저지른 일은 돌이킬 수 없다. 토론 결과는 우리 개개인에게 달려 있으며, 그럴듯한 쇼로 사실은 바뀌지는 않는다. 우리의 생각도 바뀌어서는 안 된다.

다음 칼럼은 《가디언》에 실린 것이다. 《시애틀 타임스》 칼럼과 달리 이 글에서는 정치적 의견을 드러내는 데 그치지 않고 태평양 북서부 지역에서 살아가는 청소년으로서 내가 기후 변화의 영향을 체감하며 경험한 것들을 이야기했다. 칼럼에서는 자신의 견해를 진술하기만 해야 하는 것이 아니다. 자기가 한 일이나 행동에 관한 내용을 집어넣어도 된다. 뉴스와 스토리텔링이 섞여 있어도 아무 상관이 없다. 그리고 이야기란 언제나 편집자와 독자 모두에게 설득력 있게 다가가는

법이다. 읽어보도록 하자.

발행일: 2018년 10월

워싱턴주 고소는 이곳에서 숨을 쉴 수 없기 때문… 주 정부는 나를 무시했다

**내 고향 시애틀의 여름은 스모그가 심하지 않았다.
하지만 지금은 나와 내 친구들을 병들게 할 만큼 정도가 심하다.
그리고 우리의 권리는 침해당하고 있다**

나는 9.11 테러 이후에 태어났다. 그래서 철저한 공항 보안 체제는 내게 있어 늘 현실이었다. 기후 위기 때문에 우리가 익히 아는 지구 위에서의 삶이 곧 끝장나고 우리 세대는 무시무시한 종말적 재앙의 시대를 물려받게 될 것이라는 사실 또한 마찬가지로 현실이다.

내 이름은 제이미다. 16세이고, 곧 고등학교 2학년이 된다. 그리고 최근에 나는 12명의 다른 아이들과 함께 워싱턴주를 고소했다. 왜냐고? 제이 인슬리 주지사와 주정부가 우리 세대를 속이고 배신했기 때문이다.

워싱턴주 정치인들은 환경 위기를 해결하겠다고 했지만 돌아서서 지역 사회를 해치고 우리와 미래 세대가 살아남는 데 필요로 하는 생태계, 수자원, 대기, 토지를 파괴하는 화석 연료 공장이 들어서는 것을 허가했다.

더욱 심각한 것은 그들이 우리의 기본적 에너지 수요를 충족시키는 데 전적으로 불필요한 화석 연료 에너지 시스템을 강화하느라 우리의 생명 유지 시스템을 망가뜨리고 있다는 사실이다. 생명을 위협하는 더러운 연료가 없어도 지구가 돌아가는 데 문제없다고 전 세계 전문가들이 말한다.

내 고향 시애틀의 여름은 나와 내 친구들을 병들게 할 만큼 스모그가 심하지 않았다. 심하지 않은 정도가 아니라 있지도 않았고, 연기가 상공을 뒤덮은 적도 없었다. 그런데 지금은 다르다. 이번 여름에 인스타그램 피드를 스크롤하며 주로 볼 수 있었던 것은 친구들이 따사로운 햇살을 즐기고 있는 모습이 아니라 가스 마스크를 쓰고 있는 모습이었다. '이제 편하게 숨쉴 수 있는 곳이 아무 데도 없는 것 같아' 같은 캡션이 달려 있었다. 시애틀 스카이라인이 있어야 할 자리에 연기만 가득한 사진도 많았다.

캐나다 산불에서 발생한 연기는 유난히 고온건조했던 여름 날씨 때문에 더욱 악화돼, 심한 날에는 공기 질을 베이징보다도 나쁜 수준으로 떨어뜨렸다. 이 연기는 바람을 타고 태평양 북서부 지역으로 내려와, 우리를 질식시킨다.

8월에는 집 바깥으로 한 발자국도 나갈 수 없는 날이 일주일이나 이어졌다. 그 주 내내 하늘이 잿빛이었는데, 구름이 아니라 연기 때문이었다. 밖에 나가면 공기 냄새가 이상하고 숨을 쉬기가 고통스러웠다. 머리가 아프고 목이 따끔거렸다. 내 고향 시애틀은 이런 곳이 아니었다.

건강하다고 할 수 있는 나도 이 정도였으니, 만성 질환이 있는 친구들은 어땠겠나. 연기 때문에 호흡 곤란

으로 응급실을 찾아야 한 친구들도 있다. 이제 시애틀은 매년 여름, 숨이 막힌다. 태평양 북서부 지역 전체가 숨을 쉴 수 없다.

미국 헌법은 모든 사람에게 생명, 자유, 행복 추구의 권리가 있다고 선언하고 있다. 워싱턴주 법에는 나에게 '건강한 환경을 누릴 양도 불가능한 기본권'이 있다고 명시돼 있다. 여름에 집 밖으로 나갈 수도 없고, 기록적 폭우와 확산되는 산불, 폭염으로 수천 명이 집을 잃고, 병들고, 죽어가는 이 지구에 살면서 어떻게 행복을 추구하며 삶을 영위할 수 있겠는가.

그래서 비영리 단체 아워 칠드런스 트러스트의 도움을 받아 12명의 다른 아이들과 나는 기후 위기를 적극적으로 악화시킴으로써 청소년의 생명, 자유, 행복 추구에 대한 헌법적 권리를 부정하는 데 대해 워싱턴주를 고소한 것이다.

지난주 법원은 우리 세대와 모든 어린이에게 완전히 절망적인 판결을 내렸다. 이제 우리는 세상을 '낙관적'으로 바라보는 소양을 기르고, 지도자들에게 사람이 살 수 있는 지구와 같은 너무나도 기초적인 권리를 구걸해야 하게 됐다. 이전 세대는 당연

하게 누렸던 권리다.

법원은 워싱턴주의 소송 각하 요청을 받아들였다. 워싱턴주는 살만한 미래를 요구하는 우리 청소년을 지지하는 대신 저지하기 위해 이를 악물고 맞섰다. 그리고 법원은 정부를 편들어 청소년의 간청을 묵살했다.

더욱 실망스러운 점은 입법부가 이미 청소년의 '건강한 환경'을 누릴 '양도 불가능한 기본권'을 명시하고 있다는 사실을 판사가 묵살했다는 것이다. 관련 법률은 다음과 같다－'모든 사람은 건강한 환경을 누릴 양도 불가능한 기본권을 가지며, 환경의 보존과 향상에 이바지할 책임이 있다'. 이는 입법부가 '양도 불가능한 기본권'이라고 기술하고 있는 유일한 권리다.

이번 소송의 판결을 내린 판사는 마땅히 그래야 함에도 우리가 소장에 기재한 과학적 사실을 진실로 추정하지 않았다. 대신 그는 자신의 개인적 의견과 외부 자료에 기대 청소년이 지도자 세대가 정책 방향을 바꾸기를 희망하며 미래에 대해 '낙관적인' 태도를 견지해야 한다고 말했다. 낙관하라니. 말 그대로 건강에 해로우니 바깥 공기를 마시면 안 된다

는 경고를 받고 있는데, 어떻게 낙관적일 수 있다는 말인가? 이 판사는 산불로 인한 연기에 시달리고 있는 우리 도시의 현실을 제대로 살피지조차 않은 것이다.

우리가 청소년으로서 당당히 우리의 입장을 밝히자, 지도자들은 뻔뻔하고 노골적으로 우리의 권리를 무시하고, 우리 머리를 쓰다듬으며, 법의 허울을 썼을 뿐 들여다보면 '귀여운 녀석들. 너희는 아무 걱정 안 해도 돼. 우리가 알아서 잘하고 있으니까'와 다름없는 말을 하고 있는 것이다. 하지만 워싱턴주 정부는 기후 행동과 관련해 잘하고 있는 것이 하나도 없다.

건강한 환경을 누릴 우리 세대의 권리는 이 판사가 말한 것처럼 꿈꿔야 하는 '소망'이 아니다. 입법부는 이미 이것을 반드시 지켜져야 하는 권리로 인정하고 있다－'모든 사람은 건강한 환경을 누릴 양도 불가능한 기본권을 가지며, 환경의 보존과 향상에 이바지할 책임이 있다'.

입법부가 '양도 불가능한 기본권'이라고 기술하고 있는 유일한 권리다. 헌법은 사법부가 행정부와 입법부의 위헌적 행위를 견제하고 균형

을 이룰 것을 요청하고 있다. 공교육이 아프리카계 미국인 학생을 분리하는 법, 동성 커플의 결혼을 막는 법, 합당한 참정권을 금지하는 법에 이의를 제기하는 데 이 원리가 확고한 역할을 담당해왔음은 물론이다.

기후 변화로 피해를 입고 있는 청소년 세대의 문제도 이와 동등한 수준으로 고찰돼야 한다. 우리는 우리에게 필요하며 우리가 누려 마땅한 변화를 쟁취할 때까지 싸움을 멈추지 않을 것이다.

이 예들이 도움이 되기를 바란다. 그런데 나는 어떤 경험과 의견을 지닌 한 개인일 뿐이다. 다양한 문체를 살펴보고 싶다면 인터넷에서 '청소년 칼럼'이라고 치거나 평소 관심 있는 청소년 활동가의 이름을 검색해 나오는 글을 감이 올 때까지 읽고 또 읽어라!

어디에 살고 있으며 어떤 자원에 접근할 수 있는가와 상관없이(집에 컴퓨터가 없다면 도서관에 가서 걸작을 완성하자) 여러분의 글로 세상을 바꿀 수 있다.

데빈 할버Devin Halbal, 20세, 여성She/Her

트랜스젠더 권리 및 공동체 지원 활동가,
뉴욕시 LGBT 센터 인턴, 프리랜서 작가

제이미   어떻게 활동가가 되었나요?

데빈   저는 태어날 때 지정받은 성별이 남성이어서 남성이라는 정체성을 가지고 자랐어요. 제가 트랜스젠더인 줄 몰랐기 때문에 고등학생 때 정신적으로 건강 문제를 심각하게 겪었죠. 졸업하고 나서야 제가 트랜스젠더 여성이라는 사실을 깨닫고 트랜지션 과정을 시작했어요. 그리고 그 때문에 지하철에서 폭행을 당하기도 했고요.

그 후 제 이야기를 공유하고, 대도시에서 유색 인종 트랜스젠더 여성으로 살아가는 가혹한 현실에 대해 사람들에게 알릴 방법을 모색했어요. 《틴 보그Teen Vogue》에 사설을 싣기도 했죠.

그러다 뉴욕시의 LGBT 센터에서 일하며 공동체 활동을 시작했어요. 많은 트랜스젠더들이 뉴욕시가 우리를 위해 건강 관리와 정신 보건 서비스에 대한 자원을 제공하고 있다는 걸 모르는 상황이라, 지금 저는 트랜스젠더 지원 그룹을 이끌고 있어요.

제이미　청소년 활동가에게 해줄 조언이 있다면요?

데빈　자신의 재능이 무엇이고, 자신이 바꾸고 싶은 게 무엇인지에 초점을 맞추길 바라요. 의료에 관심이 있다면 거기에서부터 시작하면 되는 거죠.

찾아보면 자신이 살고 있는 주나 도시에서 공동체를 만들 방법이 정말 많이 있을 거예요. 자신과 비슷한 사람들을 찾아서 지원 시스템을 만들고, 행사도 조직해보면 어떨까요.

그리고 예술 활동을 하는 데 있어서 기존의 출판 매체에 목매지 않았으면 좋겠어요. 그런 데서 여러분의 글이나 작품을 채택해주지 않는다 해도 인터넷 공간이나 소셜 미디어를 활용해도 좋고, 자가 출판하는 방법도 있어요.

제이미　활동가가 되고 싶지만 커밍아웃을 하는 게 안전하지 않은 상황에 놓여 있는 LGBTQ+ 청소년에게는 어떤 말을 해줄 수 있을까요?

데빈　일단 이 세상에 퀴어로 존재하고 있는 이들에게 감사하다고 말하고 싶어요. 알아볼 수 있게, 공개적으로, 떠들썩하게 존재해줘서 말이에요. 퀴어나 트랜스젠더로 눈에 띄게 존재를 드러낸다는 건 위험한 일이죠. 그렇기 때문에 타이밍을 잘 선택해야 해요. 믿을 수 있는 공간에서만, 믿을 수 있는 사람하고만 자신의 정체성을 이야기하도록 하세요.

자신의 감정을 기록하고 자신이 누구인지 깊이 생각해보는 것도 아주 중요해요. 저는 저보다 먼저 이 길을 걷고 있는 사람들에 대해서 떠올려요. 그리고 퀴어로서 존재하는 게 얼마나 아름다운 일인가, 다른 사람에게는 없는 저만의 관점이 얼마나 아름다운가에 대해서 생각하곤 해요.

클리닉, 비영리 단체, 지원 그룹을 찾아가세요. 공동체 속으로 들어가세요. 그러면 세상을 살아가는 게 훨씬 덜 외로울 거예요.

소셜 미디어를 이용해 필명으로 여러분의 경험을 털어놓는 방법도 있어요. 온라인에서는 이름을 밝히지 않고 익명으로 행동주의 활동을 할 수 있죠. 익명으로 여러분의 글과 작품을 공유하면서 아웃팅이나 안전에 대한 위험 없이 LGBTQ+ 공동체, LGBTQ+ 해방 활동에 참여할 수 있을 거예요.

4 새로운 활동을
창조하라

자신의 행동주의를
한 단계 끌어올려
새로운 것을 만들자

나는 행동주의와, 다른 체인지 메이킹 공간들이 일종의 생태계라고 생각한다. 생태계를 유지하는 데 필요한 일을 홀로 전부 다 할 수 있는 생물은 한 종류도 없다. 산림 생태계에서 광합성도 하고 개체 수를 억제하기 위해 식물도 먹고, 사냥도 하고, 비료도 되고, 산소도 생산할 뿐만 아니라 찌꺼기를 분해하기도 하는 생물은 없다. 체인지 메이킹 세계에서도 모든 사람의 필요를 충족시키고 모든 목적을 성취하는 조직이나 활동은 없다. 숲을 보면 사슴, 다람쥐, 풀, 나무, 그리고 새가 공존하며 생태계 속에서 서로 다른 목적에 기여한다. 이들은 다 함께 협력하기도 하고 서로 먹고 먹히기도 하며 건강한 서식지를 형성한다. 숲에서 수행하는 목적이 다 다르기는 하지만 각자 떨어져서 살아갈 수는 없다. 각각의 식물과 동물은 다른 종이 살아가는 것을 돕고 있으며, 그곳에는 겉으로 보이는 것보다 훨씬 복잡하게 연결된 관계망이 있다.

다시 체인지 메이킹의 세계를 보면 여성 권리 운동, 환경 운동과 기후 정의 운동, 원주민 권리 운동, 블랙 라이브스 매터Black Lives Matter 운동,[*] 재생산 권리 운동,[*] 페미니스트 운동, LGBTQ+ 운동, 보건의료 권리 운동과 장애인 권리 운동, 그리고 노동 정의 운동은 하나의 생태계 속에 어울려 있다. 그리고 각 운동은 하나하나가 자체적인 생태계다.

환경 운동이 이루어지기 위해서는 다양한 부문이 채워져야 한다. 여기에는 예컨대 법 문서를 작성하는 기관, 시위와 직접 행동을 조직하는 그룹, 정치인에게 압력을 가하고 여론을 움직이기 위한 캠페인 등 수많은 것들이 있다. 각 운동에는 옹호 단체, 기관, 활동가, 로펌, 홍보 회사, 풀뿌리 조직가, 저널리스트, 예술가 등이 얽히고설킨 관계망이 있어 그 운동을 튼튼하게 받친다.

개별 지역 공동체에서도 풀뿌리 활동 조직들이 모여 자체적으로 생태계를 이루고 있다. 지역 사회에는 플랜드 페어런트후드Planned Parenthood(비영리 여성 지원 단체), 현지 노동조합, 환경 정화 활동 단체 등이 있을 수 있고, 이 조직들이 연결되며 해당 지역의 활동 공간을 형성한다.

이 장에서는 새로운 것을 시작하는 방법을 다루려고 한다. 여러분이 몸담은 생태계에 미처 없는 새로운 조직, 새로운 활동, 새로운 캠페인 말이다.

*블랙 라이브스 매터 운동
흑인의 생명은 소중하다는 뜻으로, 주로 아프리카계 미국인 범죄자에 대한 공권력의 인종차별적인 법 집행에 반대하는 운동.

*재생산 권리 운동
임신 출산을 비롯해 재생산과 관련된 모든 활동에서 인간에게 보장되어야 하는 권리를 쟁취하기 위한 운동.

여러분이 지키고자 하는 공동체와 가치에 기여하며 의미 있는 새로운 일을 시작하기 위해서는 자신의 **왜**가 자신이 채우고자 하는 틈새, 즉 생태적 지위ecological niche와 어떻게 연결되는지 살펴봐야 한다. 일단 자신의 공동체, 참여하고 있는 활동, 더 큰 체인지 메이킹 공간 등 자신이 어떤 생태계의 일부인지 아는 것이 중요하다. 그런 다음에는 다른 사람들이 어떤 일을 하는지를 염두에 두며 자신이 하려는 역할, 자신이 가지려는 생태적 지위를 파악해야 한다.

체인지 메이킹 세계가 전체적으로 어떤 모습을 띠는지 이해했다면, 이제 틈새를 새로 메울 적절한 때를 포착하는 방법을 알아보자.

이런저런 단체와 활동에 도전하며 어떤 선택지가 있는지 살펴봤더니 뭔가가 빠져 있다는 느낌을 받게 됐다고 하자. 내가 생각한 방책을 실행에 옮기고 있는 곳이 아무 데도 없다. 지역 공동체에서는 구성원들이 필요로 하는 여러 서비스나 지원, 각종 자원이 제공되고 있지 않다. 내가 일하는 사회 운동 공간은 내가 신념을 지닌 활동을 할 자유를 주지 않는다. 이 조직에서는 내 아이디어를 반기지 않는 것 같고 반영될 여지도 없는 것 같다. 어떤 경우든 간에, 뭔가가 분명히 빠져 있고 여러분은 그 틈새를 메우고 싶은 바람이라면? 그렇게 스스로 새로운 활동과 조직의 초석을 놓게 되는 것이다. 지금부터 내가 열다섯 살 때 만든 조직, 제로 아워를 실례로 들어 어떻게 청소년 활동을 아무것도 없는 상태에서부터 쌓아 올릴 수 있는지 설명하려고 한다.

다음으로 넘어가기 전에 분명히 말해두자면 자신의 활동을 시작하는 것은 결코 쉬운 일이 아니다. 엄청난 땀과 눈물 없이는 이룰 수 없

을 것이다. 하지만 충분히 그러한 노력을 쏟을 만한 가치가 있다. 준비
됐나? 한번 해보자!

˚ 새로운 활동과 단체 조직의 기초

1. 사회적 필요를 발견하고, 그 필요를 채울 명확한 아이디어를 찾는다

뭐가 빠져 있나? 자신이 참여하고 있는 활동에서 부족한 전략은 무엇
인가? 어떤 목소리가 빠져 있나? 분명 필요한데 아직 시도되지 않은
접근법은 무엇인가? 사람들이 잘 모르고 있는 이슈는 무엇인가?

제로 아워의 탄생

˚ **문제** 기후 위기의 시급성과 청소년 및 어린이의 삶과 미래를
지켜야 한다는 데 대한 인식이 세계적으로 부족하다. 2017년에
는 기후 변화와 기후 정의 관련 내용이 주류 언론으로부터 완전
히 배제돼 있었으며, 정치권과 민간 부문, 일반 대중 모두 기후
위기의 시급성을 인지하지 못하고 있었다. 환경 운동도 다양성
부족, 인종 차별 문제를 안고 있었다. 따라서 여성 청소년과 유색
인종 청소년이 미국 기후 운동을 폭넓게 이끌 수 있는 전국 규모
의 공식적 공간이 없었다.

° **해결책**　여성 청소년이 이끄는 기후 정의 단체 제로 아워를 통해 세계 청소년 기후 행진과 로비 데이lobby day[*]를 진행해 기후 위기의 시급성에 대해 세계적 관심을 이끌어낸다.

* 시민 단체가 의회 의원을 만나 어떤 법안에 대한 지지를 요구하는 로비 활동을 벌이고 부대 행사를 진행하기도 하는 날.

2. 함께할 사람들을 찾는다

이 부분은 자신이 하고 싶은 행동주의가 어떤 것인지에 따라 다르다. 때로는 개인이 홀로 어떤 활동의 시작을 이룰 수도 있다. 2018년 9월 말, 당시 열다섯 살이던 스웨덴의 그레타 툰베리는 '기후를 위한 학교 파업'이라고 쓴 팻말을 들고 스웨덴 의회 건물 앞에 앉았고, 이때부터 전 세계적인 청소년 기후 행동이 시작됐다. 반드시 함께할 사람들을 찾아야 하는 것은 아니다. 때로는 혼자서도 필요를 채우고 혁명을 일으킬 수 있다. 그렇지만 대부분의 경우, 팀이 있어야 한다. 나의 비전을 믿어주고 그 비전을 실현하기 위한 활동에 합류해줄 사람들 말이다.

　사람들에게 여러분의 생각을 퍼뜨려 달성하고자 하는 목표가 무엇인지 전하고, 함께하고 싶은지 물어보자. 관건은 나와 똑같은 비전을 갖고 있으면서 그 비전을 현실로 만들어내기 위해 기꺼이 자신의 시간을 투자할 용의가 있는 사람들을 모집하는 것인데, 여기에는 소셜 미디어나 각종 행사에서 일대일로 대화를 나눠보는 방법이 있다. 나는 그렇게 해서 2018 청소년 기후 행진을 함께 기획할 팀을 꾸렸고, 이후에 제로 아워를 실현시킬 수 있었다.

청소년 기후 행진을 벌여야겠다는 아이디어가 머릿속에서 완전히 형태를 갖추고 나자, 처음에는 그렇게 큰일을 어떻게 행동에 옮기나 싶어서 덜컥 겁이 났다. 내가 영향력 있는 인물도, 팔로워가 많은 것도 아니고 그냥 평범한 학생일 뿐인데 도대체 어떻게 기후 행동에 수천 명을 결집시킬 수 있겠어? 그래서 나는 이 아이디어를 내려놨다. 그러다 2017년 여름, 푸에르토리코를 강타한 허리케인 마리아 같은 기후 재난이 벌어졌는데도 미디어와 정치인들은 제대로 대처하지 않았다. 그 무렵 시애틀은 기후 문제로 악화된 산불로 인한 연기로 온통 뒤덮여 있었다. 나쁜 공기 때문에 몇 차례 두통이 생기고, 기후 재난에 따른 공황 발작까지 겪고 나니 결심할 수밖에 없었다 - '모르겠다, 그냥 한번 해보자!'.

2017년 여름, 나는 인스타그램에 들어가 이 사실을 알렸다. '워싱턴 청소년 행진'이라고 쓴 문구의 사진과 함께 마틴 루서 킹 목사의 워싱턴 평화 행진을 언급한 다음, 청소년 기후 행진을 기획할 것이라고 올렸다. 그리고 이 비전을 함께 실현시키고 싶은 사람은 누구나 나에게 DM(다이렉트 메시지)을 보내달라고 썼다. DM이 딱 하나 왔는데, SNS 친구 나디아 나자르가 보낸 것이었다. 그때 나디아는 열다섯 살이었고, 나디아가 청소년 잡지에 실린 내 칼럼을 읽은 후로 우리는 인스타그램에서 종종 대화를 나누는 사이였다. 나디아는 "나도 같이 할게!"라고 말하며 이 배에 처음으로 올라탔고, 나와 함께 행진을 현실로 만들 파트너가 됐다. 신기하게도 거의 운명적으로 이루어진 만남이었다. 내가 그 잡지에 칼럼을 보내지 않았다면, 나디아네 학교 선생님이 나디아가 환경 행동에 관심이 있다는 사실을 몰랐다면, 그래서 나디아에게 그 칼럼을 읽어보라고 주지 않았다면, 나디아가 굳이 시간을 내 선생님이 권한 대로 읽어보려 하지 않았다면, 그리고 읽은 후 나를 인스타그램에서 찾아볼 생각을 하지 않았다면, 그래서 메시지를 보내지 않았다면 제로 아워와 청소년 기후 행진은 세상에 존재하지 않았을지도 모른다. 나는 모든 일이 잘되게 돼 있다고 믿는 편이기는 하지만, 일이 잘되려면 누가 뭐래도 '우리 자신이 그렇게 만들어야 한다'. 우리가 열심히 일하고, 에너지를 쏟고, 끝내주는 비전과 아이디어를 내놓으면 사람들은 우리 일에 동참하고 싶어할 것이다.

나디아의 집은 볼티모어고, 우리 집은 시애틀이었다. 우리는 서로 미국 반대편에 살고 있었지만, 그해에 나는 우리 부모님과 나눈 것보다 훨씬 많은 대화를 나디아와 나눴던 것 같다. 행진 계획을 세우느라 하루에도 몇 번씩 나디아와 통화를 하기 시작했다. 그리고 여름 프로그램에서 만난 두 사람, 매들린 투와 자나지 아티스도 함께하게 됐다.

다른 팀원들이 모인 것은 나디아와 내가 어딜 가나 우리 활동과 행진 계획에 대한 강한 비전을 이야기하고 다녔기 때문이다. 행사 장소에서나, 친구들과 일대일로 대화할 기회가 있을 때나, 소셜 미디어상에서나 늘 알렸고, 나는 평소 존경하는 성인 활동가들에게 도움을 요청하는 메일도 수없이 보냈다.

제일 처음 답장을 준 사람은 여성 행진Women's March의 미날리니 차크라보티였다. 미날리니는 기꺼이 큰 꿈과 열심히 일할 각오 말고는 아무것도 없는 우리 그룹의 멘토가 돼주겠다고 했다. 미날리니 덕분에 웹사이트를 개설하고 나자, 또 다른 성인 활동가가 동참해 우리가 자금을 조달할 수 있게 재정 후원자를 찾는 것을 도와주었다. 그러자 더 많은 청소년이 우리에 대해 듣고 합류하기 시작했다. 그 후에 나는 한 콘퍼런스에 갔다가 워싱턴에서 환경 로비스트로 일하는 나탈리 미베인을 끌어들이는 데 성공했다. 나와 잠깐 대화를 나누자마자 바로 우리를 도와주겠다고 한 것이다. 곧 우리 활동에 관심 있는 사람들이 엄청나게 많이 나타났고, (거의가 유색 인종인) 멋진 여성 청소년들과 유색 인종 여성 멘토들이 함께 기후 정의 혁명을 위해 활동하는 팀이 완성됐다.

좋은 팀을 꾸리기 위해서는 자신의 비전과 자신이 만들려고 하는 팀의 모습이 명확해야 한다. 사람들이 저절로 찾아오기를 바랄 수는 없는 것이다. 사람들을 설득하고 모집하기 위해 최선을 다해야 한다. 한 번의 대화로 모든 것을 변화시킬 수도 있는 법이니까. 제로 아워의 경우 정말로 한 번의 대화가 모든 것을 변화시켰다. 현명하고 헌신적이며 우리 활동에 가장 큰 도움을 준 두 사람의 어른 모두 각각 근사한 대화 덕분에 얻은 멘토들이었다. 클라이밋 넥서스Climate Nexus의 기후 미디어 전문가 시라바제인은 전화 한 통만으로 제로 아워 팀에 참여하게 됐고, 뛰어난 언론 전략으로 우리를 구해주었다. 진실하게 다가가라, 그러면 꼭 필요한 사람들을 끌어당길 수 있을 것이다. 자신의 활동을 알리고, 자기 자신도 알려라. 아이디어와 비전이 확고하다면 사람들이 동참할 것이다.

3. 사명 선언문과 비전 선언문을 작성한다

자, 이렇게 여러분에게는 아이디어와 아이디어의 실현을 도와줄 사람들이 있다. 지금부터는 활동이 앞을 향해 나아가도록 비전과 목표를 구체적으로 정리해야 한다. 모든 팀원이 동의하는 통합된 사명 선언문과 비전 선언문을 작성해두고 이를 주기적으로 확인한다면 활동이 본래 목적에서 벗어나지 않도록 하고, 세상에 여러분의 사명을 알릴 수 있다. 사명 선언문이란 여러분의 조직/활동이 본질적으로 이루려는 사명과 되고 싶은 모습을, 비전 선언문이란 여러분이 만들고 싶은 세상에 대한 비전을 담는 것이다. 아래는 제로 아워의 사명 선언문과 비전 선언문으로, 2018년에 청소년 기후 행진을 앞두고 우리가 한 팀으로서 써 내려갔던 것이다. 둘 다 검토와 수정을 자주 하지는 않고, 조직의 방향에 큰 변화가 있어서 꼭 고쳐야 할 때만 고친다.

제로 아워의 사명은 기후와 환경 정의 문제를 둘러싸고 벌어지는 대화의 장에 다양한 청소년의 목소리를 반영하도록 하는 것이다. 제로 아워는 청소년이 이끄는 사회 운동 조직으로, 기후 위기에 대처하는 구체적 행동을 취하고자 하는 새로운 청소년 활동가, 조직가들(그리고 우리의 비전을 지지하는 성인 활동가들)에게 참여 통로, 교육과 각종 자원을 제공한다. 우리가 미래에 단지 생존하는 것을 넘어 번창하기 위해서는 깨끗하고 안전하며 건강한 자연과 천연자원이 필수적이다. 우리는 다 함께 이에 대한 권리와 접근권을 보장받기 위해 활동하는 거침없는 청소년 조직을 표방한다.

더 이상 참을 수 없다. 우리 청소년은 지금이 기후 변화에 맞서 행동해야 할 때#ThisIsZeroHour라고 믿는다. 더는 우리가 생존하고, 나아가 번창하는 데 필요한 깨끗하고 안전한 환경과 천연자원에 대한 우리의 권리를 어른들이 지켜주리라 기다리고만 있을 수 없다. 우리가 기다려온 지도자는 바로 우리들 자신이다! 우리는 모든 공동체의 모든 개인에게 깨끗한 공기와 물, 공유지에 접근할 권리가 보장돼야 한다고 믿는다. 우리는 공동체의 필요와 건강이 기업의 이익보다 앞선다고 믿는다. 그리고 이 문제에 대처하는 데 청소년의 주도가 필수불가결하다고 믿고 있는데, 우리는 환경 위기를 야기하는 데 관여하지 않았음에도 이 문제를 물려받았기 때문이다. 우리는 파괴와 무대응으로 점철한 기후 변화의 유산을 준 데 대한 책임을, 정치인과 어른들에게 끝까지 물을 것이다. 우리는 사회의 진정한 필요를 충족시키는 해결책 중심의 접근법을 취할 것이다. 기후 변화는 누구도 피할 수 없는 현상이지만, 그 영향은 완전히 불공평하게 닥친다. 미국 내에서나 지구 전역의 최전선 공동체frontline communities*들은 기후 변화로 다른 사람들보다 막대한 수준의 직격탄을 받고 있다. 그러나 우리는 문제에 가장 가까이 있는 이들이 해결책에도 가장 가까이 있을 가능성이 높다고 믿는다. 이 공동체들은 적절한 해법과 변화 방안을 찾는 데 적극적으로 임하고 있다. 우리의 목표는 이들 고유의 지혜와 경험, 리더십을 중심으로 영향력 있는 변화를 일으키기 위해 노력하는 것이다. 우리는 또한 사회 정의를 위해 활동하는 다양한 조직과의 유의미한 연대, 협력 없이는 기후와 환경 정의를 위한 활동이 성공할 수 없다는 사실을 잘 안다. 우리는 다양한 배경과 경험을 지닌 청소년의 리더십과 청소년이 이끄는 조직의 힘을 통해 우리 모두를 위한 공정하고 안전한 미래를 향한 길을 열 수 있다고 믿는다.

---

* 유색 인종, 원주민, 빈곤층, 노약자, 여성 등 사회 인프라에 대한 접근도가 낮아 기후 변화의 영향에 취약할 수밖에 없는 계층.

4. 내부 구조와 규칙, 민주주의를 확립한다

조직이 제대로 기능하기 위해서는 나름의 합당한 이치가 있어야 한다. 조직을 구조화하고 민주주의를 세우는 것은 어느 활동에서든 성공을 위한 필수 조건이라고 할 수 있다. 정의를 위해 싸우려면 일단 조직이 공평한 방식으로 작동해야 하기 때문이다. 팀원들과 특별히 시간을 내 여러분 활동의 내부 구조와 운영 규칙을 짜고, 어떤 형태의 민주주의를 도입할 것인지 의논하라. 마냥 신나는 일은 아닐 테지만, 믿어주길 바란다. 이 부분을 해내고 나면 분명 뿌듯한 기분을 맛보게 될 것이다.

솔직히 말해 내부 구조를 만드는 일은 제로 아워에게도 '쉽지 않았다'. 사실, 지금도 매일 만들어가는 중이다. 이 단계에서는 수많은 의견을 적극적으로 취합해야 하며, 기진맥진할 때까지 전화로 회의를 하거나 직접 만나서 세 시간이고 네 시간이고 회의를 한다. 언쟁이 벌어지기도 하며 서로 감정이 상할 때도 있다. 팽팽한 긴장감이 조성되는 건 예사로, 제로 아워를 설립할 때도 두말할 것 없이 많이 겪었다. 사람들은 활동을 조직하는 일을 할 때면 자신의 경험에 대해 '굉장히' 열정적이 되며 다른 일반적인 일을 할 때보다 훨씬 사적인 작업으로 받아들이고는 한다. 흔히 조직가들은 이 일을 자신과 분리된 것이라기보다 자기 존재의 연장선에 있는 것으로 보기 때문에, 자신의 아이디어가 거절되거나 다른 사람이 우리가 동의할 수 없는 아이디어나 구성을 밀어붙이는 경우 감정적 상황으로 이어지기가 십상이다.

따라서 활동을 구축하는 과정 중 이 단계에서는 다른 사람의 아이디어, 의견, 감정에 대해 주의하고 배려해야 하며 참을성, 양보심, 때로는 감정 노동도 요구된다. 어쩔 수 없이 나도 이 단계가 행동주의의 전체 과정 중 가장 까다롭게 여겨지기는 한다. 지치기도 하거니와 공들여 진행하고 있는 모든 일이 무너질 것처럼 엉망으로 느껴지기도 하기 때문이다. 나는 기분을 상하게 하려는 의도가 아니었다 해도, 어디선가 누군가는 나에 대해 불만을 갖게 될 수도 있다. 하지만 어차피 모든 사람을 만족시킬 수는 없는 법이므로, 경고만 하고 넘어가도록 하겠다. 이 단계는 결코 유쾌하지 않다.

이 단계에 있어서든, 넓게 보아 조직과 활동을 전개해 나아가는 데 있어서든 의사 결정 과정을 구조화하는 방법에는 여러 가지가 있다. 풀뿌리 조직에서는 합의적 의사 결정 방식consensus-based decision making이 가장 일반적으로 쓰인다. 이는 구성원 전반의 동의에 기초해 결정을 내리는 것으로, 그룹 내 모든 멤버 간의 합의를 이끌어내는 창조적이고 역동적인 방법이라고 할 수 있다. 단순 다수결 방식 대신 합의 방식을 이용하는 그룹은 모든 사람이 적극적으로 지지하거나 적어도 수용할 수 있는 해결책을 찾는 데 몰두하게 된다. 그리고 합의란 백 퍼센트 동의가 아니라 백 퍼센트 지지를 의미하는 것이다. 합의가 중요한 까닭은, 결정이 내려졌음에도 이에 반대하거나 특별히 자신의 목소리가 반영되지 않았다고 느끼는 구성원이 있을 경우, 그들이 열심히 참여하지 않고 조직 활동을 방해해 문제가 벌어질 수 있기 때문이다. 의사 결정 과정을 시각적으로 쉽게 이해할 수 있도록 117쪽에 다이어그램을 실어두었다.

˚ 활동 조직하기

1. 연대 조직을 찾는다

자신이 사회 운동 생태계의 일부임을 다시 떠올려보자. 고립된 상태에서는 활동을 꾸릴 수 없다. 즉 파트너 조직으로부터 도움을 얻는 것이 전략상으로 중요하다. 다른 조직가에게 자신이 시작하려는 운동에 대해 알리고 어떤 식으로 협력해나가기를 원하는지 이야기하자. 기억해둘 것은 여러분과 다른 조직들은 서로 경쟁 상태에 놓여 있는 것이 아니라는 사실이다. 오히려 여러분은 다른 조직이 쌓아 올린 기반 위에서 시작해야 하며, 다 함께 공동의 대의를 위한 사회 운동 생태계를 강화하는 데 힘써야 한다. 자연 생태계에서는 여러 생물이 꿀벌과 꽃의 경우처럼 서로의 존재를 뒷받침하고 풍요롭게 만드는 상호 수혜적 관계를 맺고 있다. 여러분과 다른 조직도 활동을 발전시키고 대의를 도모하는 데 도움이 되는 상호 수혜적인 관계를 이루어야 한다. 활동 생태계 속에서 다른 조직의 구성원과 연결성을 강화하고 서로 조화롭게 활동한다면 여러분과 여러분의 연대 조직 모두 성공 가능성이 한층 높아질 것이다.

의사 결정 과정 다이어그램

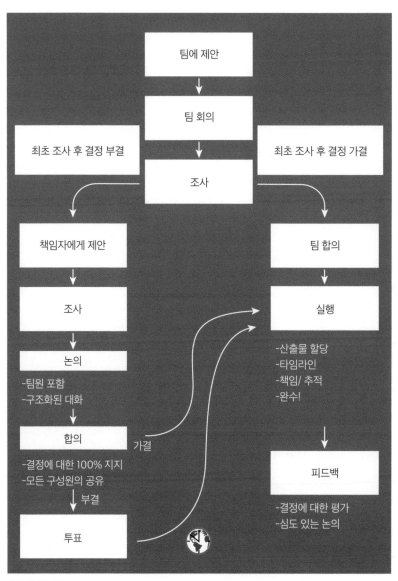

팀에 제안

팀 회의

최초 조사 후 결정 부결

조사

최초 조사 후 결정 가결

책임자에게 제안

팀 합의

조사

실행

논의

-산출물 할당
-타임라인
-책임/ 추적
-완수!

-팀원 포함
-구조화된 대화

합의

가결

-결정에 대한 100% 지지
-모든 구성원의 공유

부결

피드백

투표

-결정에 대한 평가
-심도 있는 논의

출처: 나디아 나자르Nadia Nazar

2018 청소년 기후 행진을 성공시키기 위해 우리는 제로 아워의 팔로워들만 동원한 것이 아니라 선라이즈 무브먼트Sunrise Movement, 인터내셔널 인디지너스 유스 카운슬International Indigenous Youth Council, 리스펙트 아워 워터Rezpect Our Water(스탠딩 락 키즈Standing Rock Kids) 같은 조직과 수많은 풀뿌리 기후 정의 공동체의 팔로워들도 함께했다. 우리는 우리의 비전과 우리가 벌이려는 일을 다른 사회 정의 조직과 환경 단체들에게 알렸고, 이들 중 많은 곳이 기꺼이 나서서 우리 일을 지지해주었다. 다른 조직들의 협력과 연대가 없었다면 행진에 그렇게 많은 인원을 동원할 수 없었을 것이다.

2. 기부금 및 기타 재원을 마련할 방도를 세운다[*]

(이 부분은 내가 겪은 상황과 경험을 바탕으로 정리한 것일 뿐이다. 각자 자신에게 맞는 법률적, 재정적 조언을 구할 수 있기를 바란다.) 어떤 조직을 세우거나 프로젝트를 발의하려 하는데 자금을 조달하고 지출해야 할 필요가 있다면 법인으로 등록하거나 재정 후원 기

---

[*] 한국의 관련 법은 다음 사이트에서 확인할 수 있다.
https://www.welfare24.net/ab-3130-248

관을 찾아야 한다. 무슨 뜻일까? 갑자기 어려운 내용이 나온 것처럼 느껴지겠지만, 사실 세금 이야기가 전부다. 미국 내국세입법 섹션 501(c)(3)은 공공 자선 단체, 민간 재단에 해당하는 비영리 단체에게 연방세를 면제해준다고 규정하고 있다. 이 조항에 따르면 판매세와 재산세도 면제받는 데다 직원이 있을 경우 급여세까지 면제받을 수도 있어서 정말 큰 혜택이라고 할 수 있다. 시간이 흘러도 계속해서 비용이 절감되기 때문에 간신히 꾸려나가는 비영리 단체들에게는 플러스 요인이 된다.

501(c)(3)의 적용 대상이 되는 지위를 획득하는 데는 두 가지 방법이 있다. 스스로 법인으로 등록하거나 재정 후원 기관을 구해야 하는데, 이는 이미 501(c)(3)으로 인정받고 있는 다른 단체의 산하로 들어가 그 단체가 재정 관리를 해주는 대신 우리 단체 수익의 일부를 가져가도록 하는 것이다.

501(c)(4)에 해당하는 단체가 되거나 이미 501(c)(4)에 해당하는 단체의 후원을 받는 세 번째 방법도 있다. 501(c)(4) 단체는 501(c)(3) 단체는 할 수 없는 공직에 출마한 특정 후보를 지지하는 등의 정치 활동을 할 수 있다는 점이 다르다.

제로 아워의 재정 관리

현재 제로 아워는 재정 후원 기관을 통해 재정, 세금을 비롯해 돈과 관련된 모든 법적 사안을 처리하고 있어서, 나를 비롯해 다른 고등학생들은 재정 운영에 신경 쓰지 않아도 된다. 사람들은 십 대들과 돈 문제가 나오면 까다롭고 예민해지는 것 같다. 그래서 우리도 우리의 재정 운용을 책임져줄 후원 기관을 찾는 일이 쉽지만은 않았다. 지금은 재정 후원 기관의 운영 국장이 우리가 재정 현황을 파악하고 현명한 재정적 결정을 내리도록 도와주며, 다른 사람이 우리를 이용하지 못하도록 해주고 있다.

어리기 때문에, 청소년이 이끄는 조직이기 때문에 우리는 대개 재정적으로 이용당하기 쉬운 처지다. 우리는 이 분야에서 학문적 깊이를 쌓고 실무도 경험해온 어른들만큼 재정 지식이나 업무 지식이 없으므로 쉽게 표적이 되는 것이다. 악의를 가지고 접근해오는 경우도 있지만 '큰돈을 갖기엔 너무 어린 애들이야'라고 생각한 나머지 불이익을 주는 경우도 많다. 재정 후원 기관은 상당한 경험과 전문성을 갖춘 곳이기 때문에 누군가 우리를 어리다는 이유만으로 부당하게 대우하려 할 때마다 바로 알아차리고 조치를 취해준다.

3. 타임라인을 만들고 실행에 옮긴다

활동/조직을 전개하는 데 필요한 주요 부문별로 현재와 첫 번째 목표 사이의 타임라인을 만들어라. 자금 조달 타임라인, 언론 타임라인, 소셜 미디어 타임라인, 지원 활동 타임라인 등이 있겠다. 실현 가능한 타임라인을 짠 후 지키도록 노력하는 것이 좋다. 타임라인이 있으면 팀의 활동을 체계화하고 성공을 향해 전략적으로 나아가는 데 도움이 된다. 다음의 타임라인 개요를 활용해 자신의 업무에 꼭 맞는 타임라인을 만들어보자.

제로 아워 2018 자금 조달 전략

I. 목표
A. 행진과 로비 데이를 위해 25만 달러를 모은다

1. 실제로 필요한 액수를 20만 달러 안팎으로 예상하지만 만일에 대비하기 위해 25만 달러를 목표로 한다

B. 여기에는 내부적으로 필요한 최소 자금도 포함된다

II. 미션

A. 특정 목적을 위해 조달하려는 자금으로, 자세한 내용은 행진과 로비데이를 위해 필요한 세부 항목별 예산안 확인

III. 출처

A. 기업

1. 기업에 우선적으로 지원을 요청하려고 한다. 조직 출범 초기이므로 재단이나 개인 기부자들보다 자금을 지원해줄 가능성이 높을 것이라고 판단된다

2. 우리 팀이 기업으로부터 자금을 조달하기 위해 노력하는 동안 파트너십 팀은 우리의 요청 사항을 확보된 기업 기부자들에게 전달한다 (파트너십 팀과 소통하며 업무 진행)

3. 자료: 1장 요약(잠재 기부자들에게 우리 조직을 소개하고 밝히는 한 장짜리 문서), 기부 제안서(다양한 액수를 지원해주는 기관, 개개의 기업, 재단에 대한 감사와 예우 내용을 정리한 문서)

B. 재단

1. 2만5천 달러, 즉 목표액의 10%를 달성하면 재단들로부터 자금을 지원받기 위한 접촉을 시작하기로 한다

2. 2만5천 달러가 우리 은행 계좌로 들어와 있어야 이 단계를 시작할 수 있는 것은 아니지만, 적어도 기업들로부터 지원해주겠다는 확답이 있어야 한다

C. 개인

시간 순서상 마지막으로 개인 기부자를 개발하려고 한다

IV. 타임라인

A. 3월

　1. 재정 후원 기관에 대한 계획 정하기

　2. 개인 기부자 관련 논의

　3. 분기 보고서 작성

　4. 다섯 곳에 기부 요청 접촉

　5. 크라우드펀딩 사이트를 통해 5천 달러 모금

　6. 자금 모금을 도와줄 멘토 확보(임시직)

B. 4월(기업 기부 요청)

　1. 25만 달러에 맞춰 예산안 조정

　2. 기업 접촉과 관련해 멘토와 논의

　3. 가능한 최저 액수에 맞춰 예산안 조정

　4. 기부 제안서 보강 및 완성

　5. 기업 조사 완료

　6. 재단 조사 및 보조금 협약서 견본 작성

　7. 15개 기업에 접촉

　8. 기업들로부터 확약 확보

　9. 기부 제안서를 가지고 빅 그린 네 곳에 접촉(빅 그린big green은 규모가 크고 투자도 많이 받으며 확고히 자리 잡고 있는 비영리 환경 단체를 뜻하는 환경 운동계 은어로, 거대 석유 기업을 가리켜 빅 오일big oil이라고 하는 것처럼 환경 운동계에서는 수백만 달러를 운용하며 직원도 많고 힘이 있는 단체를 이렇게 부른다)

　10. 재단 접촉 시작. 시간상 가능하다면 다섯 곳 정도 접촉

11. 크라우드펀딩 사이트를 통해 총 1만5천 달러 모금

12. 5만 달러 모금 달성

C. 5월(재단 기부 요청)

1. 홍보 게시물 완성 및 공개

2. 재단별 제출할 제안서 및 협약서 작성(5월 말까지)

3. 가능성 있는 기업이 있다면 계속해서 기업 기부자 모집 시도

4. 직접 이메일을 보내 20개 재단에 접촉

5. 각 재단에 맞춰 협약서 조정

6. 희망을 갖고 각 재단에 전화 돌리기

7. 이어서 이메일 보내기(통화 후 이틀 내, 제안 내용을 간단히 포함해 진행)

8. 답변이 없을 경우 적절한 방식으로 다시 한 번 접촉 시도

9. 희망을 갖고 제안서 제출

10. 감사 편지 보내기

11. 10만 달러 모금 달성

12. 각 재단에 미니 경과 보고서 발송

D. 6월(개인 기부 요청)

1. 소개 이메일, 협약서, 제안서를 계속 발송(6월 동안)

2. 개인 기부자 대상 기부 안내서 완성

3. 잠재적 개인 기부자 10인 접촉

4. 이어서 10인의 개인에게 관련 문서 첨부해 이메일 보내기

5. 또 다른 10인 접촉

6. 이들에게도 관련 문서 첨부해 이메일 보내기

7. 7만5천 달러의 기부를 유치해 17만5천 달러 모금 달성

E. 7월(지출)

1. 또 다른 대상 개인, 기업을 발견한다면 계속해서 모집 시도
2. 20만~25만 달러 모금 달성
3. 예산에 맞춰(모금액에 따라 저예산, 중예산, 고예산) 지출할 걱정 시작
4. 행진과 로비 데이!

4. 앞선 활동가가 닦아놓은 길 위에 있다는 사실을 깨닫는다

뭔가 새로운 것을 시작할 때 우리는 때때로 외롭다고 느끼고는 한다. 그렇지만 우리는 홀로 고립된 상황에서 활동을 조직하는 것이 아니다. 우리는 우리가 태어나기 훨씬 전부터 정의를 위해 싸워온 활동가들로 이루어진 커다란 가족의 일원이다. 그들은 오랜 세월의 경험 끝에 중요한 전략들을 발달시켰고, 그들의 실패와 성공에서 우리는 많은 것을 배울 수 있다. 우리보다 앞선 활동가가 남긴 지식을 우리의 기반으로 삼아야 한다.

앞선 활동가들이 제시한 전략과 원칙을 어디에서부터 살펴봐야 할지 막막하다면 '민주적 조직 운영을 위한 헤메스 원칙The Jemez Principles of Democratic Organizing'을 참고해보자. 1996년 12월 6~8일, 뉴멕시코 헤메스에서 유럽계 미국인과 유색 인종 대표 40인이 '세계화와 무역에 관한 실무자 회의Working Group Meeting on Globalization and Trade'를 위해 만났다. 헤메스 회의는 SNEEJSouthwest Network for Environmental and Economic Justice가 서로 다른 문화와 정치, 조직을 배경으로 하는 참가자들 간 공동의 이해를 확보하기 위해 주최한 것

이었다. 헤메스 원칙은 환경과 경제 정의 운동을 대상으로 마련된 것이지만, 거의 모든 부문에서 공정하고 능률적으로 활동을 전개해나가기 위한 지침으로 삼는 데 손색이 없다.

그런데 헤메스 원칙은 활동을 조직하는 데 도움이 되는 역사상 등장한 여러 지침 중 하나일 뿐이다. 마틴 루서 킹 목사가 마련한 '비폭력 직접 행동을 위한 여섯 단계Six Steps for Nonviolent Direct Action'도 확인해보기를 바란다.* 나아가 문학 작품도 읽고, 다큐멘터리도 보며 과거의 전략들을 익히도록 하자. 그리고 그 위에 우뚝 서자.

민주적 조직 운영을 위한 헤메스 원칙

1. 포용하라

의사 결정 과정에 모든 사람을 포함하며 세상의 일과 부에 있어 누구나 자신의 공정한 몫을 갖도록 보장하는 정의로운 사회를 이루고 싶다면, 신자유주의 하의 온갖 협정에 대한 대안적 정책과 제도를 만들 수 있도록 우리의 활동이 그러한 포용성을 가질 수 있게 힘써야 한다. 단연코 토크니즘 이상의 조치가 요구된다. 계획 및 조정 업무와 인력 구성 전반에 걸쳐 다양성을 확보하지 않으면 포용성을 갖췄다고 할 수 없을 것이다. 이 과정에서 다른 중요한 목표의 달성이 지체될지도 모른다. 수많은 토론과 사전

---

* 다음 사이트에서 확인할 수 있다: https://kinginstitute.stanford.edu/sites/mlk/files/lesson-activities/six_steps_for_nonviolent_direct_action_2.pdf

계획, 노력과 인내가 요구될 것이다. 갈등이 벌어질지도 모른다. 그러나 이 갈등을 통해 우리는 함께 일하는 더 나은 방법을 배우게 될 것이다. 대안적 제도를 마련하고 활동을 발전시켜라. 반세계화 전선의 인정을 얻기 위해 타협하지 마라.

2. 상향식 조직화에 중점을 두라

성공하기 위해서는 새로운 지지자들을 확보하고 이미 우리 네트워크와 연관돼 있는 조직들에 대해서도 모든 수준의 지도부 및 회원들과 접촉을 유지하는 것이 중요하다. 우리의 신뢰도, 전략, 동원력, 리더십 개발, 그리고 우리가 매일 해야 하는 일을 하게 하는 에너지의 근원이라고 할 수 있는 기반을 탄탄하게 다지고 강화하는 데 게을러서는 안 된다.

3. 누구나 자기 말을 하게 하라

영향을 직접 겪고 있는 사람들의 목소리를 반영해야 한다. 대변인에게는 당사자를 잘 대변하고 책임을 다할 수 있는 방도가 주어져야 한다. 각 조직은 각자의 역할, 각자가 누구를 대변하고 있는지를 명확히 하고 우리 기구 내에서 대변의 책무를 다해야 할 것이다.

4. 상호 연대하고 협력하라

서로 추구하는 비전이 양립할 수 있고 다루는 이슈가 비슷한 조직들은 의식적으로 상호 지원을 아끼지 말고 의지하며 연대하도록 하라. 다른 조직의 목표와 가치를 자기 조직의 일로 포용할 수 있다면 장기적으로 볼 때 관계가 더욱 공고해질 것이다. 예컨대 노동조합이나 지역 경제 개발 프로젝트라면 환경 단체를 단순히 지원하기보다 환경적 지속 가능성의 이슈를 자신들의 전략에 포함시키는 편이 장기적으로 더욱 의미 있는 행보다. 우리가 연대를 이루고 연대를 기반으로 전진하기 위해서는 소통, 전략과 자원의 공유가 중요하다.

5. 우리 간에 공정한 관계를 구축하라

개인 간이든 조직 간이든, 그리고 국내적으로든 국경을 넘어서든, 우리는 서로를 존중하며 공정하게 대우해야 한다. '공정한 관계'를 정의 내리고 발전시키는 과정은 하룻밤 사이에 끝나지 않는다. 그리고 이 과정에서 우리는 의사 결정, 전략 공유, 자원 분배 방식에 관해서도 명확히 해야 한다. 활동이 성공으로 나아가기 위해서는 수많은 기술이 요구된다. 각자 다른 기술을 가진 이들을 적재적소에 조화롭게 배치하고 서로 책임감 있게 임할 수 있도록 해야 할 것이다.

6. 자기 혁신을 이루어라

사회를 바꾸려면 우리 스스로가 개인주의에서 공동체 중심의 이념에 따라 움직이도록 변화해야 한다. 우리는 말을 넘어 실천해야 한다. 우리는 우리가 얻기 위해 투쟁하고 있는 가치를 배반해서는 안 되며 정의, 평화, 공동체를 몸소 이루어야 할 것이다.

우리가 조직을 운영하는 데 참고할 만한 조직가 연합의 기본 지침은 헤메스 원칙 말고도 많이 있다. 앞선 활동가들이 세상을 긍정적 변화로 이끌기 위해 다양한 기법을 구성하고 개선하며 수십 년 동안 닦아온 기반 위에 서 있다는 사실을 잊지 않도록 하자.

5. 꿋꿋하게 계속하라. 그리고 기억할 것, 실패해도 괜찮다

마지막으로, 한 번에 성공하지 못해도 괜찮다! 활동을 구축하는 일은 어렵고 복잡하기 때문에 제대로 이루려면 수차례 시도해야 할 수도 있다. 이 여정을 걸어가는 중에 수도 없이 포기하고 관두고 싶은 유혹을 받게 될 것이다. 아무도 내 말에 관심이 없는 것처럼 느껴지기도 부지기수일 테지만, 우리는 두려움을 떨치고 계속해서 앞으로 나아가야한다.

영감과 열정은 있다가도 사라지는 것이다. 그러니 '난 천하무적이야' 또는 '난 못해'라며 극과 극의 감정을 오가는 대신, 중간 입장을 견지할 수 있도록 유의하며, 분석적이고 전략적으로 한결같이 전진해야하겠다.

실수에서 배우고, 뭔가가 뜻대로 풀리지 않고 있다면 반드시 한 걸음 뒤로 물러서서 전략을 바꿔보도록 하자. 성공할 때까지 실패하고 또 실패하자. 내가 고작 열다섯 살 때 만들었던 단체가 하나 있는데 아무도 들어본 적이 없을 것이다. 실패했으니까. 하지만 괜찮다. 그 실패의 경험을 바탕으로 제로 아워를 시작할 수 있었기 때문이다. 결국, 모든 보상을 받은 셈이다.

°실패가 성공으로 이어진 조직, 제로 아워

2017년 봄, 당시 고등학교 1학년이던 나는 퓨처 보터스 포 350ppm Future Voters for 350ppm에 나의 모든 사랑과 에너지, 피, 땀 그리고 눈물까지 쏟아부었다. 인정할 수밖에 없게도 정말 와닿지도 않고 세련되지도 않은 이름이다. 그때는 커뮤니케이션에 소질이 있는 것도 아니고 소셜 미디어 전략 같은 것은 알지도 못했다.

워싱턴주의 주도 올림피아에서 기후 정의를 위한 로비 활동을 1년 넘게 했지만 아무런 입법적 성과도 얻지 못한 참이었다. 내가 로비를 벌이고 있던 법안의 통과를 지지하지만 동료들을 설득하기에는 역부족이었던 나와 같은 편인 워싱턴주 의회 의원들에게 토로했더니, 모두 똑같은 말을 했다. 환경 법안을 로비하는 사람들은 전부 다 시애틀 출신 활동가들이라는 것이다. 주 의원들은 자신의 선거구에만 관심이 있는데, 자기 선거구 주민들로부터는 기후 행동을 하라는 압박을 받지 않고 있었던 것이다. 내 선거구의 의원은 만약 내가 워싱턴주 모든 선거구의 청소년과 어른들이 자기 구의 대표에게 로비하고 압박을 가하게 할 수만 있다면, 의회를 움직일 가능성이 더 커지는 것이라고 했다.

그래서 그렇게 해보기로 했다. 다른 한 사람, 키아라 로즈 디안젤로와 함께 조직했는데, 키아라는 그때 스무 살이 채 안 됐었음에도 극단적이고 영웅적인 환경 행동으로 태평양 북서부 지역에서 이미 유명했다. 석유 기업 쉘Shell 사가 북극에 원유를 시추하러 가지 못하도록 막기 위해 시추선에 자기 몸을 묶고 사흘 동안 버티기도 했다.

키아라와 나는 워싱턴주 각 지역 선거구별로 담당자를 두 명씩 뽑기로 계획했다. 청소년 두 명씩을 리더로 훈련시킨 다음 그들이 세대를 아우르는 로비 팀을 조직하고, 정기적으로 자신의 선거구 대표에게 다양한 기후 행동 법안에 투표하라는 압력을 넣도록 할 생각이었다.

타임라인을 어찌나 야심 차게 짰던지, 여름이 끝날 때까지 선거구별 담당자를 모두 뽑고, 가을이 끝날 때까지는 보조금 신청과 모금, 담당자들에 대한 훈련을 마칠 계획이었다. 우리 이름을 퓨처 보터스 포 350ppm이라고 지은 까닭은 청소년 대부분이 투표를 못 하는 것은 맞지만 우리는 분명 미래의 유권자이며, 바로 이 때문에 우리에게는 정치인들이 무시할 수 없는 힘이 있다는 사실을 강조하기 위해서였다. 그리고 우리가 기후 위기를 이겨내기 위해서는 21세기 말까지 대기 중 이산화탄소 농도를 백만분의 350 이하로 낮춰야만 하는데, 이 사실을 상징하기 위해 350ppm을 집어넣은 것이다.

키아라와 나는 일주일 동안 웹사이트를 개설하고 SNS 계정을 만들고 전략적 메시지를 짰다. 그다음 키아라와 나는 둘 다 퓨처 보터스 포

350ppm 외의 다른 일 때문에 정신없이 바빠졌다. 키아라는 자신이 몸담고 있는 다른 조직인 세일리시해를 위해 모인 학생들Students for the Salish Sea 업무와 태평양 북서부 연안의 범고래를 지키는 일로 몸이 열 개라도 모자랄 지경이었고 나는 나대로 프린스턴 대학의 여름 정치학 프로그램에 참가하느라 다른 일을 할 겨를이 없었다. 나중에 제로 아워로 발전하게 된 청소년 기후 행진에 대한 영감이 찾아온 것도 이즈음으로, 나는 이 아이디어를 여름 프로그램을 함께 듣는 아이들에게 이야기하기 시작했다. 다들 열광적인 반응을 보여주었고, 그때 나는 깨달았다. 기후 위기 문제에 청소년의 목소리를 반영시키기 위한 일은 워싱턴주에서만 필요한 게 아니라 미국 전역에 걸쳐 필요한 것이었다.

청소년 기후 행진을 실현시키고 싶은 마음이 퓨처 보터스 포 350ppm를 설립하고 싶은 마음보다 훨씬 크게 일었고, 이 시점에 이미 퓨처 보터스 포 350ppm에 관한 계획은 흐지부지되고 있었다. 선거구 담당자가 되겠다는 사람은 아무도 나타나지 않았지만, 청소년 기후 행진에 관한 아이디어는 모두가 열렬히 환영했다. 그래서 나는 그 실패를 받아들이고 모든 에너지를 쏟아 행진 준비에 착수했다.

제로 아워는 전혀 완벽하지 않다. 수도 없이 많은 실수를 했고, 앞으로 하려는 프로젝트들은 실패로 돌아갈 수도 있다. 게다가 누가 알겠나? 언젠가 아예 없어질지도 모른다. 중요한 사실은 제로 아워가 청소년이 주도하는 기후 행진을 국제적으로 벌이겠다는 당초의 목표를 이루고 세상에 영향을 미치는 데 이미 성공했다는 것이다. 여러분이 이 책을 읽고 있는 지금, 제로 아워는 연기처럼 사라져버리고 없을지도 모른다. 그러나 제로 아워가 일으킨 영향은 결코 없던 일로 돌아가지 않는다. 워싱턴에서 했던 행진을 없던 것으로 할 수도, 청소년 기후 행동의 토대가 된 일을 없던 것으로 할 수도 없다. 이미 일어난 일이다.

핵심은 첫 번째 시도에서 제대로 해내지 못해도 전혀 상관없다는 것이다. 부유하고 좋은 집안에서 태어난 사람만 활동을 벌일 수 있는 것이 아니다. 처음부터 모든 지식과 자원을 갖고 있어야만 할 수 있는 일이 아니라는 말이다. 강한 비전과 회복력, 굴복하지 않는 마음이 있다면 여러분은 새로운 물결을 일으킬 수 있을 것이다.

팔로워 수도 보잘것없는 SNS 계정과 이메일 계정, 그리고 결의 말고는 아무것도 없던 채로 국제적인 활동을 조직한 평범한 십 대가 하는 말이니 믿어도 좋다.

프란잘 제인 Pranjal Jain, 17세, 여성 She/Her

인도 여성 권리 및 이민자 권리 활동가

제이미   어떻게 활동가가 되셨나요?

프란젤   저는 도널드 트럼프 대통령이 당선된 바로 그해에 제가 미등록 이민자라는 사실을 알게 됐어요. 그때 열다섯 살이었는데 굉장히 충격이 컸어요. 제가 이민자라는 건 알고 있었지만 서류 미비 상태일 줄은 꿈에도 생각 못했었거든요.

그 사실을 알고 나니까 모든 게 변하더라고요. 그전에는 미국의 일반 시민과 다름없이 살고 있었는데 말이죠.

저는 어느 정도 특권을 얻었다고 할 수 있는 게, 제 상태를 알고 나서 얼마 안 지나 바로 귀화 시민이 될 수 있었거든요. 그래서 제가 받은 것을 다른 사람에게도 돌려주고 싶은 생각을 하게 됐어요.

정말로 도움이 없으면 안 되는 사람들이 많아요. 저희 동네만 봐도 하루하루를 두려움 속에서 살고 있는 미등록 이민자가 한둘이 아니에요. 유색 인종POC, people of color이 모여 사는 동네인데도 마찬가지인 거죠. 저희를 공격해도 아무런 문제가 생기지 않을 거라 생각하는 백인 우월주의자들은 대선 결과 때문에 더 대담해진 상황이고요.

지역 사회에서 함께 살아가는 사람들의 절망이 커지는 걸 보고 있자니 행동에 나서야겠다고 마음먹게 됐어요. 그래서 하루 날을 정해서 학교를 마친 후에 2016 대선 이후를 살아가는 우리를 위한 힐링 행사를 열었어요. 모든 사람이 인종, 젠더, 성 정체성에 상관없이 받아들여져야 한다는 내용으로요.

그때부터 제가 도움을 주고 싶은 사람들을 위해서 정의와 관련된 다양한 주제를 가지고 행사나 캠페인, 프로젝트를 진행하고 있어요.

제이미 변화를 일으키기 위해 어떤 전략을 활용하고 계시나요?

프란젤 청소년이 자기 삶을 성공으로 이끌기 위해 알아야 하는 지식을 갖출 수 있도록 하는 게 정말 중요하다고 생각해요.

한번은 생리 형평성menstrual equity* 워크숍을 했는데, 제 친구 중 그게 무슨 의미인지 아는 사람이 아무도 없는 거에요.

두렵다는 생각이 다 들더라고요. 몸이 떨릴 정도로요. 하지만 제가 어쩔 줄 몰라하니까 친구들이 이해하고 마음을 열어줬

---

* 누구나 안전하게 월경을 할 수 있어야 한다는 논의로, 월경 용품에 대한 접근권에서부터 비롯해 넓게는 임신 및 출산과 관련된 정보에 접근할 수 있는 권리까지 포괄하는 개념이다.

어요. 그리고 제가 준비한 설명을 듣고 친구들은 자기 삶의 어떤 부분에서 생리 형평성이 필요한지 알게 됐고요.

남아시아 여성은 성이나 생리에 관해 얘기하는 것을 굉장히 부끄럽게 여기고 터부시해요. 저도 부끄럽게 생각하는 게 문화적으로 몸에 배 있었기 때문에 극복하는 과정이 필요했어요.

제이미 왜 세상을 바꾸는 것은 작은 행동일까요?

프란젤 저는 풀뿌리의 힘을 믿거든요. 지금 인도 여성의 의식을 일깨우고 그들이 역량을 갖도록 돕는 비영리 단체를 준비하고 있는데, 백 퍼센트 풀뿌리의 변화를 일으키기 위함이라 할 수 있어요. 제가 만드는 단체가 인도의 모든 여성에게 가서 닿을 수는 없겠죠. 하지만 어느 한 가족만이라도 여성이 지닌 가치와 가능성을 깨닫고 딸을 학교에 보내도록 할 수 있다면 저는 그것보다 더 바라는 게 없어요.

상향식 조직화가 진정한 변화를 가져오는 유일한 길이라고 믿고 있으니까요.

5 예술을 이용하고, 창의력을 발휘하라

우리의 활동은
거리에서도, 작업실에서도
계속된다

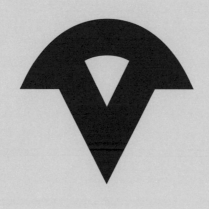

거리를 행진하고 정치인을 만나고 시위를 이끌고 힘 있는 연설을 해야만 활동가라는 생각은 근거 없는 믿음에 불과하다. 내가 볼 때 법이 바뀌려면 문화가 먼저 바뀌어야 한다. 늘 그래 왔다. 정부는 대중의 요구와 문화적 절규 없이는 차별과 억압에 시달리는 이들을 해방시키기 위해 절대 먼저 나서서 법을 만들지 않는다. 정부는 기존의 권력 구조와 억압 체제를 유지하려는 경향이 강하기 때문에, 급진적 문화 변동에 따라 자신들의 입장을 고수해서는 더 버틸 수 없는 지경이 될 때라야 비로소 변화한다.

따라서 우리의 목표가 문화를 변화시키는 데 있다면, 문화를 장악하고 있는 매체들을 통해 영향을 일으킬 방법을 찾아야 할 것이다. 그렇다면 그 매체는 뭘까? 예술 작품이다. 음악, 사진, 스케치, 그림, 영화, 영상물 같은, 우리 사회를 형성하고 앞으로 나아가게 하는 것이 뭔가를 잠깐이라도 생각해보면 쉽게 예술이라는 답이 나온다. 우리가 일상 속에서 많은 시간을 들여 듣거나 보거나 하는 것이 뭔가를 떠올려본대도, 그게 인스타그램 사진이든 TV프로든 노래든, 전부 다 예술이다. 따라서 우리가 저항하고 행동주의 활동을 펼치는 데 예술은 단순히 도움이 되는 정도가 아니라 필수라고 봐야 한다. 예술이 아니면 우리가 어떻게 사람들의 마음을 움직일 수 있겠나. 예술은 세계 공통의 언어로 사람들이 각종 경험을 완전히 새로운 시각으로 바라보고 이해할 수 있게 돕는다. 시간과 공간을 초월해 경험을 옮기고 가치를 주입하고 의견을 바꾸게 함으로써 사회에 영향을 미친다. 예술은 어떤 영역을 점유하고 다른 형태로는 전달되기 어려운 담론narratives을 회복하는 방도라고 할 수 있다.

노래하고 시를 짓고 글을 쓰고 춤추고 곡을 만들고 연주하고 그림, 만화, 그라피티를 그리는 여러분 모두는 세상을 바꿀 강력한 도구를 손에 쥐고 있는 것이다. 역사상 중대했던 모든 정의 운동에는 대의를 확산시키고 활동가들에게 동기와 희망을 불어넣고, 운동 밖에 있는 사람들을 끌어들이는 데 기여한 '예술적 요소'가 있었다.

'최근 유엔보고서에 따르면 전 세계 백만 종이 멸종 위기에 처해 있습니다'라고 말로 할 수도 있겠지만, 죽어가는 동물이 전체의 몇 퍼센트나 되는지를 공공 벽화를 통해 그래픽 이미지로 보여준다면 똑같은 사실이 차원이 다른 강력한 힘을 발휘하는 것을 볼 수 있다. 정치인들에게 '당신이 만든 잘못된 정책 때문에 아이들이 총기 폭력으로 죽고 있다'라고 말하는 대신 그들의 책상에 '제 마음을 앗아가신 분. 작년에 제 동생이 학교 총기 난사 사건으로 죽었지만, 아무 조치도 취하지 않으셨죠'라고 쓴 예쁜 밸런타인데이 카드를 놓아두는 편이 훨씬 더 신랄하다(체인지 더 레프Change the Ref라는 단체가 정말로 했던 활동이다). 예술은 사실과 메시지를 독창적으로 표현하고 전달해 사람들의 인간애와 감정에 호소함으로써 그들의 마음속 뭔가를 건드려 우리의 메시지를 더욱 열린 자세로 수용하게 한다. 예술을 통한 행동주의 전략이란 대의를 나타내고 논하는 창작품을 생산하는 영역만을 의미하지 않으며, 날카로운 메시지를 전략적으로 전달하는 온갖 예술적 수단들도 포함한다.

청소년이 체인지 메이킹 세계에서 눈에 띄게 이바지할 수 있는 한 가지가 바로 고정관념 밖에서 창의성을 발휘해 새로운 아이디어를 제시하는 능력이다. '기후 변화로 매년 수백만 명이 집을 잃고 있습니다'라고 말하는 대신, 자기 지역의 지자체 건물 앞으로 가 이를 시각적인 방법을 통해 상징적이고 예술적으로 표현해보자.

예술적 기량을 발휘해 변화를 일으키는 방법

1. 강력한 주장을 위해 시위와 행동에 예술을 불어넣어라

정치인, 미디어, 기업가, 일반 대중 누구나 거리에서 팻말을 들고 행진하는 시위대를 여러 번 봤을 것이다. 이러한 터에 어떻게 해야 사람들의 시선을 사로잡고 강력한 메시지를 사람들 마음 깊숙이 박히게 하며 행동에 나서도록 할 수 있을까? 예술을 활용하라. 다리 위에 올라가 아래의 차 안에 있는 사람들이 알아주길 바라는 메시지를 쓴 커다란 현수막을 늘어뜨려라.

북극 석유 시추를 막기 위해 미국 태평양 북서부 지역을 비롯한 전 세계에서 싸움이 벌어지는 동안 '북극을 구하자' 같은 메시지가 적힌 현수막들이 선적 부두의 크레인에 걸렸다. 기후 정의 메시지들이 시추선을 막거나 시추선 위로 휘날리고 있는 놀라운 광경이 펼쳐진 것이다. 플로리다주 마조리 스톤맨 더글러스 고등학교에서 2018년 벌어진 총기 난사 사건으로 목숨을 잃은 학생의 아버지는 미국에서 매일같이 일어나는 총기 폭력의 트라우마에 대해 알리고 관심을 촉구하기 위해 공공 예술을 활용한다. 그가 이끄는 체인지 더 레프는 사람들을 혼란스럽게 만드는 설치 미술 활동을 하고는 한다. 축하와 감사를 전하는 각종 기념일 카드가 전시돼 있는 진열대의 한 칸에 학교 총기 난사 사건과 관련해 애도를 표하는 인사 카드들을 버젓이 꽂아놓고 미국에서 총기 사건이 얼마나 일상적으로 발생하고 있는가를 알리기도 했다.

한편, 밤이 되어 빔 프로젝터로 빌딩 벽에 메시지를 쏘면 언론과 사람들의 이목을 붙드는 굉장한 시각적 효과가 생긴다. 송유관 건설에 자금을 대는 거대 은행이 어디인지 만천하에 폭로할 기발한 방법을 찾고 있다고 해보자. 밤에 그 은행 건물의 은행 로고 바로 아래에 '대실망', '지구를 죽여라', '환경 파괴 기업의 자금줄' 같은 문구를 띄우면 된다. 은행 건물에 물리적으로 손상을 입히는 것도, 건물 벽에 실제로 칠을 하는 것도 아니기 때문에 아무런 불법 행위를 저지를 필요가 없다. 빔 프로젝터 퍼포먼스는 우리의 주장을 대담하게 표현하는 창의적 방법이라고 할 수 있다.

예술적 행동주의 활동을 펼치는 또 하나의 방법은 바로 시위 현장에서 의미 있는 장면을 연출하는 것이다. 나는 워싱턴주 타코마에서 액체 천연가스LNG 터미널 건설에 반대하는 시위에 참가한 적이 있다. 그때 퓨알럽Puyallup 부족과 타코마의 조직가들은 타코마 시의회 건물 바로 앞에서 완전히 묘지와 다름없는 장면을 연출했다. 끝없는 화석 연료 채취는 우리의 미래를 죽이는 일이고 타코마시가 새로운 화석 연료 프로젝트를 승인한 행태는 지구에 대한 사형 선고나 마찬가지라는 메시지를 극적으로 표현한 것이었다. 나와 다른 청소년들은 콘크리트 바닥에 마치 시체처럼 누웠고, 우리 둘레로는 범죄 현장처럼 하얀 분필로 윤곽이 그려졌다. 그런 다음 활동가들이 우리 옆에 가짜 묘비를 세워 줬다.

막 활동을 시작한 참이라 아직 내가 예로 든 사례들만큼 규모 있는 일을 벌일만한 역량이나 자원이 부족하고, 아는 사람도 별로 없다 해도 고민할 필요가 없다! 꼭 거창하고 극단적인 일을 하지 않아도 된다. 보도에 분필로 전하고 싶은 메시지를 쓰는 것만으로도 굉장히 의미 있는 시작이 될 것이다. 사실 우리는 시위나 행동이 그 자체로 하나의 완성된 예술적 결과물이 되도록 노력해야 한다. 시위, 행동, 집회를 할 때 전통적으로 이루어져온 방식 안에만 머물러 있지 말자. 예술가의 작업실만큼이나 창의적인 공간이 바로 사회 운동이 이뤄지는 곳이다.

이 장에서 나는 단지 예술가들을 대상으로 말하고 있는 것이 아니라, 행동을 조직하는 모든 사람을 대상으로 말하고 있다. 그저 행사를 여는 것으로 활동을 시작하든, 아니면 좀더 그 자체로 예술이라 할 수 있는 일로 활동을 시작하든 결국에는 누구나 효과적이고 대담하며 틀을 깨는 방식의 활동으로 나아가게 될 것이다. 여러분은 단순히 조직가가 아니라 창작가다. 주장을 말하지만 말고 시각적으로 보여주도록 하자.

2. 자신에게 절대로 거저 주어질 일 없는 공간을 차지하라

청소년 활동가가 되기 위해 마르고 닳도록 해야 하는 일은 바로 스스로 자신의 자리를 찾아 나아가는 것이다. 아무도 여러분을 먼저 초대하지는 않을 것이기 때문이다. 우리가 강력하게 요구하지 않는 이상 누구도 우리의 특별한 목소리와 이야기와 관심사를 밝힐 공간을 따로 내어주지 않을 것이다. 그래서 스트리트 아트와 어번 아트urban art가 유용하다고 할 수 있다. 여러분이 지지하는 사람들이나 대의를 위해 거리를 되찾는 일이든, 행사를 홍보하고 인식을 퍼뜨리고 메시지를 전하기 위해 거리와 공공장소를 단순히 이용하는 것이든, 모두 그 자체로 강력한 행동주의 형태다. 윗 페이스팅wheat pasting(일시적으로 문구, 포스터, 그림, 전단지 등을 공공 장소에 붙이는 활동)은 불법인 지역도 있기는 하지만 여전히 많은 풀뿌리 청소년 활동가들이 메시지를 확산하고 활동에 탄력을 불어넣기 위해 쓰는 방법이다.

거리 예술 활동을 하기에 앞서 자신이 살고 있는 지역의 관련 법이 어떠한지 알아보도록 하자. 어떤 아트 설치 작업을 벌일 때는 자기 지역의 법 규범을 잘 살펴 영리하고 안전하게 진행해야 한다. 즉흥적이고 게릴라성으로 하기보다 계획적 형태인 공공 예술 활동도 옥외 대형 간판을 이용하는 것을 비롯해 여러 가지가 있으며, 이 방법들을 통해서도 역시 굉장히 강력한 효과를 얻을 수 있다.

3. 시위와 행동 자체를 문화 행사로 만들어라

우리의 목표에 대한 사람들의 지지를 끌어내는 효과적인 예술적 표현 방법에는 비주얼 아트만 있는 것이 아니다. 무대, 연기, 음악, 악기를 비롯해 공연 예술의 모든 요소를 활용해 큰 영향을 기대할 수 있는 멋진 행동을 벌여보자. 플래시몹과 연극도 메시지를 알리고 우리가 추구하는 대의에 대해 사람들의 흥미와 관심을 이끌어낼 수 있는 훌륭한 방법이다.

많은 사람이 지나가다 여러분의 활동을 볼 수 있는 공공장소로 가라. 스피커, 의상 등 연극, 음악 퍼포먼스를 펼치는 데 필요한 것은 뭐든 다 동원하라. 참가자 일부는 퍼포먼스를 함께하지 않고 근처에 서서 시민들이 활동에 관한 정보를 찾아볼 수 있는 웹사이트 주소, SNS 아이디 등이 적힌 팻말을 들고 있거나 전단지를 나눠주기까지 하면 금상첨화다.

공공 예술 활동을 하거나 퍼포먼스를 벌이려면 보통 사전에 지자체의 허가를 받아야 한다는 사실을 명심하자(인터넷을 통해 검색해보면 금방 사는 곳의 관련 법률과 사전 신고 방법을 찾을 수 있을 것이다). 갑자기 아무 곳에나 나타나서 공공장소를 차지하고 야단법석을 일으킨다면 분명 경찰이나 다른 공권력의 제재를 받게 될 것이다. 따라서 조심스럽게 미리 계획해야 하며, 행사를 하려는 곳에 적용되는 법률이 어떤지를 명확히 알고 시작해야 한다.

나도 몇 년 전에 퍼포먼스가 가미된 시위 활동을 한 적이 있는데, 큰 커피 체인의 본사 밖에서 친환경적이고 지속 가능한 형태의 컵을 만들라고 요구하는 시애틀 청소년 시위였다. 그 체인에서 제공하는 일회용 컵으로 지구에 거대한 쓰레기 발자국footprint* 이 만들어지고 있기 때문이었다. 겨울 크리스마스 시즌이었으므로 우리는 그 회사의 로고처럼 의상을 갖춰 입고 캐럴을 패러디한 노래를 부르며 본사 직원이 밖으로 나올 때마다 그들 회사의 제품이 환경에 어떤 영향을 주고 있는지를 설명하는 전단지를 나눠줬다. 우리 뒤로는 매 순간 버려지는 일회용 컵이 얼마나 많은가를 상징하는 거대한 '컵 괴물'이 서 있었는데, 쓰레기 더미에서 찾은 일회용 커피 컵으로 만든 것이었다.

---

* 환경 부문에서 인간이 환경에 끼치는 파괴적 영향력을 측정하는 지표로 사용하는 용어.

자, 우리가 퍼포먼스 예술을 통해 행동주의 활동을 하는 방법은 이렇게 무궁무진하다. 창의력을 발휘하고 풍자를 하라. 문제를 제기하고 논쟁을 일으키는 것을 두려워하지 마라. 권력자의 심기를 불편하게 만들어라. 사회의 나머지 사람들이 전부 거짓말에 장단을 맞추고 있더라도, 왕이 벌거벗었다고 콕 집어 말하는 것이 바로 청소년 활동가로서 우리의 임무다. 우리의 힘은 거짓을 거짓이라고 외치고 권력자를 상대로 진실을 말하며 그들이 자신의 잘못을 직시하게 하는 데서 나온다. 예술은 진실을 적나라하게 가리키는 강력한 도구다. 여러분과 여러분의 동료는 자신의 예술적 기량을 활용해 바로 그렇게 할 수 있다.

변화를 만들기 위해서는 고정관념의 틀을 깨고 나와야 한다. 더욱 대담하며 창조적, 혁신적, 모험적이고 독특한 행동을 취할수록 좋다. 사람들이 움찔하고 말문이 막히며 엉엉 울거나 깔깔 웃게 만들어라. 예술은 사람들의 인간애와 감정을 자극한다. 사회는 정말로 중요한 문제는 회피해버리는 논리와 은폐로 가득 차 있다. 우리는 거짓을 꿰뚫고, 있는 그대로의 부정할 수 없는 사실을 밝혀야 한다. 그리고 바로 이것이 예술의 본질이다. 다른 이들이 얼마나 견디기 어려워하든 모든 층을 벗겨내고 진실을 밝히는 것. 이것이 바로 청소년 활동가이자 예술가로서 우리가 해야 하는 일이다.

소피아 왕*Sofya Wang*, 21세, 여성 She/Her

LGBTQ+ 활동가, 퀴어 아시아인 옹호 활동가,
싱어송라이터, 멀티 인스트루멘털리스트*, 배우

제이미 음악이나 영상을 비롯해 예술가로서 하고 계시는 작업들에 대해 말씀해주시겠어요?

소피아 어릴 때 여러 가지 악기를 배우면서 음악에 푹 빠지게 됐는데, 악기를 연주하고 있지 않을 때는 샤워를 하면서 노래를 부르는 식이었어요. 처음에는 패러디를 하거나 웃긴 노래를 주로 만들었어요. 그러다 어느 날 생각했죠. '돈이 문제가 안 된다면 나는 어떤 일을 하며 살아가고 싶은 걸까?' 그랬더니 노래하는 거라는 답이 나온 거예요. 그래서 뮤직 프로덕션 수업을 들으면서 음악을 더 많이 만들기 시작했어요. 제 첫 번째 곡은 저를 가르쳐주셨던 선생님이랑 같이 만든 곡이었고요.

---

* 인스트루멘털리스트instrumentalist는 인스트루멘털리즘instrumentalism에서 나온 말로, 미국 철학자 듀이가 주장한 인식론을 따르는 사람이다. 인스트루멘털리즘은 사유, 개념, 지식은 인간이 자기 욕구를 실현하는 데 필요한 수단이며 기구이고, 그것은 현실에 적용되었을 때의 유효성에 따라 가치가 결정된다는 주장이다.

제일 알려진 곡은 〈보이즈 어사이드Boys Aside〉인데, 뮤직비디오도 유명하고요. 두 번째 곡이었다고 할 수 있죠. 뮤직비디오는 여동생이랑 같이 만들었어요. 저희는 인디 가수니까 뭐든 저희 스스로 작업했죠. 내용은 제가 다른 여자아이를 좋아했던 경험을 바탕으로 만든 거였는데, 지금 와서 생각해보니 그때의 뮤직비디오나 곡 자체가 제가 창조해낸 캐릭터를 기반으로 하고 있다는 생각이 들더라고요. 지금은 제가 정말로 경험하고 느끼는 걸 바탕으로 음악을 하고 있어요.

제이미 음악을 하는 데 있어 유색 인종 퀴어 여성이라는 점이 특별한 의미가 있을까요? 자신의 음악이 중요한 이유가 있다면요?

소피아 최근에 음악이란 기본적으로 사람들 사이의 진심 어린 소통, 연결에 관한 것이지 않나, 생각해요. 저는 그냥 저 자신으로서 음악을 하는 건데, 그런 제가 아시아계 레즈비언이기도 하단 말이죠. 그렇기 때문에 누군가 나를 세상에 대변해준다는 게 어떤 것인지 잘 알고 있어요. 인생을 진실하게 살아가는 걸 기본으로 하려고 해요.

제이미 인터넷상에서는 어떤 반응이 주로 오는지요?

소피아 퀴어 아시아인분들한테서 제가 편안해 보여서 좋다는 메시지가 굉장히 많이 와요. 저나 제 음악을 통해서 그분들이 자신의 모습을 발견하기도 하면서 위안을 느끼고, 적어도 혼자가 아니라는 걸 알게 되는 게 아닐까 싶어요. 최선을 다해서 자신의 인생을 마주하고 자기 자신을 있는 그대로 받아들이면, 다른 사람들한테도 그렇게 할 수 있다는 믿음을 나눠줄 수 있는 것 같아요.

제이미　그림이나 음악을 통해서 세상에 긍정적인 변화를 주고 싶다고 생각하는 사람들에게 조언을 한마디 해주신다면요?

소피아　자신이 작품 활동하는 데 있어 가장 중요한 부분에 집중을 한다면 전부 다 잘될 거예요. 다른 것들에 대해서는 걱정하지 마세요. 자신에게 무엇이 가장 소중한지 늘 생각해보고 찾아내세요. 작품에 진실한 메시지를 담는다면 사람들도 알아보고 관심을 가질 거예요.

　제 작품 활동에서 중요한 건 LGBTQ+의 권리와 환경, 교육 같은 문제들이에요. 그저 일상에 젖어 살아가기 쉬운 게 사실인데, 몇 가지 이상과 목표를 붙들고 그걸 자신의 음악에 진실하게 녹여서 세상에 알리기 위해 노력하면 좋을 것 같아요.

6 행사와 행동 조직을 위한 °
궁극의 가이드

기금 모금 행사에서부터
학교 파업을 조직하고
수천 명을 동원하는
방법까지

행사 조직은 활동가가 하는 일의 큰 부분을 차지한다. 어떤 때는 오랜 시간에 걸쳐 여러분의 메시지를 효과적으로 전달할 수 있는 가장 완벽하고 전략적인 행동을 준비할 수 있을 것이다. 대표자 회의summit, 대규모 거리 행진 같은 행사는 계획을 세우고 제휴 관계를 구축coalition building(정당, 개인, 단체 또는 국가들이 하나로 모이게 되는 과정)하고 실제로 행사를 조직하는 데 1년 이상 걸리는 경우가 다반사다. 그런데 이렇게 사치스럽게 준비할 수 없는 경우도 많다.

예컨대 어느 학교에서 총기 사건이 벌어졌다고 해보자. 또는 총기를 지니고 있지 않던 흑인 한 명이 경찰의 총에 맞았다고 해보자. 아니면 여러분이 사는 곳에 송유관 건설이 시작됐다면 어떨까. 이 상황들에서는 행사가 발 빠르게 마련돼야 한다. 완벽한 메시지를 짜고 최고의 연사들로 라인업을 구성하느라 1년씩 공들이고 있을 수 없다는 말이다. 대중의 관심을 불러 모으고 사람들을 돕기 위해서는 '지금 당장' 대응해야 한다.

그런데 각각 이렇게 서로 다른 상황일지라도 행사나 행동을 조직하는 데 참고할 수 있는 보편적 절차가 있다. 어떤 사건에 대한 빠른 대응을 요구하는 행사라면 이 중 몇 단계는 건너뛰어도 된다. 반대로 장기 행사를 계획하고 있다면 시간을 들여 각 단계를 신중히 행할 수 있을 것이다.

작은 모금 행사를 하려는 것이든 대표자 회의나 콘퍼런스, 지역 사회 녹지 가꾸기 행사, 동맹 휴업, 직접 행동, 파업, 조직 창단식, 혹은 수도에서 전국적인 시민 행진을 열려고 하는 것이든 행사와 행동을 조직하기 위해 알아야 할 것들은 다음과 같다.

행사 조직의 기초

1. 목적과 비전, 사명을 명확히 하라

자신의 **왜**로 돌아가라. 컴퓨터에 문서를 새로 하나 열고 함께 행사를 조직하는 사람들과 모여 앉아 브레인스토밍을 하라. 여러분이 그 행사를 열려는 까닭, 행사의 목적, 행사를 통해 이루고자 하는 사명을 써보라. 행사 기간 동안 어떤 일이 펼쳐지기를 바라는지 시간을 갖고 찬찬히 비전을 그려보자.

2. 원대하지만 현실적인 목표를 설정하라

행사의 목적은 무엇인가? 조직가, 참가자들이 행사를 통해 무엇을 얻기를 바라나? 얼마나 많은 사람에게 알리고 싶은가? 얼마나 많은 사람이 참가하기를 바라나? 행사가 다루는 이슈에 대해 얼마나 많은 기사가 쏟아져나오기를 바라나? 나무를 몇 그루나 심으면 좋겠나? 등등. 야심 찬 목표를 잡되, 처음부터 실망할 계획을 세우지는 않기를 바란다. 물론 나도 제로 아워의 워싱턴 D.C. 청소년 기후 행진에 사람을 백만 명 정도 모을 수 있었더라면 더 기뻤을 것이다, 하지만 이것은 현실적인 목표가 아니었다. 그래서 우리는 몇천 명을 목표로 잡고, 이에 맞춰 행사를 준비했다. 행사나 행동의 목표를 설정할 때는 원대한 비전과 현실적으로 활용할 수 있는 자원 수준 사이에서 만족스러운 균형점을 찾는 것이 중요하다.

3. 자신이 모르는 것이 무엇인지 파악하고, 그 구멍을 채워줄 사람을 찾아라

어떤 행동주의 활동을 하고 싶고 왜 그 행동을 하고 싶은지 대강 윤곽을 그렸다면, 자신과 팀원들이 알아야 마땅한데 모르고 있는 것이 무엇인지를 파악해야 한다. 지금부터 행사일이 되기 전까지 이루어져야 하는 일 중 어떻게 하는지 모르는 일, 자원이 구비돼 있지 않은 일은 무엇일까? 타임라인을 거꾸로 써보자. 행사 당일에서부터 시작해 뒤로 되짚어오며 행사가 성공적으로 치러지기까지 어떤 일이 일어나야 하는지를 살펴보면 된다. 그렇게 해서 찾아낸 구멍은 어떤 것이든 강조 표시를 해두자. 그런 다음 그 구멍을 딱 알맞게 채워줄 수 있는 사람을 찾아 나서야 한다. 예를 들어 여러분의 팀에 언론과 연이 닿아 있는 사람도 없고, 언론과 함께 일하려면 어떻게 해야 하는지 아는 사람도 없다면, 언론 홍보 관련 업무를 맡아줄 사람을 영입해야 할 것이다. 전속력으로 행사를 추진해나가기에 앞서 발견한 구멍들은 전부 메워두는 것이 좋다.

4. 예산을 세우고 자금을 조달하라

행동주의 활동을 하는 데는 돈이 들기 마련이고, 행사를 개최하는 일도 예외가 아니다. 학교 동맹 휴업이나 개인적으로 하는 기후 결석 시위 같은 경우에는 그렇게 자금이 필요하지 않지만, 대표자 회의나 대중 동원 활동을 하려면 수십만 달러가 있어야 할 것이다. 일단 비영리 단체 재정 관리 경험이 있는 성인 활동가를 영입해야 한다. 혹은 관련 일을 해본 청소년 조직가라도 괜찮다. 예산이 얼마나 필요한지 파악한 후에 실제로 자금 조달에 나서는 것이 중요하다. 기부금을 모금하는 가장 좋은 방법은 크라우드펀딩인데, 고펀드미GoFundMe나 액션 네트워크Action network 같은 온라인 플랫폼을 이용하면 비교적 어렵지 않게 자금 모금 활동을 시작할 수 있을 것이다.

5. 개최 장소를 물색하고 사용 허가를 받거나 대관 신청을 하라

어디에서 행사를 열 것인지 정해야 한다. 행진이나 집회라면 지자체나 관련 기관에 신청서를 제출해 원하는 장소에 대한 사용 허가를 받아야 한다. 인터넷을 통해 검색해보면 금방 공공 장소

사용 허가 신청 방법을 찾을 수 있다.

한편, 어떤 공간을 예약하려는 중이라면 되도록 빨리하는 것이 좋다. 회의장, 강당 같은 행사 시설은 대개 훨씬 전에 예약이 끝나기 때문에, 예산 범위 안에 있는 곳의 목록을 취합했다면 바로 전화를 걸거나 이메일을 보내기 시작하자.

6. 행사 기간에 진행될 일을 꼼꼼히 계획하라

행사일에 시시각각 어떤 일이 벌어져야 하는지를 사전에 계획해두어야 한다. 그렇게 미리 짜놓은 상태라야 행사일이 됐을 때 다음 차례가 무엇인지 알고 순조롭게 진행할 수 있다.

7. 연설자, 사회자를 초청하라

갑자기 행사에서 연설을 해달라는 요청을 받으면 누구나 당황스러울 수밖에 없다. 그러니 연설자로 나서 달라는 요청은 가급적 빨리해두어야 한다. 먼저 연설, 사회를 맡거나 출연해주기를 바라는 사람들의 명단을 만들자. 연락처를 알아본 후, 이메일을 보내거나 전화를 걸어 접촉을 시도한다. 그런 다음에는 초청한 인물이 행사의 비전 및 행사에서의 자신의 역할에 대해 여러분과 같은 그림을 그리고 있는지 조율하는 과정을 거쳐야 한다.

8. 소셜 미디어 홍보물을 제작하고 홍보하라

이제 세상에 여러분의 행사를 알릴 때다(소셜 미디어 홍보 전략과 홍보 계획을 세우는 방법은 11장에 자세히 나와 있다).

9. 적극적 참가자와 단순 참석자를 모집하라

이제 행사에 나타날 사람들을 모을 때다! 가능한 모든 방법을 동원해 사람들을 모집하자. 소셜 미디어 홍보만으로는 충분하지 않을 수 있다. 커뮤니티 센터를 통해서도 알리고 전단지도 나눠주고, 직접 참가를 요청할 수 있는 사람들에게는 그렇게 하고, 이메일을 보내고 전화를 걸자. 나라면 어떤 때에 스케줄이 바빠도 자원 봉사를 하러 가고 행사에 참석하러 가는지를 떠올려보고, 바로 그렇게 하자! 어느 정도 인원 수를 확보하기 위해서는 다음 사항을 모집 계획에 포함시키는 것이 좋다.

- 소셜 미디어 홍보
- 현장 조직(직접 만나 전단지를 나눠준다)
- 입소문 홍보
- 행사 공지 이메일 전송
- 참가하겠다고 한 사람들에게 확인 이메일이나 전화 돌리기

10. 보도 자료를 써서 언론 매체에 배포하라

언론을 통해 널리 알려지기를 바라는 집회나 대표자 회의, 동맹 휴업, 행진, 시위 같은 것을 계획하고 있다면, 보도 자료를 작성해서 미리 알아봐둔 언론 매체에 행사 당일 아침이나 전날 보내도록 하자(자세한 언론 전략에 대해서는 10장을 참고하기를 바란다).

1. 행사 시작 전에 동료들과 다 함께 모여 각오를 다지고 다시 한 번 스케줄을 숙지하라

행사 중에는 할 일이 계속 밀어닥쳐서 굉장히 바쁘고 정신없을 것이다. 아침에 행사를 시작하기에 앞서 다른 조직가들과 모두 모여 마음을 가다듬는 시간을 갖는 것이 좋다. 행사일이 되면 압박감을 느끼거나 긴장에 사로잡힐 수 있기 때문에, 다 같이 심호흡도 해보고 목표와 비전을 상기하면서 마음의 준비를 하도록 하자. 이때 각자 맡은 바와 전체 일정에 대해서도 최종적으로 점검해야 한다.

2. 안전 장비와 시설을 갖추고 현장을 통제할 안전 관리자를 배치해 행사가 순조롭게 진행될 수 있도록 하라

행사의 규모가 클수록 더욱더 안전사고 대비를 철저히 해야 한다. 참석자 수에 맞춰 안전 관리를 담당할 자원 봉사자를 배치해 행사가 무탈하고 원만하게 이루어지도록 하자. 행사 중 만성 질환이나 장애가 있는 사람을 비롯해 누구나 필요한 도움과 안내를 받을 수 있도록 인력과 장비를 갖춰라. 어떤 행사인지에 따라 전문적인 안전 관리 시스템을 마련해야 할 수도 있다. 이때 가장 좋은 방법은 행사 조직 경험이 있는 신뢰할 수 있는 어른과 함께 안전 요원을 파견해줄 수 있는 전문 업체를 물색해보는 것이다.

3. 행사 현장을 기록할 담당자를 둬라

어떤 대의에 대한 사람들의 인식을 제고하기 위한 목적의 행사라면 담론을 잘 관리하는 것도 중요하다. 내부자 중 사진과 영상 기록을 담당할 사람을 미리 정해두도록 하자. 사진과 영상이 있으면 기금 모금이나 후속 이메일, 언론 보도 자료, 소셜 미디어 홍보 자료, 뉴스레터 등에 활용할 수 있다.

4. 행사가 끝나면 언론과 SNS 채널을 통해 행사의 성과를 알려라

대규모 시위의 경우에 해당하는 사항으로, 언론의 주목을 받는 것이 성공 전략의 일부라면 행사가 끝나고 되도록 빨리 후속 보도 자료를 배포하는 것이 중요하다. 열심히 일한 보상으로 단잠에 빠지기에 앞서, 행사 전에 보도 자료를 배포했던 언론사들에 행사 결과를 요약해서 (사진도 곁들여) 후속 이메일을 보내자. 소셜 미디어 채널에도 사진, 영상과 함께 간추린 내용을 올리도록 하자.

행사 후

휴식을 취하고 감사 인사를 전하라

행사를 끝내고 나면 느긋하게 휴식을 취하며 반성의 시간을 갖자. 행사에 와서 지지의 뜻을 보내준 모든 사람에게 감사의 이메일을 보내자. 함께 행사를 준비한 팀 사람들에게는 개별적으로 고마움의 인사를 하도록 하자. 이들이 열정을 쏟았기에 뜻깊은 행사를 이루어낼 수 있었던 것이므로 모든 사람이 자신의 노력을 인정받을 수 있도록 해야 한다.

만약 빠른 대응을 요구하는 상황 속에서 일련의 행동을 전개하는 중이라면 계속해서 그 일에 몰두해야겠지만, 한바탕 바빴다가 잠잠해지고 나면 자신을 위한 시간을 반드시 갖도록 하자. 직전에 벌어진 비극에 대응하려고 행사를 조직한 것이었다면 따로 시간을 내 애도하고 자신의 감정을 추슬러야 할 것이다. 스스로가 단지 조직가나 활동가가 아니라 막 힘든 일을 경험한 한 사람이 될 수 있도록 허용해주어야 한다. 활동가로서 우리는 계속해서 외부 사건에 반응해야 하는 숙명을 지고 있지만, 그렇게 시간과 노력을 쏟은 후에는 그저 한 사람으로서의 '자기 자신'으로 돌아가도 괜찮다.

사실, 얼마나 작고 허술하게 느껴지건 간에 여러분(지금 이 책을 읽고 있는 바로 당신!)이 조직하는 행사가 어떤 반향을 불러일으킬지는 누구도 알 수 없다. 2017년에 제로 아워를 시작할 때만 해도 나는 혼자라고 느꼈고, 내가 조직하는 행사가 기후 변화 문제에 유의미한 영향을 줄 수 있을지에 대해서도 자신이 없었다.

내가 기후 위기를 멈추는 데 내 몫을 다하고 싶었던 겁먹은 열다섯 살이었을 때는 주류 언론과 지도자들 사이에 청소년 기후 행동에 대한 인식이 거의 없었다. 나는 돈도 없고 알려져 있지도 않았지만, 내가 미국의 여성 청소년들과 함께 시작한 활동은 여러분이 오늘날 목격하고 있는 고등학생 기후 정의 행동이 주류가 될 수 있도록 도우며 넘어간 도미노 블록 하나였다.

가진 것은 결의와 인터넷밖에 없었지만 우리는 워싱턴 D.C.와 전 세계 25개 도시에서 청소년 기후 행진과 청소년 기후 로비 데이를 조직했다.

마침내 2018년 7월 21일, 청소년 기후 행진 날이 됐을 때는 워싱턴 D.C.에 폭풍우가 쏟아졌다. 모두 머리부터 발끝까지 쫄딱 젖어 생쥐 꼴이 됐고, 어느 순간 우리 작전이 보잘것없이 수포로 돌아갔다는 느낌이 들었다. 기후 정의를 향한 우리의 외침은 폭풍에 묻혀버린 것 같았다.

그러나 그렇지 않았다. 다음 날 《뉴욕 타임스》 일요일판을 펼치자 우리 활동을 다룬 기사가 전면을 장식하며 우리의 메시지를 세상에 전하고 있었다.

얼마 안 되는 예산으로 쏟아지는 빗속에서 행진하더라도 세상을 바꿀 수 있다. 그러니 활동을 조직하자! 어떤 일이 기다리고 있을지는 아무도 모른다.

사라 제이도 Sara Jado, 18세, 여성 She/Her

총기 폭력 예방 활동가, 수단인 인권 활동가, 블랙 라이브스 매터 활동가

제이미   어떻게 활동가의 길을 걷게 되었나요?

사라   저는 흑인이고 이슬람교도예요. 열한 살이 될 때까지는 이런 정체성이 저에게 특별히 영향을 준다는 자각이 없었어요. 그랬는데 어느 날 담임 선생님이 우뚝 멈춰 서시더니 교실에 있던 저랑 다른 유색 인종 친구들을 바라보면서 이렇게 말씀하신 거예요-'온 세상이 너희를 반대할 거야. 이 세상이 너희 부모님들이 마음 놓고 사실 수 있는 곳이 되도록 너희는 할 수 있는 모든 걸 다 해야 해. 비무장인 채로 총에 맞아 죽은 흑인 아이 기사에 너희 얼굴이 실려 있는 건 상상도 하고 싶지 않아. 불의를 보면 저항해야 하고, 트레이본 마틴* 같은 아이들을 위해 목소리를 높여야 해'.

---

*   2012년 플로리다에서 단순히 귀가 중이던 17세 아프리카계 미국인 소년을 백인 자경단원이 잠재적 범죄자로 취급해 총살한 사건의 피해자.

그리고 열네 살 때 채플 힐에서 벌어진 피살 사건(옮긴이 주: 2015년 노스캐롤라이나주에서 백인 남성이 이슬람교도 대학생 3명을 총으로 살해한 사건)에 대해서 듣게 됐죠. 너무 화가 났고 충격이 컸어요. 그 이슬람교도들은 자기 집에서 피살을 당했단 말이죠. 그래서 시위에 참여하기 시작했어요. 2018년 2월 14일에는, 그때 연극반 수업을 듣고 있었는데, 미국 역사상 최악의 학교 총기 난사 사건이 벌어졌다는 소식을 들은 거예요.* 그래서 마치 포 아워 라이브스March for Our Lives 운동과 블랙 라이브스 매터 운동에 참여하게 됐어요.

제이미 활동을 해오면서 가장 기억에 남은 순간이 있다면요?

사라 마치 포 아워 라이브스에서 로드 투 체인지 투어Road to Change Tour로 미국 여기저기를 돌 때 그린즈버러에도 갔었는데요. 그때 흑인 이슬람교도 조직가로서 저의 투쟁에 대해 연설문을 썼어요. 제가 연설을 하고 나서 사람들의 열정과 에너지가 끓어오르는 게 눈에 보이더라고요. 내 연설이 사람들 마음에 닿았구나, 하는 걸 느낄 수 있었죠.

제이미 행동주의 활동을 해오면서 힘들었던 때가 있다면요?

사라 그린즈버러 행사가 끝나고 11일 후였어요. 2018년 8월 12일에 총격 사건으로 사촌을 잃었어요. 몇 날 며칠을 울었고, 그 후로 총기 폭력 반대 운동에 더욱 열성을 다해 뛰어들게 된

---

* 파크랜드 고등학교 총기 난사 사건. 이 사건으로 17명이 사망함.

것 같아요.

백인이 대다수인 곳에서는 제가 있을 곳이 아닌 것 같다는 느낌이 들 때가 있어요. 제가 목소리를 높이거나 너무 많은 공간을 차지하면 안 된다는 생각이 든달까요? 백인이 대부분을 차지하는 조직에서 일하는 건 토크니즘tokenism*적으로 느껴지기도 하고요.

제이미 사라 씨가 추구하는 대의를 확산시키려면, 사람들이 어떤 식으로 도울 수 있을까요?

사라 제가 살고 있는 곳에서는 사람들이 기금도 내려고 하고, 행사에도 참석하려고 하고 그래요. 하지만 전국적으로 보면 지역 사회에서 총기 사건이 벌어지든 말든, 총기 폭력 예방 활동을 하는 지부가 있든 말든 아무도 관심이 없는 것 같아요.

제이미 활동을 시작하는 다른 청소년 활동가들에게 줄 수 있는 조언이 있다면요?

사라 자신을 위한 자리가 없다는 생각이 들 수도 있는데, 아니에요, 반드시 있어요. 게다가 어떤 조직에서 마음 편히 있지 못하겠다면 여러분만의 공간, 플랫폼을 만드는 방법도 있거든요. 변화를 만드는 데 꼭 큰 플랫폼이 필요한 건 아니에요. 자신의 지역 공동체에서 변화를 일으키는 것이 조직화지, 팔로워를 얼마나 보유하느냐가 조직화가 아니에요. 만약에 누가 여러분

---

* 진정성이 없는 형식주의.

한테 왜 이렇게 시끄럽게 떠드냐고 한다면 이렇게 대꾸하세요
-"그러는 그쪽은 문제가 이 지경인데 너무 조용하신 거 아니에
요?".

7 청소년 활동가에 대해 알아둬야 할 것들

청소년 활동가가 되면
정말 어떨까?

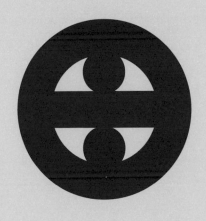

정치인으로부터 수없이 들은 말이 있다－"계속 그렇게 열심히 해줘. 너희 세대가 세상을 구해야지!".

이 말은 너무나 옳은 동시에 터무니없을 정도로 거짓이다.

청소년인 우리에게는 정치를 변화시킬 수 있는 엄청난 힘이 있고, 역사상 수없이 그렇게 해왔다. 하지만 우리의 힘이 미치지 않는 영역도 많은 데다, 지도자 자신이 문제를 만들었고 해결할 힘도 있으면서 우리에게 그 짐을 지우려 하는 것은 용납할 수 없다. 기후 위기가 완벽한 예다. Z세대가 나이를 먹어 정치 권력을 획득할 때까지 기다리다가는 기후 재난을 막기에 걷잡을 수 없이 늦고 말 것이다. 사실 지금도 기후 위기 대처가 너무 늦은 상황이다. 우리에게는 기후 법안을 만들고 통과시킬 권한이 없다. 중앙 정부의 예산을 결정하거나 법을 집행할 권한도 없다.

하지만 우리에게는 제도 권력에 있는 사람들에게 영향을 끼칠 수 있는 '힘'이 있다.

성공적인 청소년 활동가가 되기 위해서는 먼저 우리에게 있는 힘이 무엇이고 없는 힘은 무엇인지를 파악해야 한다. 다음은 기본적으로 청소년 활동가가 지니고 있는 특별한 힘과 통제할 수 없는 힘이 무엇인지를 정리한 것이다.

청소년 활동가에게 있는 힘

도덕적 우위 여론을 움직이고 정치 지도자와 기업이 문제를 인식하게 만들기 위해서는 도덕적 우위를 갖고 있다는 점이 굉장히 중요하다. 우리는 우리가 해결하려 하는 문제를 일으킨 장본인이 아니다. 따라서 우리 청소년이 분노하고 조직화를 시도하는 것은 세상을 더 나은 곳으로 만들겠다는 진정한 열망에서 비롯된 것이다. 특히 정치적 문제에 관한 한 더없이 분명한 사실이다. 아무도 우리를 가리키며 '기후 변화가 이렇게 심각해진 데는 너희 책임도 똑같이 있어!'라고 말할 수 없다. 왜냐하면, 아니니까. 우리를 짓누르는 억압적 제도를 만든 것도 우리가 아니고, 우리는 그런 제도를 시행할 수 있는 권력의 자리에 있을 만큼 나이를 먹지도 않았다. 따라서 우리가 말하면, 우리의 메시지가 진실로 가닿을 수밖에 없다. 우리가 지도자에게 뭔가를 요구하는 마음에는 아무런 위선이 없기 때문이다. 아무도 우리에게 다시 손가락질을 하며 '너도 부패한 건 똑같잖아!'라고 말할 수 없다. 우리는 더 나은 세상을 만들기 위해 노력하는 사람들일 뿐이니까.

걸림돌로 작용할 수 있는 특수 이익이 없다는 점　도덕적 우위를 갖고 있는 것과 비슷한 이야기지만 똑같은 것은 아니다. 우리 청소년은 특수 이익을 좇느라 할 말을 못 하거나 안 할 말을 하지 않는다. 많은 정치인은 재선을 위해 기부자들에게 의지하므로 말이나 행동, 무엇을 지지해도 괜찮은지 등에 제약을 받을 수밖에 없다.

신선한 에너지와 관점　수많은 어른들이 잃고 만 신선한 에너지와 추진력, 참신한 아이디어가 청소년에게는 있다. 지금 이 시기에 성장기를 보낸다는 것이 어떤 의미인지 우리보다 잘 아는 사람은 없을 것이다. 게다가 우리는 대중문화에 밝으며 기술, 팝 문화pop culture의 최신 트렌드를 빠삭하게 꿰고 있다.

우리에게 직접 영향을 미치는 문제들에 관한 전문 지식　권력의 자리에 있는 대다수 어른들이 중요한 이슈에 대한 청소년의 입장을 이해하기는커녕 그다지 주목한 적도 없다. 권력자들은 기후 변화를 우리만큼 체감하지 않는다. 급여가 괜찮은 일자리를 찾기가 점점 더 어려워지고 있는 경제 상황이나 학자금 대출에 대해 우리만큼 절실히 느끼지 않는다. 우리 입으로 우리가 어떤 일을 겪고 있는지 말할 때 사람들에게는 진심이 전해질 것이고, 권력자도 청소년이 직접 경험하고 있는 것들을 마냥 평가 절하할 수는 없을 것이다.

° **입법 권력**　세계 어느 나라를 가도 중앙에서든 지방에서든 정부의 입법, 행정, 사법부 중 어느 곳도 청소년이 통제하지 않는다. 어떤 법률과 정책을 통과하고 시행하는가는 우리 소관이 아니다.

° **금융 권력**　우리는 돈의 흐름을 통제할 수도 없고, 어느 대형 금융 기구의 고위직에 있지도 않다. 은행도, 주식 시장도, 대기업도 우리가 제어할 수 있는 대상이 아니다.

° **법 집행 권력**　사법, 경찰 제도나 법 집행에 관한 통제권이 없다.

° **제도적 권력**　우리는 기업들도, 관료들도 통제할 수 없다.

° **주요 언론 권력**　우리는 매일같이 수백만 명이 시청하는 주요 뉴스 매체도, 뉴스 사이클도 통제할 수 없다. 우리는 무엇을 뉴스로 다루고 무엇을 다루지 않을 것인지를 결정하는 언론 매체 임원이 아니다.

맞다…. 우리의 통제력 '밖에' 있는 것이 상당히 많다. 그렇기 때문에 지도자가 변화를 도래시킬 책임을 우리에게 떠넘기려 하는 것은 완전히 불공평한 일이다. 우리의 힘은 우리가 가진 자원을 활용해 이 시스템들에 영향력을 행사하는 데서 나온다.

우리는 청소년에게 있는 힘과 없는 힘에 대해서도 이해해야 하지만, 우리가 어떻게 해도 부딪힐 수밖에 없는 난관에 관해서도 알아야 한다. 특히 주변화된 정체성을 지니고 있을수록 더 많은 난관에 봉착하게 될 것이다. 세상이 자신을 어떻게 보는지 잘 알고 있어야(그 내용의 사실 여부를 떠나), 자신을 철저히 무장하고 사람들의 선입견을 이겨낼 수 있다.

청소년 활동가가 직면하게 되는 문제

- 우리를 깔보고 무시하는 태도
- 우리 능력을 불신함
- 우리 목소리를 조직적으로 묵살함
- 대체로 재정과 기타 자원이 부족함

세상이 우리의 약점이라고 부르는 것을 보완하는 방법

1. 자신이 다루는 주제에 관해 알아야 할 모든 것을 알아둬라

우리가 어리다는 이유 때문에 우리가 무슨 말을 하는지도 모르면서 말하고 있다고 자동적으로 판단해버리는 사람들이 한둘이 아니다. 그러므로 우리는 자신의 주제에 대해 전문가가 돼야 한다. 과도하게 준비를 하자.

2. 미성숙하고 무책임할 것이라는 예상과 고정관념을 거부하라

사람들은 우리가 참을성 없고 미성숙하며 앞뒤 안 가리고 예의 없이 굴 것이라고 생각하기도 한다. 어느 자리에서건 거기서 제일 참을성 있고 성숙하며 공손한 사람이 되자.

3. 껄끄러운 부분을 과감하게 지적하라

누군가 우리를 어리다는 이유로 눈에 띄게 무시하며 무례하게 굴고 한계를 시험할 때는, 주저하지 말고 문제 제기를 하자―"이 질문을 저보다 스무 살 많은 분이 드렸어도 지금처럼 답변해주실 건지 궁금합니다". 그 어른은 아마 방어적인 태도로 어물쩍 넘어가려 하겠지만, 끝까지 진실을 지적하고 행동에 대한 책임을 묻도록 하자. 늘, 언제나, 항상 권력에 맞서 진실을 말하라!

힘 있는 어른들이 우리를 진지하게 받아들이지 않을 때의 대처법

1. 똑같은 수준으로 전락하지 마라

다른 말로, 어른스럽게 처신하자는 것이다. 상대하고 있던 권력자가 흥분하거나 바보 같은 이야기를 한다면? 똑같이 바보 같은 말을 되돌려주면 안 된다. 왜냐하면 그 사람들이 하면 '열정적이었을 뿐'인 것이지만, 우리가 하면 '불평밖에 할 줄 모르는 어린

애'나 '버릇없는 십 대'라서 발끈하는 것이 되기 때문이다. 이중 잣대 아니냐고? 맞다! 그게 공평하냐고? 당연히 아니다. 하지만 게임에서 이기려면 떳떳한 행동만 해야 한다.

상기 목표를 가슴에 새기고 늘 상기하며 괜한 일에 휘둘리지 말자. 우리를 지지하지 않는 어른들은 청소년이 화를 내고 감정이 격해지는 순간을 포착해 "봐, 애들은 이렇다니까!"라고 의기양양하게 손가락질할 기회를 시도 때도 없이 엿보고 있다.

물론 "알게 뭐야" 소리가 절로 나오고, 하고 싶은 대로 해야 하는 경우도 있기 마련이다. 너무너무 중대한 사안이 걸려 있고, 열 받은 티를 팍팍 내고 소리 지르고 화를 내야 마땅하며 그러는 것을 용인하는 상황에서는 그렇게 해야 한다. 판단력을 최대한 발휘해야 하는 부분이다. 끔찍한 잘못을 저지른 정치인을 사람들 앞에서 성토할 때는 세상이 우리가 그럴 것이라 믿는 바로 그 모습이 돼도, 그러니까 화를 표출하고 큰 소리를 내도 상관없다.

2. 촬영이 허용된다면 영상을 찍어 잘못된 행동을 한 어른에게 공개적으로 책임을 물어라

상대방이 기업 총수나 정치인, 정부 관료 같은 공적 인물일 경우에 보다 적절한 팁이라고 할 수 있다. 권력을 가진 누군가가 우리를 대놓고 깔보며 무례하고 부적절하고 불합리하게 대한다면, 그리고 그 공적 인물에게 책임을 물을 수 있도록 나에게 그 자리에 대해 온라인상에 올릴 기회가 있다면, (일부 경우에 한해)

그렇게 하는 것도 괜찮다. 집회나 기자 회견, 누가 봐도 공개적인 행사를 비롯한 일부 경우에는 공인과 함께한 자리를 찍는 것이 법적으로 전혀 문제가 없지만, 어떤 경우에는 (예컨대, 법정) 촬영을 하는 것이 불법이다.

이 전략이 통한 예가 있다. 2019년에 어느 청소년 기후 정의 활동가 그룹이 한 상원 의원에게 그린 뉴딜(경제 체제를 화석 연료 중심에서 재생 에너지 중심으로 빠르게 전환시키는 데 초점이 맞춰져 있는 정책)이라는 환경 정의 법안에 서명해달라고 부탁했다. 그런데 그 의원은 거들먹거리며 활동가들을 어리다고 무시하는 등 완전히 무례한 태도로 나왔다. 이 대화는 한 카메라에 잡혔고, 이 사실이 점점 퍼져나가 그에게 기후 변화 문제의 중요성을 폄훼하고 청소년을 부적절하게 대우한 것에 대한 책임을 촉구하는 움직임이 일었다. 결국 그 의원은 성명을 발표하고 기후 변화 문제에 정면으로 맞서겠다고 약속해야 했으며, 이는 추가적인 대화로 이어졌다.

이번 장을 읽고 나면 세상에는 우리를 사사건건 반대하는 어른들밖에 없으며, 우리는 언젠가 누군가가 우리 이야기를 들어주기를 바라며 끊임없이 물살을 거슬러 헤엄쳐야 하는 것처럼 느껴질 것 같다. 하지만 그렇지 않다. 어떤 문제가 닥칠 수 있는지 잔뜩 주의를 주기는 했지만, 세상에는 우리를 도와주고 지켜주는 어른들도 정말 많다. 여러분과 여러분이 하는 일을 진심으로 믿고 여러분이 무엇을 위해 싸우고 있든 기꺼이 최선을 다해 여러분을 지원해주는 정치인과 권력자를 만나게 될 것이다. 우리는 기성세대와 맞서 싸우려는 것이 아니다. 이 책은 세대 간의 다툼을 말하고자 하는 책이 아니다. 우리를 침묵시킬 수 있다고 믿는 권력자들이 존재하는 세상에서 우리의 힘이 어디에 있고, 어떻게 하면 우리 스스로를 옹호할 수 있는지를 알리고자 하는 책이다. 활동가의 여정을 걸으며 여러분은 여러분을 응원하며 여러분을 돕기 위해 할 수 있는 모든 일을 할 어른과 힘 있는 사람들을 수없이 만나게 될 것이다. 그 사람들을 가까이하라. 여러분은 혼자 싸우는 것이 아니다.

지나 압둘카림Zeena Abdulkarim, 18세, 여성She/Her

제로 아워 조직가, 백인 우월주의에 맞서고
사회 정의와 환경 정의를 위해 싸우는 인터섹셔널 페미니스트

제이미 어떻게 활동가가 됐고, 지금 무슨 일을 하고 있는지 소개해주시겠어요?

지나 저한텐 활동가가 되는 것 외에 다른 선택지가 없었던 것이나 다름없어요. 저는 백인뿐인 동네에서 자란 흑인 이슬람교도 여성이에요. 저는 늘 사람들이 저에 대해 제가 누구고 어떤 사람일 거라며 이데올로기적으로 단정 짓는 상황에 맞서 싸우고 정정해주는 게 일이었어요.

쉽게 말하면, 사람들한테 '이슬람교도는 나쁜 사람이 아니다'라는 걸 납득시켜야 했던 거예요. 저한테 너네 나라로 돌아가라고 말하는 사람들도 있고, 다짜고짜 테러리스트라고 부르는 사람들도 있었어요. 끊임없이 진실을 설명하는 것밖에 달리 방법이 없었죠.

조직가 활동을 시작한 건 열다섯 살 땐데, 그때 4개월 동안 숲 학교를 다니면서 깨달은 게 있었거든요. 제가 아니면 누구도

제가 필요로 하는 것을 옹호해주지 않을 거라는 사실을 실감한 거죠. 그래서 NAACP(전미유색인지위향상협회) 커뮤니티 센터에서 일하며 공동체 조직 활동을 시작하고, 사회 정의 클럽도 만들었어요.

2018년에는 총기 규제 옹호 시위를 주도했는데, 처음에는 학교 규모로 일했고 그다음에는 도시 규모 조직 활동을 했어요. 그러고 나서 얼마 안 지나 제로 아워에 합류해 환경 정의를 위해 싸우게 됐어요.

제이미 활동을 하면서 직면하는 문제 같은 것이 있다면요?

지나 사람들이 저를 받아들여주지 않는다는 게 꽤 힘들어요. 최근 깨달았는데 흑인 공동체는 저를 인정하지 않아요. 저는 흑인 아이와 친하게 지낼 수 있을 만큼 흑인이 아닌 거죠. 그렇다고 백인 아이와 친하게 지낼 수 있는 백인도 아니죠. 저희 가족이 미국에서 쭉 살아왔던 게 아니니까 미국에서 나고 자란 흑인과는 또 다른 경험을 하고 있는 거예요.

가면 증후군imposter syndrome 때문에도 조금 고생을 하고 있어서, 제 노력이 부족하다는 생각에 시달리고는 해요. 제가 이 일에 적합하지 않다는 생각에 빠질 때도 있고요.

제이미 그렇다면 어떤 식으로 극복하고 계시나요? 또 비슷한 경험을 하게 될지 모르는 다른 청소년 활동가에게 해주고 싶은 조언이 있다면요?

지니 저만을 위한 싸움이 아니라는 사실을 자주 떠올리려고 해요. 저는 자기 자신을 위해 싸우지 못하는 사람들을 위해서도 싸우고 있는 거예요. 알아야 될 것이 있는 사람들에게 배울 기회도 제공하고요.

제가 청소년에게 전하고 싶은 말은, 용기를 갖고 대담하게 진심으로 나아가라는 거예요. 하고 싶은 말을 하세요. 배워야 할 것을 배우고 깨우치세요. 그리고 어머니, 오빠나 남동생, 누구든 다른 사람들에게도 알려주세요. 그리고 특별히 저와 같은 다른 흑인 여자아이들에게 하고 싶은 말이 있는데, 자신의 목소리를 누군가 듣고 있다는 것, 자신의 이야기와 통찰이 더없이 귀중하고 가치 있다는 걸 잊지 않길 바라요. 흑인 여자아이뿐 아니라 세상의 모든 유색 인종 여성에게 이 말이 전해지면 좋겠어요. 제 러브 레터나 다름없어요. 저는 흑인 여성의 마법 같은 힘을 진정으로 믿고 있어요. 그 힘으로 세상을 구하길 바라요.

8 평화적 직접 행동

법이 부당해서
어겨야 할 때

민권 운동의 상징적 인물인 마틴 루서 킹 목사는 이렇게 말했다 - "우리에게는 부당한 법에 불복종해야 할 도덕적 책무가 있다". 그리고 미국의 민권 운동가이자 사학자였던 하워드 진은 "법을 넘어서는 저항은 민주주의로부터의 이탈이 아니다. 민주주의에 없어서는 안 되는 필수 요소다"라고 했다.

좋은 사람과 좋은 시민은 항상 같은 것이 아니다. '지구를 오염시키고 지구의 모든 생명을 파괴하는 것은 완전히 합법'이나 'LGBTQ+가 되는 것은 불법' 같은 법과 규범은 도전받아 마땅하다.

이러한 법과 규범에 도전하는 것을 시민 불복종이라고 한다. 시민 불복종은 한마디로 시민이 부당하다고 생각하는 특정 법을 따르기를 평화적, 적극적, 공개적으로 거부하는 것이다. 보통 로비, 협상을 비롯해 다른 합법적 형태의 행동들이 효과가 없을 때 마지막 수단으로서 강구된다. 기후 위기 문제만 봐도 더욱더 많은 사람들이 시민 불복종 운동에 나서고 있는데, 몇십 년 동안 교섭과 협력을 위해 노력하고 정치인과 기업들에게 친절하게 부탁해왔지만 소용이 없었기 때문이다. 인간과 지구의 불가피한 파멸의 순간이 점점 더 다가오고 있고 이 모든 것을 더 이상 돌이킬 수 없는 시점이 코앞이다. 갈수록 더 많은 종이 멸종하고 사람들이 죽어가는 상황 속에서 기후 위기는 전에 없이 시급한 문제로 떠올랐다.

시민 불복종 운동은 평상시 계속되고 있던 질서를 깨뜨린다. 이것을 두고 평화를 어지럽힌다고 보는 것은 옳지 않다. 민권 운동 지도자들이 시민 불복종에 의존한다고 비판한 백인 온건파들을 향해 마틴 루서 킹 목사가 보낸 '버밍햄 감옥에서 쓴 편지'를 보면 시민 불복종의 필요성이 훌륭하게 설명돼 있다. 마틴 루서 킹 목사는 흑인 시민권 활동가들이 흑인 분리 정책에 항의하며 시민 불복종 운동을 전개하는 터에 '평화가 어지럽혀진다'고 불평하는 백인 온건주의자들을 비판한다. 백인 온건주의자들은 차별 정책이 끝나야 한다는 데 동의하면서도 시위대가 보다 질서 있는 방향으로 움직일 것을 요구하며 소요와 혼란의 과정을 성가셔하는데, 인종 차별의 폭력이 존재하는 사회에 평화란 있을 수 없다고 마틴 루서 킹 목사는 말한다.

시민권 시위대가 어지럽혔다는 이른바 '평화'는 적극적 평화가 아니다. 마틴 루서 킹 목사에 따르면 그것은 '소극적 평화'였다. 민권 운동가들은 그 어떤 폭력도 일으키지 않았다. 그들이 한 것은 미국의 흑인들이 매일 직면하는 폭력의 추악함을 표출한 것뿐이었다. 그들은 평화를 어지럽히지 않았다. 처음부터 평화란 존재하지 않았다는 사실을 대중적 관심사로 부상시킨 것뿐이었다.

우리 사회에는 여전히 소극적 평화가 있다. 폭력은 연일 벌어지는 폭동같이 누가 봐도 알 수 있는 형태로 자행되는 것은 아닐지 모르지만, 해결되지 않는 부당한 일상의 형태로 존재하고 있다. 퀴어인 사람들이 견디고 있는 동성애 혐오라는 일상적 폭력을 떠올려보라. 칼만 등장하지 않을 뿐 대응 관계에 있는 시스젠더Cisgender(트랜스젠더와 반대되는 개념으로, 타고난 생물학적 성과 젠더 정체성이 일치하는 사람) 이성애자들로부터 기본적 인권, 존엄성, 대표될 권리, 동등한 대우를 받을 권리를 매일 부정당하는 퀴어의 현실은 폭력이다. LGBTQ+ 청소년이 마치 유행처럼 노숙으로 내몰리고 있는 현상은 또 어떤가? 이 또한 심각한 피해로 이어지고 있으며, 폭력에 다름 아니다.

따라서 환경 시위대가 '평화를 어지럽힌다'고 말하는 것은 옳지 않다. 처음부터 평화 같은 것은 없었으니까! 기업들이 지구상의 모든 생명을 파괴하도록 내버려두는 것은 평화가 아니다. 활동가들은 단지 이들의 조용한 폭력을 사회적 이슈로 부각시켜 사람들이 더 이상 모른 척 넘어가지 못하도록 만드는 것뿐이다.

민권 운동을 넘어 최근에도 많은 활동가가 변화를 위해 직접 행동을 실천하고 있다. 직접 행동은 특히 환경 운동 분야에서, 그중에서도 내가 살아가며 싸우고 있는 곳인 미국 태평양 북서부 지역에서 괄목할 만한 성과를 얻어왔다. 석유 기업 쉘 사의 북극 원유 시추를 막기 위해 벌어졌던 쉘 노 캠페인Shell No campaign은, 쉘 사가 탐사 활동을 못 하게 하는 데 성공했다. 카약티비스트들kayaktivists이 북극해를 향해 항구에서 빠져나가지 못하도록 배를 막았는데, 카약을 탄 활동가들이 길게 줄을 지어서는 말 그대로 바리케이드를 친 것이었다. 이때 시추선을 저지하기 위해 카약에 몸을 실은 활동가들 대다수가 청소년이었다. 내 친구 키아라 로즈 디안젤로는 열아홉 살 때 '북극을 구하자'라고 쓴 팻말을 들고 쉘 사의 북극해 시추선에 3일 동안이나 매달려 있었다. 키아라의 시민 불복종 행동, 카약티비즘kayaktivism(카약을 탄 활동가들의 시위를 일컫는 신조어)을 비롯해 다른 여러 창의적 형태의 비폭력 직접 행동들은 쉘 사가 북극해 석유 시추를 포기하게 만드는 데 성공적으로 일조했다.

유럽의 멸종 저항Extinction Rebellion 활동가들은 정치적, 경제적으로 중요한 장소들을 점거하는 방법을 통해 기후 변화로 야기되고 있는 지구상 동식물의 여섯 번째 대멸종 위기에 대한 대응을 촉구하며 저항 활동을 벌인다.

스탠딩 락에서 전개된 #NODAPL 운동은 다코타 액세스 송유관 건설을 1년 가까이 중단시켰다. 수 부족 청소년들을 필두로 미국 전역의 원주민들이 동참해 송유관 건설 현장에 머물러 있었기 때문이다.

여기서는 기후 정의 운동들만 예로 들었지만, 재생산권에서부터 공직자의 임명, 인종 정의, LGBTQ+ 권리에 이르기까지 시민 불복종 운동은 우리가 상상할 수 있는 모든 목표를 위해 이루어지고 있다.

가장 대표적인 청소년 시민 불복종 사례는 차별 정책 종식을 요구하며 벌어졌던 1960년대 앨라배마주 버밍햄의 어린이 행진이다. 당시 민권 운동이 활력을 잃고 지도자들도 절망하기 시작하고 있을 때, 인종 차별이 극심했던 이 도시에서 수천 명의 흑인 어린이들이 학교에 가는 대신 거리로 나와 평화롭게 차별 정책 철폐를 외치며 행진을 했다. 허가 없이 거리로 쏟아져 나온 까닭에 (질서를 깨뜨린 까닭에) 경찰은 개를 풀고 아이들을 향해 물대포를 쐈다. 학생들 수백 명이 감옥에 수감됐다. 어린이와 청소년들로 감옥이 가득 차자 당국은 어찌할 바를 몰랐다.

이들은 감옥에서 풀려나면 또다시 학교를 빠지고 거리로 가 체포되기를 반복하고 또 반복했다. 버밍햄 흑인 어린이와 청소년들의 힘은 미국 전역으로 생생하게 퍼져나갔다. 미디어가 대대적으로 다뤘고, 민권 활동가들이 언론에 입장을 전달했다. 시위 장면이 전국 곳곳에서 신문을 장식하고 모든 사람이 거실 TV로 볼 수 있도록 방송됐다.

도시의 정의를 위해 학교를 빠지고 평화롭게 행진하는 아이들이 경찰 당국에 의해 무자비하게 진압당하는 모습은 미국 전역의 여론을 움직였다. 오랜 세월 동안 감춰져왔던 인종 차별의 부당한 실태는 명명백백하고 추악한 모습으로 만천하에 드러났다. 소극적 평화가 깨졌고, 인종 차별적 권력 구조는 더 이상 묵인될 수 없었다.

어린이 행진으로 민권 운동은 다시 활기를 찾았고, 케네디 대통령은 신속히 미국의 인종 차별 근절을 위한 정책 마련에 나섰다.

학생 활동가들의 용감한 참여가 (행진에 참여한 아이들 중에는 6살 어린이도 있었다) 미국의 양심을 움직이고 미국을 한 세기 넘게 괴롭혀온 짐 크로 법*의 암울한 시대에 막을 내리게 했다.

---

* 1876년부터 1965년까지 존재한 미국의 법으로, 공공장소에서 흑인과 백인의 분리와 차별을 규정했다.

청소년인 우리가 시민 불복종 운동에 참여하기 위해 우선적으로 알아야 할 것들은 다음과 같다.

1. 감수할 수 있는 위험 수준과 행동의 경계, 그리고 자신의 특권 정도를 분명히 알아야 한다

곤란한 상황에 빠지지 않으려면 먼저 행동의 경계를 정하고 마음의 준비를 갖춘 다음 활동에 돌입해야 한다. 내가 할 의향이 있는 활동과 없는 활동은 각각 뭔가? 뒤따르는 위험을 감수할 의향이 있나? 상대편 시위대와 경찰의 증오, 혹시 있을지 모르는 공격을 감당할 자신이 있나?

종이를 한 장 꺼내 두 칸으로 나눠보자. 한 칸에는 '할 의향이 있는 행동'이라고 쓰고, 다른 한 칸에는 '할 의향이 없는 행동'이라고 쓴다. 그런 다음 직접 행동과 시민 불복종 행동을 할 때 벌어질 수 있는 모든 시나리오를 검토하며, 참여하고 싶은 활동과 참여하고 싶지 않은 활동을 분류해 적는다.

자기 자신을 솔직하게 들여다보는 시간을 충분히 가지며 스스로 마음 편히 할 수 있는 활동과 할 수 없는 활동을 알아내고 나면, 이번에는 함께 행동에 나서는 모든 사람들에게 자신의 경계를 알리고 존중해달라는 뜻을 전해야 한다. 그렇게 하면 조직가들도 내가 어떤 상황을 견딜 수 있고 견딜 수 없는지, 나에게 어떤 임무를 줘도 괜찮고 주면 안 될지를 분별할 수 있다. 행동에 나서기에 앞서 자신에게 어느 정도 수준의 특권적 힘이 있는지도 파악해둬야 한다. 이 말은 여러분이 누구인지를 묻는 것이 아니라, 세상이 여러분과 같은 사람들을 어떻게 인식하는지, 또한 여러분에게 어떤 위험이 닥칠 수 있는지를 알아야 한다는 뜻이다. 예를 들어 유색 인종이라면, 그중에서도 특히 흑인이나 히스패닉 청소년이라면, 백인 청소년에 비해 직접 행동 중 인종 프로파일링에 따라 경찰의 단속 대상이 되고 폭력을 경험할 가능성이 훨씬 크다. NAACP에 따르면 같은 범죄를 저지르고 수감돼 있는 아프리카계 미국인의 수는 백인 수의 다섯 배가 넘는다고 한다.

따라서 인종, 피부색, 민족적 배경, 종교적 상징물(히잡 등), 성별 정체성과 신체적 특징, 성적 지향을 비롯해 자신의 정체성을 겉으로 드러내는 모든 요소를 곰곰이 따져봐야 한다. 세상이 나를 어떻게 보고 있을지 생각해봐야 한다. 언뜻 보기에 눈에 띄는 것이 내 전부는 아니겠지만, 바로 그게 법 집행 당국이 보는 것이다. 경찰관이 나를 어떻게 받아들일 것인가에 대해 십분 인지하고 있어야 한다. 자신의 정체성에 따라 수반될 수 있는 유감스러운 사회구조적 위험과 위협은, 인정하기에 부당하고 거북하게 느껴지겠지만 반드시 염두에 두고 있어야 할 사항이다.

인종에 대한 저마다의 고정관념과 편견이 없는 나라가 없으므로, 어느 나라에서 시민 불복종 활동을 전개하든 이 사실을 명심하고, 그곳에서 여러분과 여러분이 함께 행동하는 사람들이 각기 어떤 편견의 대상에 속하는지 알아둬야 할 것이다. 이 내용을 당부하는 까닭은 언제나 최우선은 여러분의 안전이기 때문이다. 목숨을 걸 만큼 가치 있는 행동은 아무것도 없다. 그리고 살아 있어야 싸움을 계속할 수 있다.

또 자신의 정체성이 시민 불복종 행동을 벌일 때 어떤 특권으로 작용할 수 있는지도 파악해두는 것이 좋다. 그 점을 이용하면 다른 활동가들과 협력해 더욱 전략적인 행동을 공모할 수도 있다. 자신에게 특권이 있는 경우라면 특권이 없는 동료들을 대신해 기꺼이 위험을 무릅쓰도록 하자. 반대로 쉽게 경찰의 표적이 되는 정체성을 지녔다면 어떤 행동에서는 직접 나서는 대신 드러나지 않는 임무를 맡는 편이 안전할 것이다. 부당하고 끔찍한 현실이지만, 모든 억압적 시스템들이 완전히 해체되기 전까지는 시민 불복종 행동을 전개할 때 누가 무슨 일을 맡을 것인지를 전략적으로 짜고 모든 사람의 안전을 도모해야 한다.

2. 관련 법을 알아야 한다

시민 불복종 행동을 하기 앞서 자신이 무슨 법을 위반하고 어떤 결과를 안게 될지를 알아야 한다. 자신이 정확히 어떤 상황 속으로 뛰어들려 하는 것인지를 분명히 이해하고 있어야 할 것이다.

3. 부모님 등 보호자와 미리 의논해야 한다

부모님 등 보호자에게 알리지 않은 채 위험한 직접 행동이나 법을 어기는 활동에 나서는 것은 절대 반대다. 미성년자인 경우는 당연하거니와 미성년자가 아니더라도 가까운 가족에게 자신이 어떤 활동을 하고 있는지 충분히 알리는 것이 좋다. 부모님을 설득해서 행동에 참여해도 좋다는 허락을 받는 것이 어려울 수도 있다. 나는 미리 부모님과 그 행동이 왜 중요한지, 어떻게 해야 부모님이 내 안전에 대해 안심하실 수 있는지 등에 관해 솔직한 대화를 나눈다. 자신이 그곳에 참여해도 안전한 까닭이 무엇이고 행동이 세부적으로 어떻게 진행될 예정인지를 설명해야 한다. 아니면 부모님이 내 활동을 참관하시도록 하는 방법도 있을 것이다. 부모님이 끝내 반대하실 수도 있을 텐데, 이때 부모님을 속이고 몰래 참여하는 것은 권하지 않는다. 그럴 때는 물리적인 행동은 조직의 다른 사람에게 맡기고, 여러분은 이면에서 활동하는 방향을 모색하도록 하자.

4. 조직에 들어가거나 다른 활동가 및 경험 많은 멘토와 함께 행동한다

한 개인의 시민 불복종 행동이 세상을 바꾸기도 한다. 기후 정의 행동에 함께 몸담고 있는 내 친구이자 자매 같은 그레타 툰베리는 백인 여성 청소년으로, 2018년에 스웨덴 국회의사당 앞에서 기후 행동을 위한 학교 파업 1인 시위에 나섰다. 그때 툰베리는 열다섯 살이었다. 이 하나의 시민 불복종 행동은 전 세계에 엄청난 영향을 불러일으켰다. 툰베리가 사는 나라는 상당히 안전하고 국민의 시위할 권리가 보장되는 곳이다. 또 툰베리는 어떠한 것도 적극적으로 막거나 방해하지 않았다. 그리고 백인 여자아이인데, 백인 여성은 법 집행 과정에서 우선적으로 단속을 당하거나 경찰 폭력을 경험할 가능성이 낮고 특혜를 받는 경향이 있다.

비교적 안전한 지역에서 학교 파업처럼 비파괴적인 행동을 백인 여성 청소년이 홀로 전개하는 것은 일반적으로 안전하다고 할 수 있다. 그러나 시위자에 대한 제재가 심한 지역에서 활동을 벌이고, 물리적으로 교통을 차단하거나 공사를 중단시키는 등 적극적으로 질서를 어지럽히는 행동을 하거나 여러 주변화된 정체성을 지닌 상황이라면, 홀로 행동을 진행하는 것은 아주 위험하고 효과적이지도 않다.

청소년으로서 위험도가 높은 직접 행동을 하려면 서로를 안전하게 지켜줄 수 있는 많은 팀원과 함께하는 것이 좋으며, 그중 이전에 비슷한 시민 불복종 활동에 참여해본 베테랑들이 있으면 더욱 좋다. 다양한 기량을 지닌 사람들로 이루어져 있으며 구성원 모두의 강점과 약점이 공유되고, 서로를 안전하게 지키는 방법을 아는 팀을 갖는 것이 중요하다. 그러면 훨씬 안전하기도 하지만, 수적으로 우세하면 더욱 효과적인 행동을 전개할 수도 있기 때문이다. 게다가 함께 행동하는 공동체가 있으면 훨씬 즐겁고 신나게 활동할 수 있다!

5. 행동을 하는 명확한 이유와 직접적인 요구 사항이 있어야 한다

비폭력 직접 행동을 하려면 항의하는 대상이 누구이든지 간에 구체적인 요구 사항이 있어야 한다. '인종 정의'나 '재생산 권리'처럼 추상적인 목표만으로는 안 된다. 즉 실체적 조치로 돌아올 수 있는 것이어야 한다. 직접 행동의 핵심은 압력을 가해 변화가 벌어지도록 하는 것이므로, 내가 원하는 그 변화가 무엇인지 명확해야 한다는 것은 당연지사다! 구체적인 요구 사항이란 예컨대 건설 계획 중단, 임신 중절 수술을 시행하는 병원의 영업 보장, 법안의 통과, 조약 이행 같은 것들이다. 여러분이 원하는 해결책을 숟가락으로 떠먹이듯 직접 보여주고 권력자들이 어떻게 해야 할지 모른다고 변명할 여지가 없게 만들어라.

6. 일이 잘못될 모든 가능성에 대비해 계획을 세운다

상대편 시위대가 나타나거나 경찰이 공격적으로 진입하기 시작하는 등 다른 여러 시나리오가 발생했을 때 어떻게 대처할지에 대해서도 계획해야 한다. 연극을 본 무대에 올리기 전에 항상 리허설을 하는 것처럼, 함께 행동을 계획하고 있는 사람들과 같이 예행 연습을 해보며 만일의 사태가 벌어지면 어떤 식으로 대응할지 준비하도록 하자.

행동이 실제로 어떻게 진행될지 미리 리허설을 해보는 것도 굉장히 중요하지만, 이 훈련에는 모든 가능한 시나리오에 대한 대비책을 구성원들이 다 같이 의논하는 과정도 꼭 포함돼야 한다.

함께 행동하는 팀원들은 늘 상황과 정보를 공유하며 서로의 이해를 돕고 단결해야 한다. 팀 내의 분열과 갈등만큼 행동의 효과를 떨어뜨리는 것도 없기 때문이다. 우리는 외부 사람들이 어떤 일을 벌일지는 통제할 수 없지만 그러한 돌발 사태가 발생했을 때 우리 팀원들이 어떻게 반응할지에 대해서는 통제할 수 있는데, 바로 이 부분을 확실하게 준비해두자는 말이다. 미리 계획을 하면 평화로운 대응책이 마련돼 있을 테니 긴박한 상황이 벌어져도 당황하거나 혼란에 빠지지 않을 수 있다.

7. 평화적인 태도를 유지한다

어떤 경우에도 폭력에 의존하는 순간, 시민 불복종의 효과는 사라지고 만다. 직접 행동 제1의 원칙은 바로 평화적으로 실행되어야 한다는 것이다. 마틴 루서 킹 목사는 이렇게 말했다 ─ "비폭력은 치유의 칼이다. 상처 입히지 않고 벨 수 있으며, 휘두르는 사람을 고귀하게 만드는 강하고 공정한 무기다".

직접 행동이 폭력으로 격화되면 힘을 잃을 수밖에 없는데, 그럴 수밖에 없는 것이 직접 행동의 취지가 바로 사회의 양심을 일깨우는 것이기 때문이다. 우리가 싸우면 언론과 정치인들은 손쉽게 우리가 먼저 공격에 나선 것처럼 보이도록 만들 수 있다. 그러므로 평화적인 태도를 견지하는 것은 우리 자신의 안전을 위해서도 중요하지만, 직접 행동의 효과 면에서도 대중에게 의도한 영향을 제대로 미치기 위해 꼭 필요하다. 관계 당국과 상대편 활동가가 아무리 적대적이고 폭력적인 태세로 나오더라도 우리가 온화하고 평화로운 모습을 유지한다면 대중에게 큰 인상을 주며 지지를 이끌어낼 수 있을 것이다. 결국 당국은 폭력을 행사한 측으로서 좋지 않게 비치고, 우리 시위대는 도덕적 우위를 점하기 때문이다.

청소년들이 평화로운 방식으로 부당한 법률을 어기면, 사회는 다음과 같이 생각할 수밖에 없다 – '아이들이 저렇게까지 하는 이유가 뭘까?'.

말리아 훌레만Malia Hulleman, 24세, 여성 She/Her

지구와 물 수호자, 음식 정의 활동가,
원주민 정의 활동가, 카나카 마올리(하와이 원주민)

제이미 어떻게 활동가의 길을 걷게 되셨나요?

말리아 저는 하와이에서 태어나고 자랐어요. 하와이 원주민이라는 건 거북섬(미국 본토) 원주민인 것과 달라요. 저희는 다수예요. 고유 문화 속에서 저희의 언어를 쓰며 자라죠. 그렇지만 식민지화 때문에 정말 많은 것을 잃은 건 사실이에요. 하와이의 식민지화는 기업이 가진 탐욕의 부산물이에요. 이 사실을 깨닫고 나면 자신이 미국인이라고 말하고 싶지 않아질 거예요. 하와이인의 권리에 대해 생각하다보니 주권을 가진 공동체로서 저희의 권리를 지키기 위해 나서게 됐어요.

제이미 언제부터 지구 수호와 물 보호 활동에 뛰어들게 되셨나요?

말리아 마우나케아산은 하와이 원주민의 성지예요.

하와이는 세계에서 지리적으로 가장 고립된 곳이기 때문에 빛 공해가 거의 없어요. 그래서 별을 관측하기에 최적의 장소라고 할 수 있죠. 예닐곱 나라가 이번에는 정말로 굉장히 거대한 천체 망원경을 건설하고 싶어 했어요.

저희 원주민들이 원래 여기서 별을 보고 있었다고요! 아무튼, 마우나케아산은 멸종위기종이 살고 생태계가 아주 예민해요.

천체 망원경에서는 많은 양의 화학 폐기물이 나와요. 이 폐기물은 지하에 저장되는데, 그러면 땅으로 흘러 들어갈 수밖에 없죠.

그래서 저희 공동체는 마우나케아산을 지키고 산 정상에 거대 천체 망원경을 짓지 못하도록 막으려고 직접 행동을 하는 거예요. 마우나케아산 위쪽은 공기가 희박하고 추운데도 야영까지 하고 있어요.

제이미 스탠딩 락 #NODAPL 운동에 참여하게 된 계기는 무엇인가요?

말리아 원래 로스앤젤레스에서 영화 일을 하고 있었는데, 영화를 위해 그쪽으로 가기로 결심했던 거예요.

갔더니 한 친구가 스탠딩 락 송유관 문제에 대해 알려줬어요. 사람들의 인식을 높이려고 아이들이 달리기를 한다는 것도요.

그래서 대열을 짜서 2016 민주당 전당대회로 갔어요. 보호지구에서부터 달리기를 하고 있던 스탠딩 락 원주민 청소년들이 그때 오하이오를 지나고 있었기 때문에 거기서 만나 함께 여러 집회를 조직했어요.

그 친구들과 뉴욕으로 향하던 중 송유관 건설 공사가 시작됐다는 소식을 들었고, 공사를 막고 물을 지키기 위해서 스탠딩락으로 갔죠. 지금은 마우나케아산 망원경 건설 문제 때문에 또다시 원주민 땅을 지키기 위해 싸우는 중인 거예요.

제이미 끝으로 청소년 활동가에게 해줄 조언이 있다면요?

말리아 뭔가의 옹호자로서 활동을 지속해나가려면 조금 무던해질 필요가 있어요. 너무 빨리 계속 움직이다보면 낙담하고 우울해지고 번아웃에 빠질 수도 있거든요.

저희 부족 장로분들께서는 그날그날의 일을 해나가는 것뿐이라고 하셨어요. 모든 가치를 위한 싸움에 참여하지 않아도 괜찮아요. 여러분 혼자 싸우는 게 아니거든요.

리더는 다른 사람이 해도 돼요. 많은 경우 해결책은, 우리가 하는 작은 일들 속에 있는 거니까요.

9 정치인, 의회 그리고 로비, 어휴!

우리의 목소리를
정치에 반영시키려면

정부는 피치자를 위해 일하는 기관이다. 여러분이 전 세계 어디에 살고 있든, 여러분의 정부는 여러분과 여러분의 이익을 위해 봉사해야 한다. 정치인의 역할은 자신이 아니라 여러분을 위해 최선을 다하는 것인데, 정치인은 이것을 잊어버릴 때가 많다.

　로비가 정확히 무엇이며 어떻게 이루어지는지, 왜 청소년의 로비 활동이 중요한지, 그리고 어떻게 하면 프로처럼 성공적으로 로비 활동을 할 수 있는지 알아보도록 하자!

°청소년을 위한 로비 활동 가이드

1. 로비란 무엇인가?

로비는 정치인의 결정, 정책, 행동에 영향력을 미치려 시도하는 활동을 말한다. 정치란 본질적으로 정치적 어젠다를 장악하기 위한 싸움이다. 자신의 관심과 필요가 공적으로 논의되고 공공 정책으로 실현될 수 있도록 겨루는 것이다. 한편 로비란 어떤 이슈와 관련해 정치인이나 공직자에게 영향을 주려고 노력하는 활동이다. 방법은 여러 가지가 있는데, 자신의 지역구 대표자에게 전화를 걸거나 약속을 정해 직접 만날 수도 있고, 다른 형태의 담화에 참여해 정치적 압력을 행사할 수도 있다. 투표권이 없다고 해서, 정부 기관에 종사하거나 힘 있는 위치에 있지 않다고 해서 정치적 어젠다에 영향을 미칠 수 없는 것이 아니다.

일반적으로 로비는 민주주의 체제에서만 효과가 있다. 로비의 힘은 정치인이 자신의 선거구민(투표를 통해 자신을 선출해준 사람들)이 어떤 이슈에 대해 우려하고 있다는 사실을 알도록 하는 데 있기 때문이다. 선출직 공직자는 자기 자리를 지키고 다음 선거에서 이기는 문제에 끊임없이 신경을 쓴다. 따라서 어떤 이슈에 관해 충분히 많은 선거구민이 확고한 입장을 견지하고 있다(예컨대 그린 뉴딜 정책의 통과를 바란다)는 사실이 표명되면, 정치인은 자신이 이들의 목표를 지지하지 않는 한 다음 선거에서 자리를 내놓아야 할 수도 있다는 사실을 깨닫게 된다.

민주주의 체제에서 로비는 우리가 바라는 것과 우리가 뽑은 공직자가 권력의 자리에서 하는 일 사이의 간극을 메워준다. 미국은 대의 민주주의 국가이며, 국민인 우리는 공직자를 선출해 우리 대신 법안에 투표하도록 한다. 정치인이 유권자의 목소리를 듣지 못하면 실제로 우리에게 도움이 되는 정책에 투표를 하고 그러한 의정 활동을 펼칠 가능성이 낮아진다. 로비는 선출직 공직자에게 자신이 정말 누구를 위해 일해야 하는지를 다시금 떠올리게 하고 그들을 우리의 요구에 맞게 되돌려놓는 수단이다.

2. 왜 청소년의 로비 활동이 필요할까?

1년 동안 집에서 매일 저녁 시청할 TV 프로그램을 선택할 수 있는 권한이 나 한 사람에게 주어져 있다고 해보자. 이 정도면 정말 오랫동안 계속되는 영향을 주는 큰 결정이기 때문에, 모든 가족 구성원이 각자 보고 싶은 TV 프로그램을 여러분이 고르도록 설득하려고 노력할 것이다. 공정한 결정 과정이라고는 할 수 없는데, 왜냐하면 가족 중 몇 명은 다른 구성원보다 여러분에게 접근할 기회도 훨씬 많고 영향력이 더 세기 때문이다. 형제자매는 늘 학교에 가고 없는 데다 나에게 대가로 줄 수 있는 것이 별로 없다. 가족 구성원 중 다수를 이루고 있기는 하지만, 할 일이 너무 많은 데다 가진 것은 없고 나와 떨어져 보내는 시간이 많기 때문에 자신들이 좋아하는 프로그램을 보자고 나에게 주장할 기회를 거의 얻지 못한다. 반면, 삼촌은 돈도 많고 나와 함께 보낼 수 있는 시간도 넘쳐난다. 그래서 삼촌이 좋아하는 프로그램을 보자고 여러 근거를 들어가며 나를 설득하고, 그 프로그램을 선택해주면 대신 뭘 주겠다는 약속을 내놓고, 멋진 레스토랑에 데려가서 내가 특별하다는 기분을 느끼게 해준다. 삼촌은 가족에서 수적으로 아주 낮은 비율을 차지할 뿐인 데다 삼촌이 좋아하는 TV 프로그램은 가족 구성원 다수가 보고 싶어하는 프로그램을 반영하지도 못하지만, 삼촌은 나에게 가장 큰 영향력을 갖는다.

지금쯤 이 시나리오에서 여러분이 정치인이라는 사실을 추측할 수 있을 것이다. 힘없는 형제자매가 한 나라 인구의 대다수를 이루지만 자신들의 대표자와 많은 시간을 보내지 못하는 보통 사람들, 바로 유권자들이다. 돈 많고 카리스마도 있는 삼촌은, 대기업과 특수 이익 단체들을 위해 활동하는 프로 로비스트다. 이들에게는 정치인이 바라는 것을 들어주고 영향력을 행사할 수 있는 자원이 있다.

이것이 우리가 맞서야 하는 현실이다. 대기업을 위해 일하는 프로 로비스트는 인구의 압도적 다수와는 다른 이익을 추구하지만, 우리의 의사 결정권자에 대한 가장 큰 접근권을 갖고 있는 사람이다. 정치인의 귀에 속삭이는 주체는 주로 기후 변화처럼 우리가 맞서 싸우는 문제의 주된 원인 제공자인 거대 제약사, 거대 석유 기업, 거대 농업 회사와 대기업이다. 정부 고위직으로 갈수록 이러한 현상은 더욱 심해, 정치인이 실제로 하도록 조장되는 일과 정치인을 임명한 국민(우리!)이 정치인이 해주기를 바라는 일 사이에 커다란 괴리가 발생하고 만다. 대표자는 (이론상) '우리', 그러니까 국민을 위해 일하는 사람이다. 적어도 민주주의 체제에서는 우리 국민이 선거를 통해 정치인에게 권력을 위임한 것이다. 기업은 돈이 있지만 투표권은 없는데, 바로 이 점이 우리에게 유리한 점이다.

아직 유권자가 아니라 해도, 우리는 미래의 유권자다. 이민 등의 사정으로 곧 투표권을 얻을 수 없는 상황이라면 주변의 다른 투표권자에게 영향을 주면 된다. 아이들만큼 부모에게 영향을 미치는 존재는 없고, 정치인은 우리 부모님의 한 표 한 표를 필요로 한다.

우리에게는 우리 공동체의 요구와 우리 세대의 요구를 정부가 듣고, 관심을 기울이게 할 수 있는 힘이 있다. 대표자를 만나 이야기를 나누면 우리의 목소리를 전달하고 요구 사항을 알릴 수 있다. 우리가 투표권을 행사해 뽑은 대표가 아니라 할지라도 지도자를 상대로 우리가 로비 활동을 하면, 이들은 자신들이 봉사해야 하는 다음 세대를 직시하게 될 수밖에 없을 것이다.

투표 연령이 안 됐거나 미등록 상태이거나 어떤 식으로든 자신에게 선거권이 없다고 해서 정치인이 나를 위해 일할 의무가 없다는 식으로 생각하지 않기를 바란다. 심지어 선출직 공직자의 면전에서 이렇게 말해도 된다 ─ '안녕하세요. 저는 20XX년에 첫 투표를 하게 될 미래의 유권자입니다. 제 가족은 지금까지 쭉 ○○○ 의원님께 투표해왔습니다. 하지만 다음번 선거에서는 어떻게 될지 잘 모르겠습니다. 왜냐하면⋯'.

3. 누구를 대상으로 로비 활동을 해야 할까?

자, 이제 정치 체제에 여러분의 목소리를 알려야겠다는 의욕과 자신감이 충만할 것이다! 각자 관심 있는 이슈와 선출직 공무원이 하거나 하지 않기를 바라는 일이 있을 것이다. 지금부터는 정확히 누구와 소통해야 하며 어떻게 해야 만날 수 있는지 알아보도록 하자.

미국에는 여러 단계의 지방 정부와 연방 정부가 있다. 먼저 자신이 살고 있는 타운이나 시의 지방 의회와 정부가 있어서 해당 지역에 적용되는 법을 만든다. 다음으로 주 정부가 있어서 그 주에 적용되는 법을 만든다. 그리고 나면 중앙 정부가 있는데, 중앙 정부는 전국의 모든 사람들에게 적용되는 법을 만든다. 더욱 작은 지방 단위에서 로비 활동을 할수록 정부 기관을 통해 뭔가를 이룰 수 있는 가능성이 커진다. 그리고 큰 단위로 갈수록 법안을 통과시키거나 뭔가를 얻기 위해 넘어야 할 장애물이 많아진다.

중앙 정부를 상대로는 로비 활동을 해봤자 소용없다는 뜻이 아니다. 다만 우리가 지방 수준에서 로비를 벌일 때 대체로 가장 큰 효과를 기대할 수 있다는 말이다. 우리의 목소리는 필요하지 않은 곳이 없다. 그러니 자신이 접근할 수 있는 모든 수준에서 로비 활동을 하자. 우리를 막을 수 있는 것은 없다.

그렇다면 어떻게 해야 대표자와 접촉하고 약속을 정할 수 있는 것일까? 인터넷 이용이 가능하다면 굉장히 쉽다. 자기 지역을 대표하는 상원 의원이나 하원 의원이 누군지 모른다면(여기서 내가 하는 설명은 전부 미국의 정치 체제를 바탕으로 하는 것이다) 인터넷에서 '○○시 선거구'라고 검색해보자. 자신이 어느 선거구에 살고 있는지 알 수 있을 것이다. '○○타운 의원'이라거나 '○○주 상원 의원'이라고 검색해도 좋다. 이렇게 해서 나오는 대표자의 이름을 가지고 대표자의 웹사이트나 주 의회 웹사이트를 찾는다. 웹사이트에 들어가면 지역 주민이 연락을 취할 수 있도록 올려둔 이메일 주소나 전화번호가 있을 것이다.

단순히 대표자에게 자신의 생각과 요구 사항을 전하고 싶을 뿐이지 면담 시간을 갖고 싶은 것은 아니라면, 그 번호로 전화를 걸면 된다. 대표자 본인이 전화를 받기보다는 비서나 입법 보좌관이 받을 텐데, 대표자에게 하고 싶은 말을 그 사람에게 하면 된다. 어려운 일이 아니다ー'안녕하세요. 저는 제이미라고 합니다. 저는 지금 논의되고 있는 천연가스 공장 건설 프로젝트에 반대하고 있는데, ○○○ 의원님 지역구에 사는 한 사람으로서 의원님께서 천연가스 공장이 들어오지 않도록 최대한 노력해주시기를 바란다는 뜻을 전달하고 싶어 전화 드렸습니다. 천연가스 공장이 생기면 저나 이 지역에 살고 있는 사람들 모두 건강에 정말 끔찍한 영향을 받게 될 것 같아요. 저는 다음 번 선거부터 연령이 돼서 투표에 참여할 수 있는데, 저희 부모님께서 ○○○ 의원님이 선거에 출마하실 때마다 표를 던져 오셨거든요. 저도 의원님께 지지를 보낼 수 있기를 바라는데, 이 프로젝트를 진행하신다면 저랑 제 가족은 정말 상심이 클 것 같고 계속 의원님을 지지할 수 있을지 잘 모르겠습니다'.

그러면 보좌관들은 언제나 대표자에게 메시지를 전달해주겠다고 대답한다. 이들은 어떤 이슈에 대해 유권자의 민원 제기 전화가 얼마나 많이 걸려 오는지 전부 헤아리고 있다. 만약 천연가스 공장 건에 대한 반대 전화가 많이 오면 보좌관은 의원에게 그 문제가 지역구 유권자의 큰 관심사라는 사실을 알릴 것이다. 특히 지방 정부의 경우에는 전화를 받는 사람이 선출직 공직자의 입법 보좌관, 즉 법안의 초안을 만드는 사람일 가능성이 높다. 그러므로 대표자와 직접 통화를 나눌 수 없다는 사실에 실망할 필요가 없다. 우리 요구에 가장 잘 응대해줄 수 있는 사람이 이 보좌관이라고 할 수도 있기 때문이다.

전화를 거는 것이 내키지 않는다면 멋진 옛 방식 그대로 편지를 써서 보내도 좋다. 이메일이 아니라 편지 말이다. 정치인의 이메일 수신함은 온갖 단체가 자동 발송 프로그램을 통해 보내는 이메일로 넘쳐나기 때문에, 이메일은 이들에게 접촉을 시도하는 최악의 방법이다. 편지로 하고 싶은 말을 써서 보내면 의원 사무실에서 그 편지를 받고 실제로 읽을 가능성이 훨씬 높아진다. 의원이 직접 읽는 것은 아니라 할지라도 말이다.

자, 그렇다면 선출직 공직자를 직접 만나 면담하는 시간을 갖고 싶다면 어떻게 해야 할까? 면담은 대표자에게 우리 뜻을 전달할 수 있는 가장 효과적인 방법이다. 대표자를 직접 만나면 우리의 바람을 좀 더 개인적으로 전달할 수 있기 때문이다. 지방 정부 웹사이트나 의원의 웹사이트에 들어가보면 사무실 직원의 전화번호나 이메일 주소를 찾을 수 있을 텐데, 이들에게 연락을 취해 면담 약속을 잡으면 된다. 전화나 이메일로 자신이 지역구 주민이며 대표자를 만나고 싶다는 뜻을 간단히 전한 후 조금 기다리면 긍정적인 대답을 얻을 수 있을 것이다. 특히 지방 정부에 접촉할 경우 보좌관이 더욱 적극적인 반응을 보이며 대담을 진행할 수 있도록 도움을 줄 것이다. 지역구 주민이 의원과 면담을 하는 것은 아주 일반적인 일이다. 정치인과 수도 없이 만날 권리는 거대 석유 기업과 각종 대기업, 특수 이익 단체의 로비스트에게만 있는 것이 아니라 우리에게도 있다!

4. 로비 활동의 실제

자신의 지역구 의원 또는 의원 보좌관과 면담을 하기로 약속이 정해 졌다고 해보자(의원을 직접 만날 수 없을지도 모른다. 하지만 보좌관을 만나는 것도 굉장한 일이다. 어쨌든 보좌관은 정책 초안을 작성하는 사람이기 때문이다). 이제 의원 사무실을 찾아가 민주주의의 진정한 의미를 실현할 때다. 권력 구조에 침투해 정치 제도에 우리의 요구 사항을 분명히 알리자. 무엇을 준비해야 하며 면담 중에는 어떻게 해야 하는 걸까?

로비를 위해 해야 하는 것

1. 여럿이 함께 가라

로비는 여럿이 함께할 때 가장 효과적이다. 풀뿌리 조직 중에는 로비 데이 행사를 열어 구성원이 단체로 대표자를 설득하러 가 는 곳이 많다. 하지만 조직에 소속돼 있지 않아도 괜찮다. 여러분 과 뜻이 같은 친구들을 모아 함께 의원실을 방문하도록 하자.

사람 수가 많으면 힘이 생긴다. 일단 나를 지지하는 사람들이 곁 에 있으면 긴장을 풀고 훨씬 수월하게 내 생각을 전개할 수 있 다. 게다가 로비 활동의 요점은 선출직 공직자에게 유권자들의 관심사를 알리는 것인데, 자신의 의원실로 찾아온 사람이 많으 면 많을수록 어떤 이슈에 대한 사람들의 관심도가 높다는 사실 을 공직자도 의식할 수밖에 없다.

2. 각자 할 말을 미리 정해서 가라

이 부분은 많은 사람이 함께 갈수록 더욱 신경 써 준비해야 하며, 모든 사람이 사안을 똑같이 이해하고 있는지 반드시 확인해야 한다. 의원들은 각종 회의와 일정으로 몹시 바쁘므로, 찾아가더라도 평균 5~10분가량밖에 대화 시간을 얻지 못할 것이다.

의원 보좌관을 만나는 경우라면 좀 더 긴 시간 동안 한층 깊이 있는 논의를 나눌 수 있을 것이다. 하지만 둘 중 어느 경우든 간에, 함께 간 팀원 중 누가 무엇을 말할지 미리 정해둬야 한다. 그룹을 소개하는 사람, 이슈를 끄집어내는 사람, 이슈와 관련된 개인적 이야기를 소개하는 사람, 대화를 마무리 지으며 관련 자료를 건네는 사람 등 역할을 미리 배분해두면 좋다.

3. 개인적 이야기를 하라

대다수 사람의 마음을 움직이는 것은 '사실'이 아니다. '이야기'다. 자신의 감정을 자극하고 마음을 사로잡고 변화를 향한 열망을 불태우게 한 그래프와 정보를 모아 놓은 자료를 본 것이 최근 언제인가? 그랬던 적이 있는 사람이 거의 없을 것이다. 반면 누구나 다른 사람한테서 어떤 이야기를 듣고 뭔가를 바라보는 자신의 관점이 변화한 순간은 떠올릴 수 있을 것이다. 이야기는 다른 사람들과 깊은 감정적 차원에서 서로 연결되고 소통할 수 있는 보편적 수단이다. 만약 누가 '지금부터 이 사실들을 쭉 읽을 테니까 들어볼래?'라고 물으면 여러분은 십중팔구 '괜찮아'라고 대답할 것이다(적어도 나는 분명히 이렇게 대답할 것이다!). 하지만 누가 '이 이야기 좀 들어볼래?'라고 묻는다면 훨씬 듣고 싶은 마음이 생길 것이다.

모든 사람에게는 이야기가 있다. 그것도 각자 하나가 아니라 많이 가지고 있다. 그리고 모든 이슈와 법안과 이니셔티브에도 저마다의 이야기가 있다. 물론 기후 변화와 관련해 의원들이 알아야 마땅한 사실들, 무슨 수를 써서라도 이들이 알게 만들어야 하는 사실들이 엄청 많다. 그러나 기억하자. 정치인도 사람이고, 사람은 이야기에 마음이 움직인다. 그러니 기후 위기의 영향을 직접 겪어서 자신에게 어떤 일이 벌어지고, 어떤 상처를 받을 수밖에 없었는지 이야기할 수 있는 사람과 함께 가자. 재생산권 이슈와 관련해 로비 활동을 한다면, 재생산 보건 서비스에 대한 접근권이 있어서 얼마나 큰 도움을 받았는지, 접근할 수 없었다면 삶이 어떤 모습으로 달라졌을지에 대해 이야기할 수 있는 사람과 함께 가도록 하자. 어떤 이슈 때문에 영향을 받을 수밖에 없는 사람들의 실제 삶의 모습을 선출직 공직자나 그들의 보좌관이 이해할 수 있도록 그림을 그려주는 것이다. 정치는 개인적이다. 정치는 삶에 영향을 미친다. 그리고 정책은 삶을 바로잡을 수도, 파괴할 수도 있다. 정치인이 이 사실을 잊지 않도록 하자. 이야기를 전하자.

4. 공손하고 상냥하고, 예의 바른 태도를 취하라
내가 옹호하는 가치에 적대적인 정치인을 만나는 경우라 하더라도 우리는 늘 공손해야 한다. 관계를 파탄으로 몰고 갈 필요 없이 예의 바른 태도로도 얼마든지 이의를 제기하고 항의할 수 있다. 우리의 목표는 어떤 정치인 사무실의 출입 금지 블랙리스트에 오르는 것이 아니다. 대화를 시작하고, 내 의견을 전하는 것이다. 하지만 상대방이 나에게 소리를 지르고 욕설을 쏟다면 굳이 대화하거나 상대편 입장을 헤아려줄 필요가 없다.

5. 후속 조치를 하라

이렇게 정치인을 만나는 것은 대화의 시작일 뿐이다. 한 번의 만남으로 정책을 바꿀 수는 없다. 계속해서 관계를 쌓고 설득을 하고 옹호 활동을 펼쳐야 바꿀 수 있다. 그러니 입법 보좌관의 연락처를 입수해서 후속 이메일을 보내자! 면담 후 되도록 빨리 보낼수록 좋다. 정치인은 상당히 많은 사람을 만나므로 우리가 아직 그들 마음속에 생생하게 남아 있을 때 후속 자료를 보내야 한다. 시간을 내줘서 고맙다는 인사와 함께 후속 이메일을 보좌관 앞으로 보내라. 검토해주기를 바라는 자료가 있다면 첨부하고 다음 단계에 대해서도 말하라.

6. 정치인과 함께 사진을 찍어라

로비 활동으로 만난 정치인과 함께 사진을 찍고, 면담과 논의한 내용에 대해 SNS에 올리는 것은 나무랄 데 없는 아이디어다. 포스트에 그 정치인의 소셜 미디어 계정을 태그 하는 것도 좋다. 비서진 중 누군가가 볼 수도 있기 때문에 관계자의 마음속에서 잊히지 않을 또 다른 훌륭한 수단이 된다. 또한 다른 활동가와 대화를 시작하는 계기가 되기도 하며, 청소년인 우리도 민주주의에 참여할 수 있다는 것을 보여주고, 정치인과의 만남이 다른 세계의 일이라거나 두려운 일이 아니라는 사실을 친구와 팔로워에게 전할 수도 있다. 다음과 같이 작성한다면 대중적 압력을 행사하는 수단도 된다 – '조금 전 그린 뉴딜 정책과 관련해 ○○○ 의원님을 만나고 왔습니다. ○○○ 의원께서 이 법안에 투표해 너무 늦기 전에 청소년들의 목소리를 반영하고 신속한 기후 행동에 나서주시기를 바랍니다. 저희 가족은 ○○○ 의원이 지구와 우리의 삶, 미래를 지키는 데 힘쓰지 않는다면 재선을 지지하지 않을 생각입니다'. 이렇게 하면 어떤 대화를 나눴는지가 대중에 공개되며 우리의 요구가 관철되도록 압력을 더할 수 있다.

로비를 위해 하지 말아야 하는 것

1. 면담 전이나 면담 중에 자료를 건네지 마라

초보자가 자주 하는 실수다. 면담 중에 정치인과 보좌관은 우리가 하는 말에 주의를 기울이려고 한다. 어쨌든 우리를 위해 일하는 사람이니까. 우리가 이들의 고용주라는 사실을 잊지 않도록 하자! 따라서 면담이 끝나기 전에 현황 보고서나 청원서, 기타 자료를 건네면 우리와 대화하는 와중에 건네받은 자료를 읽으려고 할 텐데, 그러면 우리 말에 백 퍼센트 전념할 수가 없게 된다. 서면 자료를 준비했다면 면담이 끝난 후에 주도록 하자. 특히 언제나 가장 효과적인 방법, 우리가 직접 겪은 이야기를 소개하며 감정적 차원에서 소통하려 할 때는 이들의 눈과 귀를 완전히 사로잡아야 한다.

2. 불손하고 불친절하고 예의 없이 굴지 마라(관계를 파탄 내지 마라!)

이 부분은 따로 설명하지 않아도 될 것 같다. 불필요한 적을 만들지 말자.

3. 서로 다른 여러 주제에 대해 이야기하지 마라

한 번의 면담에서 여러 가지 서로 관계도 없는 이슈들을 꺼내면 안 된다. 단 한 가지 주된 요청 건에 한해 집중적으로 대화를 이끌어가도록 하자. 주어진 면담 시간 전체를 오롯이 활용해야 어느 하나의 이슈에 대한 자신의 의견을 충분히 펼칠 수 있을 것이다. 게다가 여러 이슈를 들먹이면 대화의 초점이 흐려질 수밖에 없어 우리 주장의 설득력은 약화되고, 우리와 면담을 한 의원에게도 그다지 인상에 남는 이슈가 없을 것이다.

4. 옆길로 새거나 산만해지지 마라

나이가 어릴수록 더욱 명심해야 하는 내용이다. 정치인은 우리를 친절하게 응대할 생각으로 주어진 이슈와 전혀 관련 없는 우리의 학교생활이나 다른 것들에 관해 물어보기도 한다. 내가 만난 정치인 중에는 그렇게 거만할 수가 없는 말투로 일부러 내 생활과 학교에 대해 캐물으며 우리에게 주어진 얼마 안 되는 시간을 전부 때워버리려 한 사람도 있었다. 내가 준비해간 주장을 펼치지 못하도록 계속해서 주의를 흐트러뜨리는 것이었다. 대체로는 악의를 가지고 이러는 것은 아니다. 청소년이 자기 사무실에 찾아온 것이 정말로 반가워서 잡담을 나누고 싶어 하는 사람도 있기 때문이다. 잠시 담소를 나누는 것은 언제든 좋은 일이고, 친절한 태도로 좋은 관계를 맺도록 해야 한다. 그러나 시간이 한정돼 있고 우리는 이유가 있어서 그 자리에 갔다는 사실을 잊어서는 안 된다. 정치인이 어떤 식으로 빠져나가려 하든 우리는 항상 면담의 원래 목표를 잊지 말고 무슨 일이 있어도 그 목표를 중심으로 대화의 흐름을 이어나가야 하겠다.

5. 면담을 영상으로 촬영하지 마라

선출직 공직자는 촬영에 응해야 하는 경우가 많은데, 누구나 그렇듯 이들도 자신을 찍는다고 하면 카메라를 의식하며 행동할 수밖에 없다. 우리의 목표는 그들과 인간 대 인간의 진솔한 대화를 나누는 것임에도 카메라를 들이댄다면, 개인적 접촉의 기회를 놓치고 자리를 거북하게 만들 수 있다. 정치인들은 자신이 촬영되고 있으면 진정으로 마음을 열고 대하기가 어려워질 테고,

여태까지 공개한 적 없는 내용이 공식화되는 것을 바라지 않으므로 그러한 부분도 전혀 이야기해주지 않을 것이다. 촬영을 한다는 것은 인터넷상에 오르거나 언론에 유출될 수도 있다는 뜻인데, 정치인은 그런 것을 바라지 않는다. 우리의 목표는 관계를 맺고 설득하는 것이다. 면담을 영상으로 촬영한다면 그 부분에서 신뢰를 쌓기가 어려워질 수밖에 없다.

무슨 일이 있어도 계속해 나아가도록 하자. 로비 활동의 핵심은 압력을 가하고 압력을 지속시키는 것이다. 낙담하지 말자. 한 번의 만남으로 모든 것을 바꿀 수는 없다. 그렇지만 모든 일은 쌓이게 마련이다. 내가 어떤 의원과 중요한 대화를 나누기 직전에 마침 그 의원은 다른 사람으로부터 같은 주제에 관한 이야기를 들은 참이었고, 그래서 그 주제가 그 의원의 뇌리에 깊숙이 각인될지도 모른다. 우리의 이야기, 우리의 대화, 우리의 구상과 계획이, 저울을 한쪽으로 기울게 하고 변화를 불러오는 마지막 추가 될 수도 있는 것이다. 계속해서 압력을 가하고, 그것을 지속하고, 그래서 정치인이 여러분과 여러분의 힘을 절대 등한시하지 못하게 하라!

하디야 압잘Hadiya Afzal, 19세, 여성 She/Her

청소년 시민 참여 활동가, 시카고 듀페이지 카운티 위원회 출마

제이미 어떻게 열일곱 살에 공직에 출마할 생각을 하셨나요?

하디야 이슬람교도 미국인으로서 저에게 도널드 트럼프 대통령의 당선은 정말 충격적인 사건이었어요. 몇 달 동안 침울하게 지내다가 여성 행진에 참여해야겠다는 생각이 들어서 워싱턴 D.C.로 갔어요. 거기서 에너지가 들끓는 시위 현장을 보니까 '그래, 세상이 끝난 건 아니었구나. 투쟁심이 여전히 살아 있구나' 싶었어요.

그러다 카운티 위원회 회의에 참석하기 시작했는데, 위원회의 대표성이 너무 떨어진다는 걸 발견한 거예요. 저희 지역이 이민자가 점점 더 늘어나고 있는 데다 히스패닉 인구가 정말 많은데 이 그룹을 대표하는 위원이 없더라고요. 또 청소년을 대변해줄 수 있는 젊은 위원도 없고요.

카운티 정부에서 하는 일 중 가장 큰 일은 아무래도 예산과 관련된 거겠죠. 결국 예산안은 도덕성을 반영하는 문서일 수밖

에 없어요. 위원회와 그 지역이 어디에 우선순위를 두고 있는지가 나타나니까요. 위원회에 젊은 사람도 없고, 이민자도 없고, 유색 인종도 없고, 여성도 네 명밖에 없으면 예산안이 어떤 모습이겠어요?

마침 저희 지역구에서 위원 출마자를 찾고 있었고, 저는 소수 공동체가 대표되고 있지 않은 상황을 바꾸고 싶었어요.

제이미 십 대로서 공직에 출마하고 선거 유세를 한다는 건 어떤 경험이었나요?

하디야 일단 자신의 진상을 속속들이 알게 돼요. 어떤 이슈에 관심 있고 동기는 뭔지, 정책에 대해서는 어떻게 생각하고, 누구랑 얘길 나누고 싶어 하는지.

열일곱 살짜리가 집집마다 찾아가서 앳된 얼굴로 자기한테 투표해달라고 말하려면 사실을 말할 수밖에 없죠. 안 그러면 당장 퇴짜 당할 테니까요.

제이미 지방 선출직에 출마하길 바라는 청소년에게 해주고 싶은 조언이 있으신가요?

하디야 지방 정당과 활동가 그룹에 참여하세요. 보통 풀뿌리 그룹과 정당은 단절돼 있는 경우가 많은데, 여러분이 그 사이의 연결 고리가 되면 좋겠어요. 지역 사회의 모든 사람을 위해 봉사하는 자리라는 걸 명심해야 하고요. 그리고 혼자서는 유세하러 다니지 마세요! 개방성, 투명성을 캠페인 팀 내의 원칙으로 삼고 피드백이 잘 이루어지도록 하는 게 중요해요. 팀의 구성원은 서로 다른 사람들의 필요와 경계를 존중해주는 관계여야 하고요. 출마를 하려면 직접 만나거나 전화로 어려운 부탁을 해야하는 일이 많이 생겨요. 자금을 모금해야 선거 유세 활동을 할수 있으니까요. 하지만 내가 쓸 돈을 달라고 부탁하는 게 아니에요. 내 선거 캠프에 믿음을 실어달라고 부탁하는 거예요. 선거 캠프에 기부를 하는 건 투표나 마찬가지예요. 조금 더 빨리하는 것일 뿐이죠.

지방 정부에 출마하는 것이 절대 쉬운 일은 아니에요. 경험이 쌓여도 늘 스트레스가 많고 힘들 수밖에 없는 일이죠. 하지만 언제나 잘 적응할 수 있을 거예요.

그 모든 고된 일을 가치 있게 만들 수 있는 유일한 방법은 자신이 출마한 이유를 잊지 않고 앞으로 나아가는 것뿐이랍니다.

10 뉴스가 마음에 안 들면?
뉴스가 되자!

언론에 대해 알아야 할
모든 것, 그리고
언론의 힘을 활용하는 방법

미디어에서 걱정되는 이슈를 목격했을 때, 우리가 행동을 취하면 그 뉴스를 바꿀 수 있다. 그러면 뉴스 내용은 더 이상 '기후 위기 시대가 닥쳤고 끔찍하다'가 아니라 '기후 위기 시대가 닥쳤지만, 청소년이 맞서 싸우고 있다'가 된다.

신문, 잡지, TV나 라디오 프로그램, 블로그, 온라인 영상 등 각종 미디어 매체는 문화적 담론, 우리가 하는 이야기, 우리가 우리를 둘러싼 세상을 인식하는 방식을 형성한다. 그런데 우리가 TV를 켰을 때 주로 보이는 것은 자신이 신경 쓰고 있는 이슈에 관해 자기 관점에서 말하고 있는 정치인, CEO, 정치 분석가와 여러 '전문가'다. 각 나라와 세계 인구에서 청소년이 엄청난 비율을 차지하고 있음에도, 우리에게 중요한 이슈는 청소년 활동가가 우리의 살아 있는 경험을 조명하기 위해 미디어의 힘을 이용하기 시작한 극히 최근이 되기 전까지 주요 뉴스 채널과 신문에서 거의 다뤄지지 않았다.

언론 보도는 활동의 최종 목표가 아니다. 그렇지만 언론을 이용하는 것은 최종 목표를 달성하는 데 도움이 되는 굉장히 강력한 전술이다. 예를 들어 LGBTQ+의 권리와 자유를 위한 활동을 하고 있다고 할 때, 언론에 보도된다고 해서 차별이 종식되지는 않는다. 하지만 언론에 보도되면 LGBTQ+의 권리에 대한 인식이 확산될 것이고, 보도가 적절하게 이루어진다면 사람들의 생각을 바꿀 수 있고, 나아가 문화가 옳은 방향으로 바뀌는 데 도움이 된다.

시위, 캠페인, 행동, 집회, 연설, 그리고 대의와 이상을 언론을 통해 알리면 훨씬 많은 대중에게 우리의 메시지를 전달하고 기하급수적인 영향을 미칠 수 있다. 그렇다면 어떻게 해야 미디어를 이용할 수 있을까? 뉴스팀이 우리 행사에 오게 하는 방법은 뭘까? 우리 활동에 관한 기사가 나오게 하는 방법은 뭘까?

미디어 전략 가이드

1. 알맞은 사람을 찾아라

아무것도 모르는 상태에서 언론 전략을 강구하겠다고 무작정 뛰어들기 전에, 소셜 미디어나 이메일, 지역 공동체를 통해 미디어 홍보 경력이 있는 사람에게 연락해보자. 언론 대응 방법을 잘 알고 우리 편에서 조언을 해주며 우리가 초보적인 실수를 저지르지 않고, 기자들과 장기적인 관계를 형성할 수 있도록 도와줄 성인 멘토가 적어도 한 사람 있는 것이 좋다.

솔직히 말해 우리의 활동을 언론에 노출하는 데 가장 필요한 것은 언론과의 관계다. 기자와 견고한 관계를 쌓아두면 우리 행동이나 캠페인을 언론에서 다뤄주기를 바랄 때 큰 도움이 되고, 이러한 인맥을 갖고 있으면서 기꺼이 우리를 위해 활용해줄 멘토가 있으면 언론 홍보가 굉장히 수월해질 수밖에 없다.

그렇다면 어떻게 해야 미디어 부문 멘토를 찾을 수 있을까? 여러 단체에 이메일을 보내고 전화를 해보거나 소셜 미디어에 게시물을 올리는 방법이 있는데, 다음처럼 의사를 전하면 된다-

'안녕하세요. 저는 ○○활동을 조직하고 있는 청소년 활동가입니다. 관련 경험을 바탕으로 저희의 언론 홍보 및 대응 업무를 도와주실 분을 찾고 있습니다. 관심 있으신 분은 DM을 보내주시면 감사하겠습니다'.

○ 나는 어떻게 했냐면　2018 청소년 기후 행진을 앞두고 나는 여러 환경 콘퍼런스와 풀뿌리 조직가 훈련 과정에 참여했고, 그곳에서 우리 팀이 미디어 전략에 관해 아무것도 모르는 고등학생들로만 이루어져 있고 도움이 필요하다는 사실을 알렸다. 그중 한 콘퍼런스에서 몇몇 사람들이 자신은 미디어 전문가가 아니지만 아는 사람을 소개해줄 수 있을 것 같다고 했다. 그랬는데 정말 어느 날, 전화 연락이 왔다. 그렇게 해서 나는 기후 문제를 미디어로 알리는 데 중점을 두고 활동하는 클라이밋 넥서스라는 조직의 시라바 제인과 만나게 됐다. 우리는 시라바 덕분에 2018 기후 행사를 훌륭한 언론 전략과 함께 치를 수 있었다. 시라바는 기꺼이 우리

팀에 참여해 우리 활동이 언론을 통해 홍보될 수 있도록 시간과 에너지를 쏟아주었다.

명심해야 할 점은 우리에게 필요한 사람은 단순히 홍보 담당자가 아니라, 우리 활동을 최우선순위로 생각해주는 홍보 멘토라는 사실이다. 홍보 담당자란 인물이나 이슈를 미디어에 최대한 많이 노출시키기 위해 일하는 사람이다. 홍보 멘토는 우리 활동이 훌륭한 까닭을 납득시키고 우리 이름을 널리 알리기 위해 애쓰는 사람이다. 만약 내가 자만하게 굴며 언론 노출만 신경 썼다면 시라바가 주의를 줬을 것이다. 시라바는 제로 아워가 언론에 등장하도록 힘쓰는 한편 우리가 중심을 잡고 겸손한 입장을 견지할 수 있도록 도와주고 굳이 언론이 필요하지 않을 때가 언제인지도 가르쳐주었다. 우리의 목표 분야에 우선순위를 두고 경력이 있으면서, 언론 홍보 직무를 자신의 주된 전력으로 삼고 있는 사람이 있으면 안성맞춤이다.

2. 언론사 목록을 만들고 계속해서 업데이트하라

기자 및 언론 관계자의 이름, 이메일 주소, 전화번호, 소속 매체 목록을 스프레드시트 문서로 만들고 실시간 업데이트를 잊지 말자. 그렇게 하면 언론사에 이메일을 보낼 때 주소를 일일이 찾을 필요 없이 복사를 해서 붙여넣기만 하면 된다. 새로운 관계가 생길 때마다 이름과 연락처를 스프레드시트에 추가하자.

시간이 흐름에 따라 목록을 확장하고 더욱 많은 언론인과 접촉을 시도하는 것이 중요하다.

이제 이런 궁금증이 들 것이다 – '기자들 이메일 주소를 어떻게 입수하라는 거지?'. 신문사 웹사이트에 들어가면 연락처 페이지를 찾을 수 있을 텐데, 대개 여기에 분야별 담당 기자 이메일 주소가 나와 있다. 이런 식으로 인터넷 서핑을 통해 이메일 주소를 찾아 스프레드시트에 붙여넣자. 파트너 조직에 언론사 이메일 주소나 연락처를 알려줄 수 있는지 문의해보는 방법도 있다. 하지만 많은 조직이 대체로 언론 목록을 공유하는 데 방어적이기 때문에(당연한 일이다), 연락처를 알려달라고 하기보다 대신 보도 자료를 발송해달라고 요청하는 것도 한 방법이다.

3. 보도 자료를 써라

드디어 기자들에게 보낼 자료를 만들 시간이다! 기자를 대상으로 보내는 자료는 크게 취재 안내 자료press advisory와 보도 자료press release, 이렇게 두 가지다. 취재 안내 자료는 행사일 일주일 전이나 며칠 전에 보내는 것으로, 어떤 행사가 있을 예정인지와 사전 정보를 전하는 것이 주 목적이다 – '언론 매체들에게, 이런 일이 곧 있을 예정입니다'.

보도 자료는 다르다. 보도 자료는 '언론 매체들에게, 이런 일이 있었습니다. 또는 지금 일어나고 있습니다'라고 말하는 것이다. 따라서 행사 당일에 배포하는 것이 보통이며, 다음 날 배포하기도 한다.

자신이 조직하고 있는 일의 규모를 고려해야 한다. 큰 행사라면 취재 안내 자료와 보도 자료 모두 발송하는 것이 맞다. 2018 여름 행사 동안 제로 아워가 언론 매체를 통해 보도될 수 있도록 큰 역할을 해준 취재 안내 자료와 보도 자료를 있는 그대로 예로 실었으니 살펴보도록 하자.

취재 안내 자료

언론 배포일: 2018년 7월 10일
언론 홍보 담당자 이름/담당자 이메일 주소

폭염, 산불, 폭우가 전 세계를 뒤흔듦에 따라
7월 21일로 예정된 청소년 기후 행진에 탄력이 붙고 있습니다.

미국과 유럽, 아프리카 25개 도시에서 동시다발적 개최 예정.

취재 등록 가능.

제로 아워는 이달 말 워싱턴 D.C.에서 청소년과 유소년들이 기후 위기로 인해 위험에 처해 있다는 사실을 환기하고 즉각적이며 상식적인 기후 변화 법안 마련을 촉구하기 위하여, 전 세계 청소년과 함께 일련의 기후 동원 행사를 열려고 합니다.

다양한 배경을 가진 십 대가 창립 및 주도하고 있는 제로 아워는 7월 19

일부터 3일간 '로비 데이, 아트 페스티벌, 청소년 기후 행진'을 진행합니다. 마이애미, 뉴욕, 로스앤젤레스, 런던, 상파울루, 뉘른베르크, 케냐 등 미국 및 세계 여러 곳에서 동시다발적 행진이 계획돼 있으며, 참가 도시는 더 늘어날 전망입니다.

청소년 멤버의 방송 프로그램 출연과 전화 연결, 서면 인터뷰가 가능합니다. 자세한 사항은 다음 연락처로 문의 바랍니다. (담당자 ○○○, *****@*****.***)

7월 21일 청소년 기후 행진

청소년이 안전하고 살기 좋은 미래를 누릴 자신의 권리를 옹호하기 위해 내셔널 몰에서 행진을 할 계획이다. 한마음 한뜻으로 모여 기후 위기의 최전선에 있는 청소년의 이야기와 목소리를 드러낼 것이라고 한다.

장소	워싱턴 D.C. 콘스티튜션 거리 NE 120번지
시간	오전 10:30
연설자	• 워싱턴 지역 원주민 청소년과 부족 연합 드럼 연주팀(오프닝 노래/토착민 저항 투쟁에 관한 연설) • 워싱턴 지역 10세 흑인 활동가(물 접근권 부족 경험에 관한 연설) • 18세 제로 아워 멤버(기후 변화로 가족이 겪는 생계 위기에 관한 연설) • 18세 원주민 힙합 아티스트/기후 활동가(고향 콜로라도주에서 벌어지고 있는 프래킹fracking*에 관한 연설/노래 2곡)

---

* 수압으로 지반을 파쇄해 천연가스를 추출하는 공법으로, 심각한 수질 및 토양 오염을 유발한다.

	• #NODAPL 활동 창시자를 비롯한 스탠딩 락의 청소년(최전선 항쟁 경험에 관한 연설/음악 공연/구호 유도)
	• 그래미상 후보에 오른 바 있는 배우 겸 가수이자 브로드웨이 스타(노래)
	• 16세 제로 아워 설립자(제로 아워 활동에 관한 연설/허리케인 마리아로 인한 사망자를 애도하기 위한 다이인die-in* 시위 유도)
취재 등록	온라인 지원 양식을 제공할 경우, 링크 삽입

미국 전역의 고등학생들이 설립하고 이끌어가고 있는 제로 아워가 유색 인종 청소년 주축의 최대 규모 기후 동원 행사를 워싱턴 D.C.에서 개최한다.

이번 행진은 350.org, 시에라 클럽Sierra Club, 원주민 환경 네트워크Indigenous Environmental Network, 시민 기후 로비단Citizens Climate Lobby, NRDC(비영리 국제 환경보호 시민단체) 등 40개 이상의 전국적 조직 및 풀뿌리 조직들로부터 지원과 지지를 받고 있다. 지난달 앨 고어, 첼시 핸들러, 레오나르도 디카프리오, 마이클 만, 쉐일린 우들리를 비롯해 여러 기후 활동가, 과학자, 유명 인사들이 이번 행진의 홍보에 참여했다.

---

* 바닥에 죽은 듯이 드러누워 항의의 뜻을 표현하는 퍼포먼스.

보도 자료

배포일: 2018년 7월 21일
담당: 제이미 마골린(*****@*****.***)
　　　시라바 제인(*****@*****.***)
　　　전화번호

"우리가 기다려온 건 바로 우리들": 긴급 기후 행동을 촉구하는 Z세대의 행진

워싱턴 D.C. 비롯 전 세계 25개 도시에서 동시다발적 행진 펼쳐져

7월 21일 토요일, 청소년과 유소년들이 기후 위기로 인해 위험에 처해 있다는 사실을 환기하고 즉각적인 기후 행동을 촉구하기 위해 전 세계 청소년이 거리로 나섰다.

워싱턴 D.C.와 뉴욕, 로스앤젤레스, 시애틀을 비롯해 영국 런던, 케냐 부테레 등 세계 곳곳 25개 도시에서 행진과 행동의 날 행사가 펼쳐졌다. 청소년이 조직한 풀뿌리 활동이었음에도 수천 명이 참가한 것으로 집계됐다.

워싱턴 D.C.에서 열린 행사에서는 제로 아워 조직가, 스탠딩 락 청소년, 워싱턴 지역 원주민 청소년이 만나 탄소 오염으로 인해 Z세대가 겪는 경험을 공유했다. 거센 폭우에도 불구하고 나코Nahko, 시우테즈칼 마르티네즈Xiuhtezcatl Martinez 등은 사회 정의와 청소년의 저항, 시위의 힘에 대해 노래했고, 그곳에 모인 모든 청소년은 환호했다. 공연이 끝나자 청소년들은 기후 변화 문제에 대한 인식 제고를 요구하며 내셔널 몰에서 링컨

공원까지 행진을 벌였다.

16세의 제로 아워 설립자 제이미 마골린은 말한다 – "우리를 구할 사람은 바로 우리 자신입니다. 우리의 정치 지도자들은 청소년의 미래를 생각하지 않습니다. 그들은 화석 연료 기업의 환경 오염 행태를 묵인하거나 동조하고 별다른 조치를 취하지 않고 있습니다. 지난해의 허리케인에 이어 이번 여름 폭염과 산불 등 극단적 기상 현상을 겪으며 우리는 이미 기후 변화의 영향을 체감하고 있습니다. 지구 온난화가 계속될수록 이상 기후 현상은 심각해질 것입니다. 지금은 우리 모두 행동에 나서야 할 때입니다".

행진은 워싱턴 D.C.에서 3일간 이어진 기후 동원 행사의 대미를 장식했다. 7월 19일, 제로 아워 활동가와 자원 봉사자들은 로비 데이 프로그램을 통해 태미 더크워스, 버니 샌더스, 제프 머클리, 코테즈 매스토 상원 의원을 포함해 50인가량의 상원 의원 및 의회 보좌관들과 만남을 가지고 공정성, 인종 정의, 경제 정의를 포함한 기후 정의의 필요성을 명기한 제로 아워의 강령에 대해 알리는 한편, 의원들에게 화석 연료 기부금을 거부할 것을 촉구했다. 20일에는 다양한 아티스트와 공연 예술인들이 참가한 예술 축제가 이어져 이번 행사에 문화적 다양성을 더하고 워싱턴 D.C. 지역에 기후 행동에 대한 인식을 확산시키는 데 기여했다.

청소년이 이끄는 환경, 기후 정의 단체 제로 아워는 청소년의 다양한 목소리를 환경과 기후 정의 담론 중심으로 내세운다.

지난달, 돈 치들, 앨 고어, 첼시 핸들러, 레오나르도 디카프리오, 마이클 만, 쉐일린 우들리 등 기후 활동가들과 과학자 및 유명인사들의 이번 행진에 대한 공개 지지 선언이 잇따랐다. 이번 행진은 또한 350.org, 어스

가디언스Earth Guardians, 힙합 코커스Hip Hop Caucus, 시에라 클럽, 원주민 환경 네트워크, 시민 기후 로비단, NRDC 등 40개 이상의 전국적 조직 및 풀뿌리 조직들로부터 지원과 지지를 받았다.

4. 적절한 타이밍에 전략적으로 배포하라

내가 보낸 보도 자료를 기자들이 새 메일 알림을 통해 확인하기를 바란다면 토요일 한밤중에 이메일을 보내는 것은 좋은 방법이 아니다. 기사가 송출되기를 원한다면 보도 자료는 평일 정상 근무 시간 중 가능한 때에 배포하도록 하자.

동시에 여러 명에게 취재 안내 자료나 보도 자료를 보낼 때는 반드시 받는 사람들의 주소를 참조cc가 아니라 숨은 참조bcc로 넣어야 한다. 그래야 기자가 해당 자료를 받은 수백 명의 다른 기자 이메일 주소를 보지 못한다. 물론 어떤 메일이 자신에게만 온 것이 아니라는 사실은 기자들 누구나 보면 알지만, 실제로 수백 명의 다른 기자 이름을 눈으로 보면 심리적으로 그 자료를 기사로 다루고 싶지 않아질 수밖에 없다. 그러니 단체 메일을 보낼 때는 꼭 숨은 참조로 보내자!

5. 특정 기자들에게 개별적으로 이메일 또는 전화를 돌려라

기자와 개인적으로 이야기를 나눠본 결과, 그들은 '휴, 보도 자료 진짜 싫어! 그냥 내 이름이 다른 이름과 같은 목록에 있었던 것뿐이잖아. 솔직히 나한테 보냈다는 느낌이 안 들지'라는 데 전반적으로 일치된 의견을 갖고 있었다. 그렇다고 보도 자료를 보내지 말자는 뜻은 아니다. 뭔가를 대대적으로 홍보하고 싶다면 단순히 이메일 주소 목록을 복사해 대량 메일을 보내는 것만으로는 부족하다는 말이다. 따로따로 쓴 이메일을 보내거나 전화를 걸 기자 목록을 추려서, 이들에게 개별적으로 연락을 취해야 한다. 일반적인 보도 자료보다 한 사람만을 위해 세심하게 작성한 이메일을 보냈을 때 기자가 답변을 줄 가능성이 높다. 다시 한 번 말하지만, 보도 자료를 배포하지 말라는 것이 아니다. 두 가지 다 하라는 뜻이다.

6. 기삿거리인지 아닌지 판별하고 그에 따라 알맞게 홍보하라

언론은 대규모 시위나 직접 행동, 요란하고 눈에 띄는 활동을 다른 행사보다 '보도 가치'가 높다고 평가한다. 기자가 관심을 보이지 않을 것 같은 활동이라면 홍보하는 데 지나치게 시간을 낭비하지 않도록 하자. 그렇다고 해서 여러분의 행동이 덜 중요하다는 의미는 아니다. 그저 행동의 목표가 다른 것일 뿐이다. 그렇지만 저명한 정치인, 공인, 유명인이 관련돼 있거나 규모가 크고 화려하며 새롭고 혁명적인 행사가 포함돼 있다면, 취재 안내 자료나 보도 자료만 발송하지 말고 개별적인 접촉을 통해 기자에게 그 사실을 알리는 편이 좋다.

°부정적이고 부정확한 기사에 대처하는 법

때로는 언론 매체가 우리 이야기를 보도한 형태가 적절하지 않을 수 있다. 실수란 생기게 마련이다. 기자도 사람이고, 사람은 누구나 잘못을 한다. 그럴 때는 이렇게 대처하면 된다.

1. 부정적인 기사는 무시하되 지나칠 경우, 대응에 나선다

언론이 부정적인 기사를 냈을 때 현명한 대처 방법은, 무시하고 지나가기를 기다리는 것이다. 행동주의 세계에서 활동하는 청소년으로서 여러분은 엉터리라거나 어른의 꼭두각시라거나 어떤 커다란 음모의 일부라는 등의 비난에 휩싸일 수 있다. 언론의 부정적 보도는, 사람들이 겁내기 시작할 만큼 자신이 큰 영향을 일으키고 있다는 칭찬으로 여겨라. 부정적 기사에 섣불리 대응하거나 더 많은 사람이 보도록 만들면 부정적 메시지를 증폭시킬 뿐이다. 그러나 만약 위험하고 거짓된 루머가 대중에 확산되기 시작한다면, 그 내용이 사실이 아님을 밝히는 성명서를 정제된 표현으로 신중하게 작성해서 자신의 소셜 미디어 채널에 올리는 것이 좋다. 그런 다음 다시 자신의 인생에 집중하도록 하자.

2. 부정확한 사실이 보도된 경우, 반드시 연락한다

자신의 행동주의를 다뤘거나 자신이 인터뷰에 응한 것을 실은 신문이 중요한 사실을 틀리게 보도한 것을 발견할 경우, 주저하지 말고 연락해 사실 확인을 하도록 하자. 기자 대부분은 즉각 정정 보도를 해준다.

3. 스스로 매체를 창조하라

소셜 미디어, 블로그, 유튜브와 기타 여러 플랫폼을 활용해 자신의 이야기를 정확하게 전달할 수 있는 자신만의 담론 공간을 구축하자. 영상을 찍어서 자신이 이용하고 있는 모든 소셜 미디어 채널과 플랫폼에 올리자. 자신의 행동주의와 활동 콘텐츠를 소셜 미디어에 꾸준히 업로드하면 언론 매체들이 이를 발견하고 기사로 써줄 수도 있다. 여러분이 올린 콘텐츠를 참고해서 쓸 것이므로 잘못된 내용을 게재할 가능성도 적다.

4. 기억하라, 우리는 기자에게 빚진 것이 없다

신뢰하기 어려운 매체가 인터뷰를 요청하며 예의 없고 강압적으로 굴거나 여러분의 이야기를 엉망으로 만들어버릴 것 같은 분위기를 풍기면, 결코 인터뷰에 응할 필요가 없다. 여러분은 그 매체에 아무것도 빚진 것이 없다. 어떤 기회를 정중하게 거절한다고 해서 고마워할 줄 모른다거나 무례한 것이 아니다.

5. 인터뷰할 때 주의할 점

》 간결하게 하라

오늘날 언론은 점점 더 간결하고 인상적인 메시지 중심으로 돌아가고 있기 때문에 사람들의 발언 중 짧고 기억하기 쉬운 부분만이 저녁 뉴스와 신문 헤드라인을 장식한다. 따라서 자신의 메시지를 잘 전달하려면 굵직한 요점을 두 가지나 세 가지 정도로 준비해 거기서 벗어나지 말아야 한다. 장황하게 설명하지 말고 최종 기사에 정말로 실리기를 바라는 내용만 이야기하는 것이 좋으며, 인터뷰 내내 그 요점을 강조해야 한다. 핵심에서 벗어나지 마라. 인터뷰를 앞두고 있다면 미리 연습을 하는 것도 좋은 방법이다. 무엇을 인터뷰의 논지로 삼으려 하나? 반드시 이해시키고 싶은 메시지는 무엇인가? 자신이 하려는 말을 정확하게 전달할 수 있다는 확신이 들 때까지 몇 번 정도 연습을 해보도록 하자.

》기사로 나와도 괜찮을 것 같은 내용만 말하라

언론 매체는 이미 보도된 기사에서 사실의 명백한 오류가 있을 때만 정정 기사를 내보낸다. 내가 인터뷰에서 했던 말을 지금 돌이켜보니 후회한다고 해서 정정해주지 않는다. 기자에게는 우리의 말을 문맥과 상관없이 가지고 와 자신이 쓰고 싶은 기사에 맞춰 써넣을 모든 권리가 있다. 그러니 특별히 친숙하게 느끼고 있는 기자라고 해도 여러분 자신이나 여러분 활동에 대한 솔깃한 가십거리를 털어놓지 않도록 하자. 비공식이라는 단서를 달아서도 말이다. 대개 '비공식'이라는 단서를 달기 때문에 기사에 실리고는 한다. 기억하라, 결국 기자의 일은 우리의 친구가 되고 우리가 하는 위대한 일을 북돋아주는 것이 아니라 재미있는 이야기를 세상에 파는 것이다.

언론인을 상대할 때 자신감 있고 공손하며 느긋한 태도를 견지하기를 바란다. 프로답게 행동하되, 기자가 하자는 대로 전부 다 하지 않아도 괜찮다. 만약 어떤 기자가 부적절한 질문을 하면 대답을 거부해도 된다. 인터뷰를 지나치게 밀어붙이고 화나게 하거나 여러분의 시간을 존중해주지 않는다면 여러분이 인터뷰를 끝내도 된다. 맞다, 프로답게 굴고 함께 일하기 좋은 사람이 되는 것은 중요하다. 하지만 여러분의 시간과 에너지를 이용하려는 미디어로부터 여러분 자신을 지키는 일도 그에 못지않게 중요하다. 자신의 경계를 정하고 절대 기자가 그 선을 넘지 못하도록 하자. 한번은 다큐멘터리 제작자가 내 시간을 몽땅 요구하고 내가 다른 사람들과 교류하고 사적으로 보내는 모든 순간을 찍으려고 하며 나를 끝까지 몰아붙였다. 내가 지치고 기진맥진해 있는데도 그 사람들은 내가 줄 수도 없는 것을 계속해서 요구하고, 요구하고, 또 요구했다. 나는 결국 '아니요, 이제 더는 질문에 대답해드리지 못하겠어요. 필요한 자료는 이미 충분히 얻으신 것 같아요'라고 말하고 더 이상 상대하지 않았다.

또 한번은 한 기자가 전화로 끝없는 질문을 쏟아내며 내 시간과 제로 아워 팀원들의 시간을 몇 주 동안이나 연거푸 잡아먹었다. 기사가 나오기 전날, 그 기자는 우리와 또 통화를 하고 싶어 했다. 이미 참을성 있게 긴 시간과 많은 에너지를 내주었음에도 그쪽에서는 거듭 우리를 진 빠지게 만들었다. 마침내 우리는 '이제 더 드릴 수 있는 말씀이 없는 것 같아요'라고 한 뒤 더는 전화를 받지 않았다. 우리는 경계를 설정하고 우리가 그 언론사에 아무것도 빚진 것이 없다는 사실을 상기했다. 상대방이 필요로 하는 정보를 모두 제공한 것 같다는 생각이 들면, 그게 맞는 것이다. 그렇게 해서 실제로 나온 기사는 우리가 털어놓은 이야기를 거의 담고 있지도 않았다. 그때까지 제로 아워에 관해 나와 있던 다른 기사만 참고해도 충분히 쓸 수 있는 내용뿐이었다.

°언론 매체에 기사가 나지 않는다면…

언론 매체가 여러분의 이야기를 기사로 써주지 않을 수도 있다. 여러분이 주최하는 행사에 나타나지 않거나, 여러분의 목소리, 여러분의 활동을 눈에 띄게 다뤄주지 않을 수 있다. 나도 멋지게 쓴 보도 자료를 기자에게 보냈지만 기사가 한 건도 안 난 경우가 얼마나 많은지 모른다. 어쩌면 여러분이 내놓은 자료가 마침 그때 기자들의 흥미나 뉴스 사이클과 안 맞을 수도 있다. 하지만 괜찮다. 누구에게나 일어나는 일이다. 아주 많이 겪게 될 것이다. 내가 지금까지 한 일의 99.9퍼센트는 언론의 관심을 끌지 못했다. 우리 조직가와 활동가들이 하는 일 대부분이 보이지 않는 곳에서 벌어지는 힘들고 지루한 작업인데, 그래도 괜찮다.

우리 활동이 언론에 보도될 수 있도록 이런저런 전략적 시도를 통해 애써야 하는 것은 맞지만, 활동가로서 자신의 가치는 언론의 조명을 얼마나 크게, 자주 받는가에 달려 있는 것이 아니라는 사실을 반드시 명심해야 한다. 청소년 활동가로 세계적 명성을 얻는 일은, 드물고 일시적이거나 보통 우연히 일어난다. 알맞은 때에 알맞은 장소에서 알맞은 사람을 통해 벌어져 큰 변화를 가져올 행동이나 캠페인, 운동이 무엇일지 예측하는 것은 불가능하다. 때로 세상을 뒤바꾸는 행동이나 캠페인은 미디어에 거의 다뤄지지 않은 채 조용히 일어난다. 혁명적인 풀뿌리 변화가 세상에 알려지지 않은 활동가들 덕분에 세계 곳곳의 지역 공동체에서 벌어지고 있다. 만약 여러분이 드러나지 않는 곳에서 지칠 줄 모르고 일하고 있는, 카메라가 있든 없든 상관없이 필요한 일들을 행하며 공동체를 변화시키고 있는 활동가 중 한 명이라면 감사의 인사를 전하고 싶다. 여러분은 최고의 스타다. 여러분과 여러분의 활동에 관한 기사가 한 건도 나지 않았다 해도 중요하지 않다. 여러분과 같은 활동가가 모든 사회 운동의 근간이며 세상을 움직이고 있는 것이다.

'하지만 먼저 시작한 건 전데 저 사람만 큰 주목을 받고 있는 걸요'라는 생각에 사로잡히는 것은 건강하지 않다. 먼저 시작한 사람은 늘 있기 마련이다. 눈 깜짝할 사이에 유명해지는 사람이 있는가 하면 몇 년간, 혹은 몇십 년간 활동하고도 거의, 또는 아무런 명성을 얻지 못하는 사람도 있다. 그저 우리 일의 본질과 미디어의 생리가 그런 것일 뿐이다. 따라서 자신의 **왜**에 단단히 발을 딛고 있는 것이 더욱더 중요하다. **왜**는 설령 세상의 인정과 언론의 조명을 받지 못한다 하더라도 자신이 계속해서 싸우며 활동을 해나갈 원동력이 되기 때문이다. 언론은 불이 붙고 타오를 수 있도록 불쏘시개를 놓는 사람이 아니라 불을 붙이는 사람을 보도하는 경향이 있다.

요점은 우리 청소년에게는 언론의 보도 내용을 바꾸고, 이를 통해 수백만 명의 마음과 생각을 움직일 수 있는 힘이 있다는 사실이다. 미디어의 주목을 받으면 하나의 작은 행동이 세계적 활동으로 확산돼 모든 것을 바꿀 수도 있다. 우리 청소년은 정부나 법체계, 금융 부문에서 발언권이 없기 때문에, 언론 매체는 우리의 목표와 이야기를 세상에 전하고 인생을 바꾸게 하는 귀중한 도구다.

언론 활동이 자유로운 나라에 살고 있다면, 그러한 환경을 그냥 넘겨서는 안 된다. 어떠한 사회 운동이 언론을 장악할 수 있다면 그건 정말이지 판도를 바꿀 수 있는 사건이다. '여러분 자신'이 언론에 장악당하지만 않는다면 말이다.

안드레아 알레한드라 곤잘레스 Andrea Alejandra Gonzalez, 18세, 여성 She/Her

젠더 평등, 인종 정의, 탈식민지화, 총기 폭력 방지를 위해 활동하는
유스 오버 건스Youth Over Guns 공동체 조직가

제이미   어떻게 활동가가 되셨나요?

안드레아   제가 다니는 학교에서 강간 문화 철폐를 주제로 제가 낸 작품을 치워버리는 일이 있었어요. '아니라고 하면 아닌 것No means No' 같은 말을 등에 쓰고 누드로 포즈를 취하고 있는 여성들의 사진이었는데, 학교 측에서는 너무 '선정적'이라고 말하는 거예요.

저는 제 작품이 다시 걸릴 수 있도록 온라인 탄원을 진행했어요. 많은 학생이 제 분노에 동참해줘서 여러 뉴스 매체로부터 인터뷰 요청이 들어왔고, 결국 제 작품은 메트로폴리탄 미술관에 전시됐죠.

파크랜드에서 고등학교 총기 난사 사건이 일어난 지 2주 정도 됐을 때, 저희 학교에서도 비슷한 일이 벌어질 뻔했어요. 그때 한 세 시간 정도 학교 전체가 봉쇄됐는데 별다른 도움도, 명확한 설명도 없는 상태로 견뎌야 했어요.

경찰이 학교에 오긴 했지만 다들 엄청나게 큰 총을 들고는 적의로 가득 찬 공격적 모습이었기 때문에 오히려 상황에 도움이 되지도 않았어요.

제이미 행동주의를 추구하는 데 자신이 원주민이고 라틴계이고, 퀴어 여성이라는 사실로부터 어떤 영향을 받고 있나요?

안드레아 원주민이고, 부모님과 선조들의 트라우마를 안고 있다는 게 쉽진 않아요. 활동을 하다보면 제 자신의 트라우마에 대해서 저에게 설명해주려고 하는 다른 활동가분들을 많이 만나죠. 그런데 오히려 그럴 때 트라우마가 자극돼서 곤란하기도 해요.

저는 '퀴어'라는 단어를 꽤 포괄적으로 쓰고 있어요. 저는 유동적인 성별을 지니고 있고, 여성적이라고 할 수 있는 면이 겉으로 드러나는 경우가 많아서 사람들은 보통 저를 이성애자라고 생각하는 것 같아요. 그렇지만 퀴어라는 건 제 정체성에서 광장히 큰 부분이고, 제가 활동을 하는 이유예요. 동성애 혐오증으로 인해 피해를 받는 사람이 실제로 정말 많으니까요.

제이미 변화를 만들기 위한 자신만의 특별한 전략이 있다면요?

안드레아 해방이란 뭔가를 위해 죽을 필요가 없는 상태일 거예요. 그리고 해방을 위해서, 저는 혁명이 필요하다고 봐요.

제 목표는 모든 종류의 폭력을 종식시키기 위해 싸우는 거에요. 먹을 음식과 마실 물이 없는 것도 폭력이고, 조직적으로 감옥 같은 체제 속에 가두는 것도 폭력이고요. 저는 제 목표를 위해서 워크숍이나 행사를 통해 사람들을 교육하고, 주변화된 사람들과 대화를 나누고, 공동체가 역량을 갖추는 데 필요한 언어와 어휘를 제공하려고 노력하고 있어요.

제이미 유색 인종 여성 청소년 활동가들에게 조언 한마디 부탁드려요.

안드레아 자신이 겪은 모든 특별한 경험이 지금의 이 순간으로 이어진 것이고, 자신과 똑같이 할 수 있는 사람은 세상에 아무도 없다는 사실을 알았으면 좋겠어요. 저는 사랑과 친절을 통해서 제 길을 헤쳐오고 있는 것 같아요. 우리는 우리 선조들의 원대한 꿈이에요. 우리가 이 세상에 존재하는 데는 이유가 있어요.

제이미 오늘날의 청소년 행동주의 문화에 미디어가 어떤 영향을 주고 있는가에 관해 의견이 있다면 말씀해주세요.

안드레아 청소년 행동주의의 거대한 물결이 가시적으로 펼쳐지고 있다는 건 정말 굉장한 일이에요. 하지만 최근에는 행동주의를 대학 추천서에 써넣을 이력 정도로 생각해서인지 필요한 걸 얻고 나면 바로 공동체를 떠나는 친구들을 많이 봐서, 그런 점이 안타까워요.

11 소문을 내라 °

소셜 미디어,
거대한 변화를
만들어내는 무기

올바로 이용하기만 하면 소셜 미디어는 거대한 변화를 불러올 수 있는 엄청난 무기가 된다. 소셜 미디어를 이용해 우리는 새로운 활동을 시작하거나, 비슷한 뜻을 지닌 전 세계 활동가들을 만나고, 손쉽게 조직화를 이루기도 한다. 하지만 소셜 미디어를 잘못 이용하면 우리는 자신이 행동주의 활동을 하는 진정한 이유를 잊고 '클릭티비스트click-tivist*'로 전락할 수도 있다. 공동체에 실질적인 변화의 바람을 불어넣기보다, 영향력을 획득하거나 즉각적인 만족을 얻는 데 목매고, #청소년활동가#Activist라는 겉모습을 전시하는 데만 심취하게 되는 것이다.

소셜 미디어가 없었다면 내가 국제 청소년 기후 정의 행동, 제로 아워를 시작하는 일은 불가능했을 것이다. 제로 아워는 인스타그램 게시물 하나에서 시작됐다. 나디아 나자르는 내가 《틴

*클릭티비스트 ----------------------
click과 activist의 합성어로, 어떤 대의에 대한 지지 활동이 적은 노력만 수반되는 온라인 청원 서명이나 소셜 미디어 캠페인 참여에 그치며 실제 행동에는 나서지 않는 사람을 다소 부정적으로 이르는 용어.

잉크》에 쓴 기후 변화에 관한 칼럼을 읽었다고 한다. 그리고 얼마 지나지 않아 그 인스타그램 게시물을 봤고, 내가 하려는 활동을 함께 현실로 만들고 싶다며 메시지를 보내왔다. 우리는 서로 미국 정반대편에 살고 있는데도 말이다!

그 후로 더 많은 사람으로부터 연락이 왔다. 사는 곳은 모두 미국 여기저기 제각각이었다. 나는 내가 팔로우하는 기후 정의 활동가들에게 청소년 기후 행진에 관한 메시지를 보내기 시작했다. 그러자 우리는 점차 하나의 팀으로 모습을 갖추었다. 우리는 시애틀, 스탠딩 락 보호 구역, 볼티모어, 노스캐롤라이나, 애틀랜타, 로스앤젤레스 등 미국 전역의 다양한 청소년들이었다.

2017년에는 청소년 기후 행동이 세상의 큰 흐름이 아니었다. #미래를위한금요일#FridaysForFuture 기후 결석 시위가 있기 전이었고, 멸종 저항이 설립되기 전이었으며, 그린 뉴딜이 대중의 지지를 얻기 전이었다. 기후 정의 활동을 하는 청소년이 많지 않은 때였다. 그래서 우리는 2018년 7월 청소년 기후 행진을 개최하기 위한 발판을 마련하는 데 1년을 몽땅 쏟아부어야 했다. 기후 위기에 대한 인식을 구축하고 재고하는 활동도 끊임없이 하며, 소셜 미디어로 다른 단체들과 관계를 맺고, 온라인상에서 우리와 기후 행진을 알리는 데 힘썼다. 트위터와 인스타그램을 통해 인플루언서, 사회 정의 활동가들과 연락을 취하고 청소년 기후 행진을 위한 페이스북 이벤트를 사방팔방으로 공유했다.

소셜 미디어 덕분에 우리는 서로 연결되고 제로 아워를 설립했으며, 성장할 수 있었다. 우리는 소셜 미디어를 통해 청소년 기후 행진을 널리 알렸고 우리 행진을 보도해줄 언론 매체와도 만났다. 전 세계 조직가들을 알게 되고 그들이 각자 자신의 공동체에서 자매 행진을 조직했다. 소셜 미디어가 있었기 때문에 청소년 기후 행진과 관련된 사진과 영상이 전 세계로 퍼졌고, 이를 본 유명 정치인, 연예인, 조직가, 인플루언서들이 우리 활동에 대한 지지를 공개적으로 선언하자 더 많은 사람들의 참여로 이어졌다. 세계 곳곳에 살고 있는 수천 명의 청소년들이 우리 행진에서 영감을 받아 기후 행동에 나섰다. 지금도 소셜 미디어를 통해 전 세계 기후 정의 활동가들과 연락을 이어가며 기후 행동 행사를 확산시키고 기후 정의를 알리는 데 힘쓰고 있다.

짚고 넘어갈 점은 소셜 미디어는 팀 전체가 많은 노력을 기울여 실행하는 복잡한 활동 구축 전략 중 일부일 뿐이라는 사실이다. 제로 아워도 전적으로 소셜 미디어에만 의존하지 않는다. 대부분의 일은 전화 통화, 전화 회의, 이메일 교환, 공동체 교육 행사, 대중 연설, 대표자 회의, 로비 데이, 동원 행사 등을 통해 진행된다. 우리는 실제로 공동체를 조직화하고 있고, 소셜 미디어는 우리 활동을 구축하고 성장시키며 세계 여러 나라의 사람들과 소통하기 위해 활용하는 전술 중 하나라고 할 수 있다.

소셜 미디어는 올바로 이용하기만 하면 우리의 인생을 바꾸고 세상도 바꿀 수 있는 도구다. 여러분도 소셜 미디어 계정을 통해 변화를 만들 준비가 됐을 거라고 믿는다. 시작하기 전에 알아야 할 것들은 뭘까?

1. 핵심 메시지와 전달 사항을 결정한다

알리고 싶은 내용이 뭔가? 여러분이 이번에 개최하는 행사인가? 새롭게 설립한 단체인가? 막 시작한 캠페인인가? 이 중 무엇이든 간에 이름은 짧으면서 귀에 쏙 들어오도록 짓고, 사람들에게 납득시키고 싶은 핵심 메시지도 짜야 한다. 이름과 핵심 메시지는 트위터나 페이스북, 인스타그램 포스트에 적합하게 만드는 것이 좋다. 자신이 무엇을 조직하고 있는지, 그것이 왜 중요한지, 그리고 그에 관해 사람들이 알아야 할 주요 사항이 뭔지를 전달하는 게 우리가 하고 싶은 것이다. 예를 들면 다음과 같다.

이름: 청소년 기후 행진

핵심 메시지

- 우리는 기후 변화에 맞서 행동하는 청소년 단체 제로 아워다.
- 우리 청소년들은 환경 오염을 방관하고 우리의 삶을 위협하는 지도자들의 행태를 더 이상 참을 수 없다. 따라서 살기 좋은 미래를 요구하며 행진을 하려고 한다.
- 21세기 말까지 대기 중 이산화탄소 농도를 백만분의 350 수준으로 낮춰야 우리의 문명이 지속될 수 있다.

전달 사항

- 기후 정의를 위한 자매 행진이 세계 곳곳에서 준비되고 있으며, 함께하고 싶은 청소년 누구나 참여할 수 있다.
- thisiszerohour.org를 방문하면 행진 날짜와 시간, 참가 방법을 알 수 있다.

2. 태그와 해시태그를 정한다

소식을 널리 퍼뜨리려면 태그(관련된 모든 정보가 모여 있는 실제 계정)와 해시태그[*]가 필수다. 사람들이 여러분의 활동에 대해 찾아낼 수 있도록 통일된 메시지, 키워드, 문구를 제공해야 한다. 특히 해시태그가 중요하다. 짧고 외우기 쉽고 독특하며, 캠페인의 특성을 잘 드러내는 주요 해시태그를 두세 개 정도 정하자.

예컨대, 여성 청소년의 역량 강화를 추구하는 캠페인을 시작하면서 #소녀의힘#GirlPower이라는 해시태그를 선택한다면? 그렇게 좋은 생각이라고는 할 수 없다. 너무 광범위하게 쓰이고 있는 해시태그라, 달더라도 자신의 프로젝트를 소셜 미디어의 망망대해에서 찾게 하는 데 도움이 안 된다. 하나밖에 없는 독창적인 해시태그를 생각해보도록 하자. 사람들이 수백 개의 비슷한 다른 캠페인 속에서 헤매지 않고 듣자마자 바로 어떤 캠페인인지

---

[*] 소셜 미디어 게시물들을 하나의 캠페인으로 결속시켜줄 짧고 기억에 남는 단어나 어구.

알 수 있는 것으로 말이다. 예로 든 여성 청소년 역량 강화 캠페인이라면 #GenZGirlGang 같은 해시태그가 어떨까 한다(실제로 있는 프로젝트로, 참고해보기를 바란다).

태그: @THISISZEROHOUR

해시태그: #ThisIsZeroHour,
#YouthClimateMarch, #ClimateJusticeNow

3. 이미지와 그래픽 디자인을 개발해 시각적으로 일관된 브랜드화 전략으로 접근한다

전달하려는 메시지와 잘 어울리는 이미지를 개발해야 한다. 사람들이 보고 여러분이 벌이는 행동이나 캠페인을 떠올릴 수 있는 색상, 폰트, 디자인 등을 전체적으로 갖추도록 하자. 모든 활동에 적용되는 것은 아니지만 대체로 필요하다고 할 수 있다. 그래픽 디자인 경력을 갖춘 사람을 찾아 일관된 브랜드를 구축하자. 일관된 이미지가 있어야 여러분이 전개하는 활동을 사람들이 알아볼 수 있다. 자신이 좋아하는 기업을 한번 떠올려보자. 그 기업의 점포들이나 광고가 서로 다른 로고와 폰트, 색상을 사용해서 전부 다른 브랜드화를 하고 있다면, 사람들은 이 점포와 광고들을 그 기업과 연관돼 있다고 인식하기가 어렵고 헷갈린다고 느낄 것이다. 우리의 행동주의 활동에서도 마찬가지다!

4. 새로운 포스트를 주기적으로 꾸준히 올려야 한다(그렇다고 스팸성 콘텐츠를 반복적으로 올리면 안 된다!)

계정이 인기를 얻으려면 꾸준히 새로운 포스트를 업데이트해야 한다. 고작 한두 개 올려두고 소문이 나기를 바랄 수는 없다. 계획에 따라 지속적으로 콘텐츠를 올려 하나의 내러티브를 구축하는 것이 좋은 소셜 미디어 전략이라고 할 수 있다. 그렇다고 쓸데없는 내용을 쉴새 없이 업데이트하면 오히려 역효과가 나므로, 새로운 단체, 행사, 캠페인을 홍보하고 싶다면 한 주에 적어도 서너 번 새로운 포스트를 작성하는 것을 추천한다. 먼저 소셜 미디어 달력을 만들어 행사나 캠페인의 소셜 미디어 채널 콘텐츠를 어떻게 채워나갈 것인지 계획을 짜도록 하자. 지구의날이나 세계여성의날같이 특별한 날에는 그날을 축하하는 콘텐츠를 올리고, 평일에는 #FunFactFriday나 #TipTuesday, #LivestreamMonday처럼 요일에 따라 다른 캠페인을 홍보하는 방법도 있다. 여러분이 하는 활동과 비슷한 활동을 소셜 미디어를 통해 홍보해본 경험이 있는 사람들과 상의하고 조언을 얻을 수 있다면 좋다. 무엇보다 콘텐츠들의 지속적이고 균형 잡힌 흐름을 유지하는 것이 중요하다.

5. 게시글 속에 요청하는 내용을 담고 호응하기 쉽게 구성한다

캠페인에 관한 포스트에는 행동을 취해달라는 요청의 내용을 포함하는 편이 좋다. '기부해주세요', '참가해주세요', '친구들에게도 알려주세요' 같은 문구를 쓴 다음, 실제로 그렇게 할 수 있도록 링크를 거는 것이다. 해당 포스트를 통해서 바로 호응할 수 있도록, 그리고 누구나 스마트폰으로 손쉽게 마칠 수 있도록 구성해야 한다. 모든 사람이 바쁘게 살고 있기 때문에 우리가 말한 것이 뭔지 찾아내려고 굳이 인터넷을 돌아다니지 않는다. 포스트의 내용에 흥미를 느꼈더라도 말이다. 포스트 내에 링크를 걸거나 해당 웹사이트 주소를 안내해두어야 한다. 우리 목표는 되도록 많은 사람이 우리 메시지를 보도록 하는 것뿐만 아니라 그 사람들이 의미 있는 행동을 취하도록 만드는 것이다.

》문구 예시

- 행진 참가 신청하기 **클릭**(이다음에 링크를 삽입하면 된다)
- 저희의 직접 행동을 응원해주세요! 기부 참여하기 **클릭**
- 함께 행사에 참여하고 싶은 친구에게도 태그해주세요!
- 아래 링크를 **클릭**하면 자원봉사 지원 페이지로 넘어갑니다!

6. 내 프로젝트를 위한 소셜 미디어 툴키트를 만들어 동료, 친구들에게 공유한다

처음 인터넷 공간에 포스트 하나를 올려서 들불 같은 반응이 돌아오는 경우는 굉장히 드물다. 따라서 친구들과 다른 단체의 운동가들, 친분이 있는 인플루언서들을 비롯해 기꺼이 도와줄 모든 사람들에게 공유해 소셜 미디어상의 파급력을 높일 자료를 만들어야 한다. 바로 소셜 미디어 툴키트다. 친구들이 자신의 소셜 미디어 채널을 통해 올려주기를 바라는 포스트들을 뽑아라. 여기에는 태그, 해시태그, 이미지와 사진도 포함돼 있어야 한다. 또 다양한 소셜 미디어 플랫폼에 따라 포스트의 형태와 내용에 변화를 줄 수 있도록 가이드라인을 함께 주는 것이 좋다.

툴키트가 완성되면 내 프로젝트를 소셜 미디어로 알리는 데 협력해줄 모든 친구들에게 이메일로 보낸다. 친구들이 자신의 채널을 통해 지지를 표현해주면 내 프로젝트에 관한 포스트가 다른 이용자의 피드에 더 자주 노출된다. 더 많은 사람이 공통된 메시지를 표출할수록 여러분의 프로젝트가 성장해나갈 가능성도 커진다.

변화를 만드는 도구로 소셜 미디어를 이용할 때 주의해야 할 점

클릭티비스트가 되는 것 행동주의의 범위가 리트윗을 하거나 소셜 미디어 계정에 의견을 올리고, 가끔 행진과 집회에 참가해 팻말을 들고 있는 자신의 사진을 올리는 데 그치는 것을 클릭티비즘clicktivism(클릭click과 행동주의activism를 합친 말)이라고 한다. 사실 클릭티비스트들은 소셜 미디어를 진정한 변화를 만들기 위한 도구로써 활용하고 있는 것이 아니다. 그들에게는 소셜 미디어가 행동주의 활동의 궁극적 목표나 다름없다.

소셜 미디어에는 영향을 일으킬 힘이 있지만 그 힘이 닿는 범위에는 한계가 있다는 사실을 알아야 한다. 어떤 게시글이 인식을 새롭게 하거나 행동에 나서도록 촉구할 수 있는 것은 맞지만, 게시글 자체로 송유관 건설을 중단시키거나 법을 개정하거나 공동체를 도울 수 있는 것은 아니다. 결국, 자신이 돕고 싶은 진짜 사람, 동물, 장소, 공동체와 오프라인에서 어울려 수많은 일을 하지 않는 이상 인터넷 공간에 0과 1로 된 데이터를 올린 것에 불과하다. 단순히 인터넷상에서 나를 팔로우하는 사람들에게 '나는 깨어 있고 이 문제에 관심을 기울이고 있어!'라고 말하는 것으로는 그 문제를 해결하는 데 도움이 된다는 보장이 없다.

소셜 미디어는 현실 세계에서 실제로 진행하고 있는 활동을 증폭시키는 도구로써 이용해야 한다. 당장 지구상에서 모든 소셜 미디어 플랫폼이 사라진다 해도 자신의 행동주의 활동 대부분이 온전해야 한다. 소셜 미디어가 없으면 자신의 행동주의도 끝이라고? 좋은 신호가 아니다. 온라인상에 의견을 올리는 활동이 행동주의의 전부라면 자신이 클릭티비즘의 덫에 빠졌다는 사실을 받아들여야 한다. 그리고 거기서 벗어나 공동체를 조직하는 진정한 활동으로 나아가자!

˚ 단순히 주목을 받기 위해 #활동가#Activist로서 트렌디한 겉모습을 전시하는 데 치중하는 것 소셜 미디어 활동을 하다보면 어떤 척을 하게 되기가 쉽다. 팔로워가 몇 명인지, '좋아요'를 얼마

나 받았고 공유나 리트윗 횟수가 얼마나 되는지 등 숫자에 사로잡히지 않는 마음가짐이 중요하다. 잘못하면 다른 사람들로부터 끊임없이 인정과 숭배를 받는 데 중독돼, 자신의 활동이 변화를 향해 실질적으로 나아가지 못하고 피상적 행동주의로 전락할 수 있기 때문이다. 팻말을 들고 있는 자신의 인스타그램용 사진을 찍기 위해 시위에 나간 적이 있나? 자신이 참여하는 현장의 진행 상황이 어떻게 되고 어떤 효과를 거두고 있는지보다 소셜 미디어에 멋진 사진들을 전시할 수 있도록 제대로 된 사진을 건지는 데 더욱 몰두하나? 소셜 미디어에 올릴만한 요소가 없는 업무에는 흥미가 일지 않나? 소셜 미디어에서 얻는 숫자에 집착하고 있나? 팔로워가 몇 명이나 늘었는지, 최근 올린 #청소년활동가#Activist 포스트에 칭찬하는 댓글이 몇 개나 달렸는지에는? 자신의 **왜**와 자신이 추구하는 변화를 이루기 위한 궁극적 목표를 잊고 사람들의 칭찬을 받고, 상을 받고, 소셜 미디어에서 인기를 얻는 데만 관심이 있나? 자신의 궁극적 목표에 한 걸음 더 다가가는 데 전략적으로 도움되는 부분이 없는데도 소셜 미디어에서 주목을 끌 수 있다고 생각하는 행동을 우선적으로 하나?

이 중 해당 사항이 있으면(그렇다고 해서 자괴감을 느낄 필요는 없다. 우리는 모두 배우고 성장하는 과정에 있으니까) 스마트폰에서 잠깐 동안 소셜 미디어 앱을 삭제하고 다시 중심을 잡는 시간을 갖도록 하자. 소셜 미디어를 통해 끊임없이 인정받으려 하는 데서 벗어나, 자신의 **왜**를 돌아보고 애초에 무엇 때문에 이 목적을 위해 싸우고 있는지 떠올려보도록 하자.

악의적 댓글에 휘둘리는 것 그렇다. 소셜 미디어 채널을 통해 관심을 이끌어내고 사람들의 피드백을 얻는 것은 좋은 일이다. 그러나 악의적인 댓글 때문에 자기 자신이나 자신의 일에 대한 신념이 흔들려서는 안 된다. 온라인상에서 마주치는 사람들이 여러분을 위협하고, 여러분의 일에 대해 안 좋은 생각이 들게 하거나 무시하고, 미워하고, 욕을 하거나, 여러분의 다른 부분들까지 캐내려들 때, 절대 휘둘리지 않도록 하자.

물론 악성 댓글에 반응을 보이고 감정적 에너지를 표출해야 할 때도 있다. 바로 여러분의 안전에 위협이 될 때다. 이때는 증거를 위해 그 메시지를 스크린 숏으로 캡처한 다음, 메시지를 보낸 사람을 신고하고, 즉시 신뢰하는 어른에게 알려야 한다. 여러분에게는 해야 할 일과 있을 곳, 이끌어갈 활동이 있다. 여러분을 사랑하는 사람들이 있고, 시간은 귀중한 것이다. 그러니 온라인상에서 여러분과 상관도 없는 사람들이 여러분이나 여러분의 일에 대해 떠드는, 말도 안 되는 이야기에 속상해 하느라 시간을 흘려보내지 않도록 하자.

다른 사람을 욕하고 자신에 대해 부적절한 게시물을 올리는 것 온라인에서도 활동가로서 프로의 면모를 잃지 않아야 한다. 다른 활동가에 대한 비난, 저속한 내용, 자신과 친구들에 대한 부적절한 콘텐츠를 올리지 않도록 하자. 장난스레 올리는 것이라도 보는 사람은 그렇게 받아들이지 않는 경우가 많다. 여러분의 활동을 반대하는 사람들은 진작부터 여러분의 입지를 약화시킬 기회를 엿보고 있다. 그런 사람들이 신나서 공격할 거리를 스스로 제공하지 말자.

그렇다면 '부적절한' 게시물이란 뭘까? 예를 들어, 파티에서 놀고 있는 사진과 영상은 전부 다 올리지 않는 편이 좋다. 개인 계정에 올리더라도 온라인에서 완전히 사적인 것이란 있을 수 없고, 게시물을 지운다 해도 일단 인터넷에 올린 이상 결코 완전히 없어지지 않는다. 자신이 파티를 즐기는 모습이 담긴 사진이나 영상은 친구들에게 보여줄 때는 멋지게 느껴지고 재미있을 것이다. 그렇지만 자신이 활동하고 있는 지역의 상원 의원이 봐도 괜찮다고 판단되지 않는 사진이라면 온라인에 공개적으로 올리지 말아야 한다. 바보 같이 들릴 수도 있겠지만, 꽤 괜찮은 가이드라인이다. 어느 정치인이 내 피드를 쭉 내려본다고 상상해보자. 아무리 떳떳하고 정당한 내용이라고 해도 전후 맥락을 떠나 왜곡되기 십상이다. 대학 입학처 관계자가 봐도 괜찮을 것 같은 포스트만 올리는 방법도 있다.

함께 활동에 참여하고 있는 사람들에 대해 쓰지 말아야 할 것은 뭘까? 다른 활동가가 나에 대해 올리지 않기를 바라는 내용 전부다. 함께 일하는 누군가와 사이가 안 좋다면, 그 사람과 직접 해결하라. 부디 누구든 볼 수 있는 소셜 미디어에서 싸움을 걸지 이렇게 소셜 미디어는 굉장한 도구다. 그렇지만 다른 도구와 마찬가지로 소셜 미디어도 해가 되는 방향으로 이용하지 않도록 주의해야 한다!

여기서 이번 장을 마무리 지으려 하지만, 사실 소셜 미디어 전략은 여기서 다룬 것 이상으로 무궁무진하다. 소셜 미디어로 우리는 캠페인과 행사를 조직하는 데 도움을 얻을 수도 있지만, 대중의 인식을 재고하거나 우리의 개인적 삶과 경험을 공유할 수도 있다. 자신의 이야기를 지속적으로 올림으로써 사회에 잘 받아들여지지 않는 담론을 또다시 새롭게 창출하는 것은 그 자체로 훌륭한 행동주의의 한 형태다. 조안나 토루뇨Johanna Toruño가 시작한 '당당한 브라운 시리즈The Unapologetically Brown Series' 캠페인을 보면 소셜 미디어가 어떻게 활동을 확산시킬 수 있는지, 나아가 활동이나 공동체 자체로 기능할 수 있는지를 잘 알 수 있다. 조안나는 퀴어 유색 인종의 이야기가 담긴 일련의 포스터를 거리에 붙였다. 인스타그램에서 조안나의 스트리트 아트가 인기를 끌었고, 당당한 브라운 시리즈가 올라오는 계정은 퀴어 유색 인종 사람들이 자신이 표현되고 대변된다고 느끼는 온라인 커뮤니티로서 기능한다. 조안나가 인스타그램을 통해 공유한 콘텐츠는 행동주의의 한 형태로 작용한 것이다.

우리는 소셜 미디어의 놀라운 능력 덕분에 전 세계 사람들과 연결되고 그 어떤 때보다 빠르고 광범위하게 메시지를 퍼뜨릴 수 있다. 검열 받지 않고 소셜 미디어를 이용한다는 것은 자유 국가에서 살고 있기 때문에 누리는 특권이다. 많은 권위주의 국가들에서는 국제적인 소셜 미디어 애플리케이션 이용이 금지돼 있거나 검열되고 있기 때문이다. 왜 그럴까? 아는 것은 힘이기 때문이다. 소통도 마찬가지다. 권위주의 정부는 국민이 외부 지식에 접근해 국가로부터 주입받은 담론을 넘어설 능력을 갖으면서 얻을 힘을 두려워하기 때문이다. 그러니 이 힘을 당연시하지도, 외부의 인정과 즉각적인 만족만을 좇으며 이 힘을 낭비하지도 않도록 하자. 대신 전략적으로 사용해 활동을 조직하고 메시지를 전파하자. 우리는 손가락 끝으로 온 세상을 만날 수 있다.

에즈라 그레이슨 휠러Ezra Greyson Wheeler, 20세, 제3의 성They/Them

위 이그지스트 콜렉티브We Exist Collective 및
저스트 어 번치 오브 키즈Just a Bunch of Kids 창립자

제이미 자신을 소개해주신다면요?

에즈라 저는 다재다능한 스무 살로, 활동가이자 연설자, 작가로 활약하고 있습니다. 그리고 엘러스-단로스라는 병을 앓고 있어요. 피부, 뼈, 혈관을 비롯해서 여러 중요한 기관과 조직을 서로 연결시키는 결합 조직이 약화되는 질환이에요.

저는 위 이그지스트 콜렉티브를 세웠는데, 장애인이 행동주의에 참여할 수 있는 길을 확대하고 장애인 차별에 관한 진정한 대화의 장을 만들기 위한 사회 운동이고요. 장애인 권익, 관련 의료 보건 법률 마련, 여성 권리, 퀴어 권리 분야에서 열심히 활동하고 있어요.

제이미 어떤 예술 매체를 활용하고 있고, 왜 그 매체에 끌리게 되었나요?

에즈라 소셜 미디어에서 행동주의를 확산시키는 데 주로 디지털 아트를 활용하고 있어요. 저는 스티커나 버튼으로 쓸 수

있는 디자인도 많이 만들고, 장애와 퀴어 이슈를 다루면서 대화의 물꼬를 터주는 그런 그림도 그려서 올려요. 엘러스-단로스 증후군 때문에 손목이 너무 안 좋아서 한동안 그림을 못 그렸는데, 그때 아이패드를 통해 디지털 아트를 하게 됐어요. 제가 예술 작업을 할 수 있는 훨씬 편하고 쉬운 매체였던 거죠.

제이미 자신이 퀴어라는 점이 예술 활동에 어떤 영향을 주고 있나요?

에즈라 많은 영향을 받고 있는 게, 저는 주로 퀴어의 사랑을 주제로 시를 쓰거든요. 저는 제 경험에서 영감을 받아 쓰고, 그림도 그리고 사진도 찍어요. 사람들이 저한테 '꼭 전부 다 그렇게 LGBTQ+에 관한 내용으로만 채워야겠어?' 하고 자주 물어봐요. 근데 그게 저거든요! 그리고 저는 제 경험에서 쓰고, 그리는 거니까요.

제이미 장애인 접근권에 대해서는 어떻게 생각하고 계시나요?

에즈라 장애인 접근권이란 휠체어가 다닐 수 있는 경사로 이상의 훨씬 많은 것을 의미해요.

장애인이 특별히 필요로 하는 게 있는 게 아니라 우리는 모두 다른 걸 필요로 한다는, 모든 사람을 아우르는 아이디어를 전제로 해요. 휠체어가 들어갈 수 있는 공간, 휠체어를 세워둘 수 있는 자리도 중요하지만 어떤 행사가 열릴 때면 늘 수화 통역사를 배치하고, 자료는 점자로도 인쇄하는 것도 필요해요. 간과하고 있는 부분이, 장애인에게 안전하고 장애인도 부담 없이 참여할 수 있는 환경을 조성해야 한다는 거죠. 마치 장애인이 행사의 기획과 실행 단계에서부터 참여한 것처럼 자연스러운 편의를 제공해줄 수 있어야 해요.

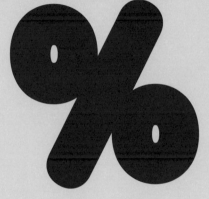

12 행동주의와
바쁜 일상

학교 점심시간,
화장실에 가서 전화로
회의를…

고등학교 2학년 때 여러분이 읽고 있는 이 책의 계약을 성사시키기 위해 편집자와 인터뷰를 했다. 점심시간이었고, 친구들을 피해 학교 의상실에서 전화를 받았다. 나는 학교 연극반 교실 뒤쪽에 있는 작은 방 안을 서성거리며, 우리 세대에게 사회 운동 부문에서 변화를 주도할 수 있도록 도와주는 이 책이 왜 꼭 필요한지를 열정적으로 설명했다.

친구들이 밖에서 기다리고 있었기 때문에 전화를 짧게 마무리 지어야 했다. 그리고 종이 막 울리는 순간 바로 전화를 끊지 않았더라면 다음 수업에 늦었을 것이다.

다음 수업은 수학이었는데, 인터뷰를 망쳤다는 생각 때문에 불안하고 걱정돼서 전혀 집중할 수가 없었다. 하지만 여러분이 지금 이 책을 읽고 있으니까…, 그렇게 나쁘지 않았던가 보다.

활동가 외의 일상도 충실히 꾸려나가야 하는 바쁜 청소년의 삶은 저글링이나 다름이 없다. 그러니 행동주의 활동을 위해서는 시간을 찾아내야 할 뿐 아니라 '만들어야' 한다.

우리에게는 시간이 '없는' 것이 아니다. 따지고 보면 모든 사람에게 시간은 '있다'. 시간을 소중히 여길지 말지, 그리고 시간을 어디에 쏟을지는 우리에게 달려 있다.

이번 장에서는 어떻게 해야 삶의 우선순위를 결정하고, 균형을 잡고, 여러 가지 일을 저글링 하듯 잘 처리해 성공적인 청소년 활동가가 되기 위한 시간을 만들 수 있는지를 말하려고 한다. 여러분이 그 성공을 어떻게 정의하고 있든 간에 말이다.

짚고 넘어가자면, 성공적인 청소년 활동가의 모습이란 한 가지가 아닌 것 같다. '성공적'이란 명성을 의미하는 것도 아니고, 꼭 거대한 단체를 설립해야 붙일 수 있는 말도 아니며, 책을 써야 하는 것도 아니다(하하, 그렇다). 무엇이든 여러분이 성공이라고 정의하는 것, 여러분의 **왜**를 받쳐주는 것은 전부 성공이라고 할 수 있다.

자신의 스케줄 속에서 가능한 한 많은 시간을 만들어내기 위한 시간 관리 전략을 본격적으로 알아보기 전에, 먼저 기업적 마인드의 성공에 대한 정의는 저만치 내려놓기를 바란다. 활동가로서 성공하는 것은 기업의 승진 사다리를 올라 성공하는 것과는 다르다. 스포츠나 학교 생활, 직장에서 성공하는 것과 달리, 활동가로서의 성공이란 다른 사람보다 '더 잘하는 것'이나 뭔가를 '제일 잘하는 것'을 통해 이루어지지 않는다. 활동가의 일은 가장 많은 업적을 세우고 찬사를 받고 상을 수상하고 팔로워 수를 확보하기 위한 경쟁이 아니다. 당연히 '가장 큰 변화'를 만들어내기 위한 경쟁도 아니다.

순전히 자기 발전만 추구해야 한다는 이야기도 아니지만, 성공은 영향력과 같지 않다. 청소년 환경 활동가 소피아 마놀리스Sophia Manolis가 2019년에 사우스 고등학교 학보 〈사우서너Southerner〉에 실은 칼럼에 이 점이 잘 나와 있어 소개한다.

누군가 나를 알아봐주길 바라는 욕구는 자연스럽고 인간적인 것이다. 그러나 동시에 주의를 분산시킬 수 있고 해로운 것도 사실이다. 내 목소리나 열정을 숨기고 싶은 것은 아니지만(지금 이 칼럼을 쓰는 것도 목소리를 내는 것이다), 어쩌다보니 주목을 받게 된 나나 다른 개인에게 집중된 불균형적인 관심이, 활동에 참여하는 다른 이에게 그늘을 드리운다는 사실을 깨달았다. 특히 눈에 띄지 않은 채 오랜 기간 열심히 일해온 사람들에게 말이다. 왜 내가 한 일이 그들이 한 일보다 높은 대중적 관심을 받게 된 걸까? 정말로 나에게 그들에겐 없는 특별한 점이 있어서일까?

진실은 '행동주의'란 사람들이 알아채지 못하고 지나치기 쉬운 수많은 다양한 방법으로 이루어지는 것이며, 그렇게 이루어져야 한다는 사실이다. 행동주의란 다른 사람의 말을 귀담아듣는 것이고 관계를 쌓아 올리는 것이다. 활동가는 각종 이슈와 현상 밖의 관점에 초점을 맞추는 작가이다. 소외된 목소리를 발굴하고 학생으로부터도 배우려 애쓰는 교사이다. 책을 읽으며 정치와 세상에 눈을 뜨려고 노력하는 재소자이다. 사회가 '다르다' 또는 '정상이 아니다'라고 규정하는 사람이 되는 것을 주저하지 않으면서도 자신을 철저히 사랑하는 이다. 사람들이 '유행하는' 행동주의(미디어의 주목을 받고 시위 현장에서 강력한 연설을 하고, 크고 화려한 활동을 시도하는 청소년)에 주목할 때, 우리(나도 당연히 포함해서)는 대중의 관심을 유도하는 전략만이 변화를 일으키는 유일한 길이 아님을 기억해야 한다. 활동가로서 우리는 배우기를 게을리하지 말고 세상을 보는 다른 시각들에 대해서도 관심을 가져야 하며, 가능한 한 깨어 있어야 한다. '우리 자신'의 이슈를 옹호하는 데 머물지 말고 다른 이슈들, 들리지 않는 목소리들, 여러 이슈가 교차하는 방식을 드러내는 데도 애써야 한다. 겸손해야 하며 불편을 무릅써야 한다. 세상의 주목과 소위 '성공'을 좇는 대신, 우리 자신의 도덕을 따라야 한다.

동시에 우리는 자신의 힘과 열정을 발견해 좋은 일에 쏟고, 이러한 유형의 일상적 '행동주의'가 모든 직업 및 공동체의 규범이 되도록 만들기 위한 여정에 있다. 힘든 일이다. 화려하지 않으며, 규칙을 따르고 현실에 안주하길 바라는 사회적 기대에 반할 때도 있다. 그러나 무척 중요한 일이다. 여러분도 누구나 활동가가 될 수 있다. 그저 자신에게 가장 잘 맞는 활동 방향을 알아내기만 하면 된다.

솔직히 말해, 학생이면서 동시에 활동가로 살아가는 것은 정말이지 정신없이 바쁘다! 점심시간에 스마트폰을 붙들고 회의를 진행하거나 쉬는 시간에 이메일 답장을 보내기도 하며, 집으로 가는 버스 안에서 어느 의원의 입법 보좌관에게 전화를 걸 때도 있다. 수업 중 선생님이 안 보실 때 앞으로 있을 행사에 관한 소식을 소셜 미디어에 살짝 업데이트해야 할 수도 있다(이렇게는 하지 않길 바란다. 수업 시간에는 수업에 집중해야 하는 법!). 휴식 시간이나 친구들을 만나고 가족과 함께 보내는 시간, 심지어 잠자는 시간을 희생해야 할 때도 있다. 참여하고 있는 활동 때문에 자신이 정말 원하는 다른 일을 희생해야 할 수도 있다. 어떤 일은 하고 어떤 일은 하지 않을지, 그리고 어떻게 시간을 균형 있게 쓸지 결정해야 한다.

만약 지금 이 부분을 읽고, 활동가가 되려면 인생의 즐겁고 재미있는 부분은 전부 포기해야 하는 것 같아 당황스럽다면, 안심하기를 바란다. 우리는 자신의 삶을 어느 정도 희생하고 싶은지, 대의에 어느 정도 헌신하고 싶은지를 결정할 수 있다.

그리고 만약 여러분이 나와 같다면, 즉 행동주의를 일생의 일로 생각한다면, 인생의 균형을 잡는 방법을 훨씬 더 많이 배워야 한다. 그 어떤 시위나 프로젝트, 활동도 가까운 친구나 가족과의 관계를 망가뜨리거나 인생의 소중한 경험, 또는 특별한 기회를 놓치면서까지 할 가치는 없다. 정말이다. 명심하기를 바란다.

나는 이 사실을 직접 부딪히며 어렵게 깨달았다. 나는 부모님이나 친구와 보내는 시간보다 받은 편지함을 들여다보며 보내는 시간이 훨씬 많은 일 중독자다. 나는 의욕이 넘치고 생산력도 왕성하다. 감정을 차단하고 자동 조종 장치처럼 기계적으로 일에 몰두한다. 때로는 인생에서 무엇보다 중요하다고 할 수 있는 것에 관심을 기울이지 않는다. 그랬더니 우울하고 불안하고 기분이 나쁘고 굉장히 피곤했다. 내 활동 때문에 친구 관계에도 문제가 생겼다. 친구들은 내가 자신들과 어울리기보다 회의 전화를 받는 데 몰두하는 시간이 길다고 못마땅해 할 때가 종종 있다. 한번은 사촌 동생이 우리 엄마에게 이렇게 말하기도 했다 – '제이미 누나가 가족보다 일을 선택한 것 같아서 슬퍼요'. 이 말을 들으니 굉장히 가슴이 아팠다. 건강한 모습이 아니었던 것이다.

활동을 하려고 자신의 건강을 희생하는 일이 없기를 바란다. 그 경험을 몇 번이고 되풀이한 사람으로서 말하건대, 그럴 가치가 없을뿐더러 장기적으로 볼 때 도움도 안 된다. 왜냐고? 대의를 위해 자신이 행복하게 느끼는 것들을 희생하다보면 결국 그 대의를 원망하게 될 수밖에 없고, 그러다보면 번아웃에 시달리게 되기 때문이다. 번아웃에 빠지면 이전까지 할 수 있었던만큼의 에너지와 사랑을 자신이 추구하는 대의에 쏟을 수가 없다. 결국 기획하는 행동과 행사의 질이 낮아지고 결과도 떨어진다.

지금부터 학교, 숙제, 부모님과 친구들, 여러 비교과 활동과 행동주의 활동을 어떻게 저글링 하며 균형잡힌 삶을 꾸려갈 수 있는지에 관한 나의 팁을 소개하겠다.

미친 듯이 바쁜 일상에 행동주의 활동을 조화롭게 양립시키는 방법

1. 시간에 대한 관념을 바꿔라. 시간은 있거나 없는 게 아니라, 내는 것이다

여러분에게는 활동가가 돼 대의를 위해 싸울 시간이 있다. 분명하다. 나는 여러분이 누군지 모르고 스케줄이 어떻게 되는지도 모르지만, 여러분에게 시간이 있다는 것만은 안다. 일주일은 168시간이다. 학교에 다니거나 일을 한다면 그 시간이 대략 일주일에 40시간쯤 될 것이고, 하루에 8시간씩 잔다고 할 때 일주일이면 56시간이다. 그러고 나면 행동주의에 쏟을 수 있는 시간이 72시간 남는다. 스포츠나 특별 활동을 하고, 가족으로서 해야 할 일을 하느라 10시간이 더 들어간다고 해보자. 그러고도 행동주의에 쓸 수 있는 시간이 62시간이다. 사회 생활과 휴식에도 시간이 필요하다고? 그렇다면 친구나 가족과 함께하거나 그저 TV를 보며 빈둥거리는 데도 10시간이 든다고 하자. 그래도 행동주의에 몰두할 수 있는 시간이 52시간이다. 52시간은 커다란 변화를 만들 수 있는 엄청난 시간이다.

만약 행동주의 활동을 진지하게 인생의 우선순위로 삼을 생각이라면, 자신에게 시간이 없는 것이 아니라는 사실을 우선 깨달아야 한다.

가끔은 뭔가를 할 시간이 말 그대로 정말 없을 때가 있는데, 그건 괜찮다. 하지만 '나 그거 할 시간 없는데'라는 생각은, 사실 '그건 내 우선순위가 아니야'라는 의미일 때가 많다.

2. 자투리 시간을 활용하라

학교에서 집으로 가는 길에 버스를 오래 타고 간다고? 할 일 없이 인스타그램을 둘러보며 자신의 삶을 다른 사람의 삶과 비교하지 말고, 전화 걸기로 돼 있는 곳에 전화를 걸자. 학교에 일찍 도착했다고? 그 시간을 활용해서 앞두고 있는 모금 행사에 관한 포스트를 SNS에 올리자. 보려고 하는 TV 프로그램이 있는데 광고가 너무 많이 나온다고? 노트북을 열고 이메일을 몇 통 보내도록 하자.

무슨 말을 하려는지 눈치챘을 것이다. 우리 일상에는 우리의 활동을 발전시키는 데 쓸 수도 있는 5분이나 10분짜리 자투리 시간이 가득하다. 우리는 이 작은 순간들을 내버리기 십상이지만, 모아놓고 보면 적은 시간이 아니다. 자투리 시간이 생길 때마다 늘 지혜롭게 쓰다보면 자신이 하려는 것을 해내는 데 정말 큰 도움이 된다.

3. 학교 생활과 행동주의 활동의 균형을 찾아라

학생이자 활동가로서 균형을 잡는 비결은 뭘까? 바로 멀티태스킹을 하지 않는 것이다! 멀티태스킹은 우리의 생산력을 높여주지도, 앞서게 해주지도 않는다. 머리를 아프게 하고 공들여 해내야 하는 일 둘 다를 대충 해치우도록 만들 뿐이다.

학교 수업을 들을 때는 수업 내용을 무시하고 이메일을 보내고 있으면 안 된다. 수업에 온전히 정신을 쏟으며 노트 필기도 잘해야 한다. 이 말을 하는 이유는 내가 바로 고등학교 시절 내내 수업에 집중하지 않고 멀티태스킹을 하려고 애쓰며 학교에서 행동주의 활동을 위한 일들을 한 사람이기 때문이다. 나는 수업 시간에 행동주의 일을 처리하면서 내가 학교생활과 행동주의의 균형을 아주 잘 잡는 요령 있는 청소년 활동가라고 믿었다. 그러나 전혀 아니었다. 정말, 정말 도움이 안 되는 아이디어다.

결국 시간이 갈수록 수업 내용을 이해하기 어려워질 것이다. 그러면 결국 학교를 마치고 집에서도 전보다 많은 시간을 들여 공부해야 할 것이고, 성적이 떨어질 수밖에 없다. 일단 성적이 떨어지고 시험 점수가 좋지 않으면, 숙제가 늘어나고 과제도 추가되고 공부도 더 많이 해야 한다. 학교 수업을 잘 들었다면 집에서 이렇게 추가 공부를 하는 대신 행동주의 활동에 쏟을 수 있었을 시간이다. 수업에 잘 참여하고 수업 내용을 귀담아들으면 괜한 스트레스가 쌓일 일도 없고 성적 때문에 부모님과 다툴 일도 생기지 않는다.

학교에 있을 때는 학교에 있는 것이다. 자신을 위해 건강한 경계선을 정해도 괜찮다. 역사 수업이 시작됐을 때는 역사 수업을 듣는 것이다. 책상 아래로 스마트폰을 꺼내 들고 함께 활동하는 동료에게 메시지를 보내거나 이메일을 작성하거나 어떤 기획을 하고 있으면 안 된다는 말이다. 수업 중이니까. 통화를 하는 중에는 동시에 인스타그램 피드를 훑거나 이메일 수신함을 확인하려 들지 말자. 통화만 하도록 하자.

뭘 하는 중이든 온전히 그 일에 정신을 쏟아야 한다. 한 번에 한 가지 일만 하는 것이다. 한 번에 수십 가지 일을 전부 해내려 하는 것보다 훨씬 전략적이고 생산성이 높다. 일을 잘하고 나면 다시 하지 않아도 되고 수습을 할 필요도 없다.

문자나 이메일에 답장을 해야 하든, 보조금 지원서를 작성해야 하든, 수업 시간 사이에 하거나 점심시간에 해야 한다. 절대 수업 중에는 안 된다!

4. 할 일 목록을 만들어라

이미 할 일 목록을 자세히 작성하거나 플래너를 쓰는 사람이라면, 계속 그렇게 하도록 하자! 자신이 해야 하는 일을 확인하고 해결해나갈 수 있도록 그날그날의 할 일 목록을 만드는 습관이 없는 사람이라면, 지금이 시작할 때다. 우리가 해야 하는 일을 잘 관리하는 방법은 전부 적어두는 것이다. 스마트폰으로 캘린더, 노트 어플리케이션을 이용하거나 또는 오랜 방식대로 노트를 가지고 다니면서 매일의 할 일을 관리하자. 오늘 하기로 돼 있는 일을 다 못 하면 내일의 목록으로 넘기면 된다. 나는 플래너를 주로 쓰는데, 일주일의 할 일을 전부 써놓고 펼쳐 보며 미리 생각할 수 있기 때문에 좋다.

목록이 있으면 할 일을 전부 머릿속에 담고 있지 않아도 되고, 빠뜨릴 염려도 없으며, 모든 일을 순조롭게 처리해나갈 수 있다. 그러니 지금 바로 쓰자!

5. 행동주의 활동을 위해 희생해도 괜찮은 것과 희생하고 싶지 않은 것의 목록을 만들고, 그에 맞춰 행동하라

일단, 자고 먹고 살아가는 데 필요한 기본적인 일은 고려 대상이 아니다. 선택하고 말고의 문제에 해당하는 것이 아니기 때문이다. 절대 넘보지 않기를 바란다. 자기 자신을 잘 돌보는 일은 무엇보다 중요하다.

아래는 내가 평소에 시간을 많이 쏟고 있는 일과 앞으로 시간을 많이 쏟게 될 가능성이 있는 활동의 목록을 만든 것이다.

제이미의 일상 활동 목록

- 학교+숙제
- 친구들과 놀기
- 데이트하기(가끔 여자 친구가 있을 때)
- 넷플릭스/TV 시청
- 가족과 함께 보내기
- 음악 듣기
- 소셜 미디어 활동
- 대학 지원 에세이 작성
- 대학 지원
- 운전 교육
- SAT 공부
- 콘서트, 학교 댄스 파티, 친구 모임, 신나는 이벤트 참석
- 시애틀에서 기후 정의 활동

- 제로 아워 밖의 기후 정의, 청소년 행사 참석 및 참가, 연설
- 제로 아워 운영 업무, 대규모 기후 정의 행동 기획
- 칼럼과 책 원고 쓰기

이 목록을 만들자마자 내가 절대 빼버릴 수 없는 몇 가지가 뚜렷하게 드러났다. 학교와 숙제는 누가 봐도 뺄 수 없다. 다른 것들은 좀 더 개인적이라고 할 수 있는데, 먼저 나는 작가이고 시간을 들여 글 쓰는 일은 나에게 반드시 필요하므로, 이것도 뺄 수 없다. 하지만 운전 교육을 받는 시간은 일단 빼도 괜찮다. 내가 살고 있는 곳이나 내 생활 방식상 굳이 지금 시간을 할애해 운전 교육을 받을 필요가 없기 때문이다. 학교 댄스 파티나 다른 사교적 모임에 나가는 시간, 소셜 미디어 활동을 하는 시간도 일부 빼도 된다. 나에게는 비교적 중요성이 떨어지는 일들이기 때문에 나는 이것들을 하는 대신 기후 정의를 위해 싸우는 시간을 좀 더 확보하고 싶다(1년에 한두 번 정도 콘서트나 댄스 파티에 참석하고 싶다). 넷플릭스를 시청하고 음악을 듣는 일은 나 스스로를 보살피는 자기 관리self-care에 굉장히 도움이 되는 관행 같은 것이기 때문에 뺄 수는 없지만, 시간이 필요할 때는 이 활동에 쏟는 시간을 마땅히 줄이려고 한다.

때로는 내 감정이나 책임을 회피하기 위해 내 방에서 혼자 춤을 추거나 넷플릭스를 보기도 한다. 이렇게 자기 파괴적이고 건강

하지 않은 행태는 분명 스케줄에서 뺄 수 있어야 한다. SAT 공부를 할 때는 공부 시간 확보를 위해 넷플릭스 영화와 음악 감상 시간을 줄였다(적어도 시도했다). 친구들이나 가족과 보낼 시간을 더 많이 내기 위해서도 이 시간들을 희생할 생각이 있지만, 전부 다 포기하는 것은 어렵다. 사람들과의 관계를 안정적으로 이어나가고 사회적으로 고립된 은둔자가 되지 않는 것이 나에게도 상위 가치이기는 하지만, 실제로는 개인적 인간 관계보다 행동주의 활동을 우선시하는 쪽으로 기우는 경향이 있다. 2018년 여름에 콜롬비아에 있는 가족을 만나러 갈 기회가 있었는데, 2018 청소년 기후 행진과 시기가 겹쳤다. 나는 우리 가족의 고국에서 휴가를 보내며 나를 사랑하는 사람들과 함께 맛있는 콜롬비아 음식을 질리도록 먹는 것 대신 워싱턴 D.C.에서 폭우 속에 시위를 하는 쪽을 선택했다. 우리 모두 가끔은 일을 위해 희생해야 할 때가 있는 것이다.

여러분의 목록은 어떤 것들로 채워져 있을까? 자신의 목표를 좇을 시간을 확보하기 위해 아예 빼거나 줄일 의향이 있는 활동은 무엇인가? 반대로 자신의 건강과 행복을 위해 절대 뺄 수 없는 필수적인 활동은 무엇인가?

6. 학교, 아르바이트 회사, 친구, 가족에게 자신이 하는 일과 그 일을 하는 이유를 설명해둬라 (단, 말해도 자신에게 해가 되지 않는 경우에만)

나는 활동을 한다고 학교를 엄청 많이 빠졌다. 그래서 학교 행정실 선생님, 담임 선생님과 여러 교과 선생님들께 잘 말씀드리고 이해를 구하는 것이 굉장히 중요했다. 가능한 한 많은 사람의 이해를 확보하고 있으면 학업 및 특별 활동과 행동주의 활동의 균형을 잡는 데 큰 도움이 된다. 주변 사람들이 내가 뭘 하는지, 그리고 내가 그들로부터 뭘 필요로 하는지 알고 있으면 학교, 일, 그 밖의 무엇에 있어서건 훨씬 원만한 생활을 도모할 수 있다. 자신이 하는 활동에 대해 담임 선생님, 진로 상담 선생님, 가족과 친구들, 아르바이트 회사 사람들과 진솔한 대화를 나누자. 활동 때문에 스케줄에 어떠한 영향이 있는지, 놓칠 수밖에 없는 일들에 대해서는 어떻게 만회하려 하는지를 설명하도록 하자.

여러분의 선생님과 고용주로서는 여러분이 자신의 할 일을 책임지려 하며, 소통을 유지하고, 추가 점수를 받기 위한 과제를 하거나 나머지 일도 하고, 자신의 상황을 잘 통제하고 있다는 사실을 아는 것이 중요하다.

7. 부모님이 자신의 행동주의 활동을 탄압하거나 무관심하고 지지하지 않을 때 시간을 내서 활동하는 것에 대해

슬픈 현실은 우리 부모님들 중에는 자녀의 행동주의 활동 참여를 달가워하지 않는 분들도 있다는 것이다. 여러분의 가족 구성원들이 이념적으로 분열돼 있을 수도 있다. 여러분이 좇는 가치가 부모님이 믿는 가치와 정반대편에 있는 것이다. 여러분이 정신적, 감정적, 또는 신체적으로 안전하지 않은 가정에 속해 있을 수도 있다. 나는 학대하는 부모나, 자녀가 행동주의 활동에 나서지 못하도록 필사적으로 말리는 부모의 이야기를 정말 많은 활동가 친구들로부터 들었다. 이러한 상황에서 활동가로서 시간을 잘 관리하기 위해 할 수 있는 최선은 자신을 관대하게 대하고 자신의 안전을 가장 우선시하는 것이다. 가정 내에서의 생활에 방해를 받지 않으며 전화, 이메일 등 활동에 필요한 여러 일들을 처리할 수 있는 자투리 시간을 찾아서 활용하자. 자신의 안전을 우선시한 결과 행사에 참석하지 못하고 어떤 일을 하지 못한다고 해서 자책감을 느낄 필요가 없다. 불안정하고 위험한 가정에서 자신의 안전을 지키는 것보다 더 중요한 일은 없다. 예외 없이 말이다. 자신이 추구하는 대의를 위해 보다 적은 일을 할 수밖에 없다고 해서, 안전하며 지원을 아끼지 않는 가정 출신으로 더 많은 일을 하는 다른 청소년 활동가보다 자신의 가치가 덜하다거나 활동가로서 부족한 것이 절대 아니다. 활동가로서, 또 평범한 한 사람으로서 우리의 가치는 우리가 얼마만큼의 진척을 이루었는지에 따라 정해지는 것이 아니다. 자신에게 주어진 환경 속에서 최선을 다한다면, 즉 자신의 안전을 해치지 않는 선에서 시간이 될 때는 활동에 시간을 투자한다면, 그것으로 더없이 충분하다.

우리 자신의 안전과 건강이 무엇보다 중요하다는 사실은 아무리 강조해도 지나치지 않다. 게다가 자기 자신이 괜찮지 않은데 어떻게 사회 운동 구축 활동을 잘할 수 있겠나. 좋지 않은 환경 속에서 건사하기 위해 필요한 일을 최대한 많이 하고, 가능한 한 빨리 그곳에서 빠져나와야 한다. 최선을 다해 시간을 관리하되, 하고 싶은 모든 일을 다 할 수 없다 해도 괜찮다. 유독한 공간에서 벗어나 자신의 스케줄을 스스로 장악할 수 있게 되면, 그때 앞에서 소개한 생산성 높은 활동가가 되기 위한 방법들을 실천할 수 있을 것이다.

참을성을 갖고 다정하고 상냥하게 자기 자신을 대하라. 그리고 기억해주기를 바란다. 우상과도 같은 활동가 오드리 로드Audre Lorde는 자기 보존self-preservation에 대해 '정치적 전쟁 행위'라고 말하기도 했다.

어떤 환경에 놓여 있든, 누구나 자신의 시간을 최대한 활용하고 가장 성공적인 청소년 활동가가 되기 위한 습관, 의식, 관행을 개발할 수 있을 것이다.

기본적으로 여기에서 소개한 요령과 비법들이 유용한 것은 맞지만, 결국 시간을 잘 관리하고 모든 일을 뚝딱 해낼 수 있는 마법 같은 비법이란 존재하지 않는다. 그렇다, 모든 것은 여러분이 실천하는 데 달려 있다. 자신에게 소중한 행동주의 활동을 할 시간을 만들어라. 기술적으로 시간이 있든 없든 간에 말이다.

그날그날의 할 일 목록을 만들고(그리고 지키려고 노력하라), 중요한 일에 대한 계획을 세우고, 삶에서 남길 것과 떠나보낼 것들을 결정하고, 매일매일의 시간을 최대한 활용하도록 하자.

나브라즈 싱Navraj Singh, 17세, 남성He/Him

청소년의 정치 및 옹호 활동 참여 권리 보장을 위해 일하는 활동가,
모빌라이징 유스 프로젝트Mobilizing Youth Project 및
여성 행진의 유스 임파워Youth Empower 활동가

제이미   활동가가 된 계기는 무엇인가요?

나브라즈   2018년도 중간 선거가 끝나고 나서 많은 청소년이 정치에 참여하고 여러 사회 운동에 앞장서는 모습을 보게 됐어요. 그전에는 제가 변화를 일으키기에 너무 어리다고 생각했거든요. 제일 처음 한 활동이 학교 규모로 진행한 것이었는데, 총기 폭력 예방을 위한 학교 파업이었죠. 총기법 개정 문제에 관해서 지역구 의원과 대화할 수 있는 장을 마련하는 타운홀 포아워 라이브스Town Hall for Our Lives가 버지니아에서 열릴 때도 조직가로 참여했어요. 그리고 계속해서 친구들과 함께 모빌라이징 유스 프로젝트라는 단체를 세웠죠. 청소년이 행동주의 활동을 시작할 수 있도록 네트워크와 자원을 제공하는 단체예요. 저희는 다양한 이슈를 다루면서 청소년이 시민 참여를 할 수 있도록 도와요. 여러 캠페인에 청소년의 목소리가 반영될 수 있도록 인턴십 모집도 해요. 또 저는 2019년에 워싱턴 D.C.와

버지니아에서 있었던 전국 청소년 기후 파업National Youth Climate Strike에서도 조직가로 활동했어요. 한 친구가 같이 활동하고 싶냐고 물어봐준 게 계기였어요. 기후 행동주의에 경험이 있었던 건 아니지만, 덜컥 뛰어들었죠!

제이미　어떤 신념을 갖고 활동하고 계신가요?

나브라즈　시크교도 미국인으로서 정체성을 지키는 거요. 제가 활동가로서 추구하는 목표는 저희 가족이 믿고 있는 가치에서 비롯된 것이라고 할 수 있어요. 그중에는 빈자와 사회적 약자처럼 자신을 스스로 옹호할 수 없는 사람을 위해 나서는 게 큰 부분을 차지하고 있어요. 어둠 속에서 빛이 되고 전사가 될 수 있도록 용감해야 한다고 말해요. 제 삶의 신조는 세바Seva, 즉 사심 없는 봉사를 실천하는 거고요. 어떤 문제를 발견하면 문제가 있다고 말하고, 변화를 만들기 위해 노력하려고 해요.

제이미　변화를 창조하기 위한 전략이 있다면요?

나브라즈　아무래도 자신의 활동이 가장 큰 효과를 거둘 수 있는 지역 공동체 수준에서부터 시작하는 것이 좋다고 생각해요. 그곳에 어떤 문제가 있는지 인지하고 있고, 그곳 사람들에 대해서도 잘 알기 때문이죠.

제이미　활동가이자 학생으로서 어떻게 삶의 균형을 잡고 있나요?

나브라즈　학생이자 활동가로서의 균형이요? 그 균형을 찾아낸 사람이 있으면 몇 명이나 되는지 좀 말해주세요! 교육 기회는 당연히 여겨선 안 되는 특권이에요. 그런데 우리에게 필요한 건 A+학점일까요, 아니면 총기 폭력이나 기후 변화 문제에 대한 해결책일까요? 어쨌든 활동보다 학교를 중시한다고 해서 자책감을 느끼면 절대 안 돼요. 사회가 우리에게 학교 공부 하기를 요구하고 있으니까요. 학교 수업을 따라가기 위해 활동을 일주일 동안 쉬어야 한다고 해도 전혀 문제될 게 없고요!

제이미 이민 가정의 청소년들에게 해주고 싶은 말씀이 있나요?

나브라즈 저는 이민 2세대 미국인이에요. 처음 저희 부모님은 저한테 조직가 활동은 고사하고 클럽이나 특별 활동도 전혀 참여하지 못하게 하셨어요. 그래서 저는 학교 수업 외의 작은 활동부터 하나씩 하기 시작했고, 성적도 계속 올렸어요. 제가 제 열정을 좇으면서 동시에 성적도 유지할 수 있다는 걸 부모님께 증명한 거죠.

13 십 대 활동가의 하루

십 대 활동가의
하루를 1시간 단위로
쪼개보면

혹시 '시간 관리 방법을 알려주는 것도 좋지만, 청소년 활동가의 하루하루는 정말로 어떻게 돌아가는 거야?' 하고 궁금해하지는 않았는지.

이 물음에 답하고, 실제로 여러분이 원활한 일상생활을 위한 스케줄을 짜는 데 도움을 주기 위해 이 장에는 내가 학교에 나가는 평범한 하루의 스케줄을 처음부터 끝까지 실었다. 내 스케줄을 참고해 여러분 각자 활동가로서 하고 싶은 일을 학교 스케줄에 잘 끼워 넣을 수 있기를 바란다.

주의: 이건 고등학교에 다니면서 청소년 활동가의 삶을 살아가는 나의 반복되는 일상을 가감 없이 적은 것에 불과하다. 청소년 활동가의 이상적인 하루라면 마땅히 이러한 모습이어야 하므로 따랐으면 좋겠다고 제시하는 '모범이나 가이드, 본보기가 아니다'. 그냥 나, 제이미 마골린이라는 '한 사람의 하루일 뿐이다'. 모든 사람은 서로 다른 상황과 환경 속에서 저마다의 삶을 살아간다. 그리고 이 장을 쓰고 있는 지금, 내가 꽤 편하고 부족함 없는 특권적 생활을 하고 있다는 사실을 밝

히고 넘어가야겠다. 부디 이 일과표를 따라 자신의 생활을 바꿔야 한다는 압박을 받지 않기를. 십 대 활동가의 하루를 보여주는 하나의 예로 받아들이고, 참고할 만한 것만 참고해주기를 바란다.

오전 5:30 해가 떴다! 밖은 여전히 어둡지만, 평일에는 늘 이때 일어나서 학교 갈 준비를 한다.

6:30 적당히 아침을 챙겨 먹고 카풀로 학교에 간다. 가는 길에 소셜 미디어의 제로 아워 계정과 내 개인 계정에 포스트를 올리고, DM이나 이메일, 문자 메시지에 답장을 한다. 이렇게 새벽부터 일이 시작된다.

7:00 학교 등교 시간보다 한 시간 일찍 도착. 이 말인즉슨, 어젯밤에 전화 회의를 하거나 지옥 같은 이메일 더미 속을 헤매느라 다 못 한 숙제를 해치우고 쪽지시험에 대비할 시간이 한 시간 있다는 것!

8:00~9:45 수업 시간이다. 오늘의 첫 두 과목을 배우는 시간인데, 졸지 않고 집중하기 위해 최선을 다한다. 이때쯤이면 제출 시간에 딱 맞춰 숙제를 모두 마쳤기를 바란다(하지만 다 못 했을 수도…).

9:45~10:00 쉬는 시간! 우리 학교에서는 아침에 두 과목을 배우고 나면 15분 동안 쉬는 시간이 주어지는데, 이때

주로 친구들과 로커 룸에 모여 얘기를 나눈다.

10:00~11:45 또다시 두 과목을 배운다. 다른 교실로 갈 때는 주로 음악을 들으며 이동한다. 그리고 이 시간이 되면 제로 아워 활동가들로부터 이런 메시지가 도착하기 시작한다.

제이미! 지금 바로 이메일 확인 가능?
문제가 생겼는데 좀 심각한 것 같아.

보조금 지원서 다 썼는데 내기 전에 한번 볼래?

이 메시지 보면 전화 줘! 우리한테 있는
체크 카드로는 그 회의장 예약 못 한대.

야, 큰일났다⋯. 우리 때문에 하원 의원 한 명이
화가 났다나봐. 최대한 빨리 수습해야 할 듯.

오늘 회의 의제 정했어?

수업에 집중하려 노력해보지만, 머릿속은 이 메시지들을 되새기며 어디 어디에서 자투리 시간을 확보하면 나에게 던져진 이 모든 문제를 해결할 수 있을지 미리 생각하느라 정신이 없다. 그러나 곧 이 모든 생각을 떨쳐버릴 방법을 찾고, 비영리 단체를 운영하느라 처리해야 하는 끝없는 일들에 다시 주의를 빼앗기기 전에 수학 공식을 이해하려고 노력한다.

11:50~12:00 홈룸 시간! 이 10분 동안 나는 다가오는 시험에 대비해 벼락치기를 하거나 다음 수업에 내야 하는데 아직 못 마친 숙제를 마무리하거나 친구들과 수다를 떤다. 또는 소셜 미디어의 내 개인 계정이나 제로 아워 계정에 새 포스트를 올리기도 한다.

오후 12:00~12:40 점심시간이다! 전에는 점심시간에 전화를 많이 받았는데, 최근에는 나 자신을 더 돌보기 위해 경계를 설정했다. 활동가로서 나의 자기 보존을 위해서도 필수적인 일로, 매일 점심시간에는 친구들과 시간을 보내며 행동주의 외의 것들에 대해 대화를 나누려고 노력한다.

금요일에는 평소에 그렇게 많이 하지 않는 다른 행동주의 활동을 하는데, 바로 집단 치유 회복 프로그램에 참여하는 것이다. 나는 퀴어 청소년을 위한 지원 그룹에 참가하는데, 이 시간이 되면 우리가 온전히 우리 자신이 될 수 있는 교실에 다 같이 모인다. 우리는 공동체 속에 있다는 사실을 느끼며 서로의 커밍아웃 과정을 지지하고 격려해주고, 동성애와 트랜스젠더를 혐오하는 자신의 가족 구성원들에 대해

분통을 터뜨리기도 하고, 단순히 웃고 떠들며 재미있는 시간을 보내기도 한다.

이 지원 그룹은 본질적으로 행동주의의 한 형태라고 할 수 있다. LGBTQ+ 공동체의 동료 멤버들과 함께 회복하고 서로 연결되며 유대를 형성하고 치유를 경험하게 하는 공간이기 때문이다. 명심해주기를 바란다. 자신의 공동체와 함께하고 서로를 돌보는 것은 그 자체로 우리가 시위를 벌이는 것만큼 중요한 행동주의 활동이다.

12:45~2:30　이제 두 과목만 더 들으면 끝이다! 기후 행동을 위해 처리해야 하는 일들과 관련해 문자 메시지와 이메일이 오지만 무시하기로 하고, 집중해서 남은 수업에 열심히 임한다. 2시 30분, 드디어 종이 울리고 나는 가방을 싸서 친구들과 잡담하며 학교를 빠져나온다.

2:30~4:00　보통 이 시간쯤 제로 아워 멤버들과의 중요한 통화가 오간다. 바로 주간 팀장 회의와 각 팀별 전화 회의다. 팀장 회의에서는 제로 아워 운영에 필요한 계획을 세우고 전략을 짜는데, 이 시간에 대부분의 중요한 결정을 내린다. 옹호팀, 물류팀, 모금 및 재정팀, 파트너십팀, 미디어 및 홍보팀, 소셜 미디어팀, 자원 봉사자 모집팀의 각 팀별 전화 회의에는 참여할 때도 있고 안 할 때도 있으며 내가 회의를 이끌 때도 있다. 하지만 주로 그 팀의 팀장이 참여하고 있기

때문에, 나는 리더로서 지지를 표하고 전체적인 방향만 제시하는 역할을 한다.

나는 버스를 타고 집에 간다. 그래서 이 모든 것을 시애틀 시내를 가로지르는 버스 안에서 스마트폰이나 헤드폰을 써서 해결한다. 그래서 버스는 나한테 또 하나의 삶의 공간이나 다름없다. 집까지 도착하는 데는 한 시간 반이나 두 시간 정도가 걸린다. 이 시간 동안 나는 회의 전화나 일대일 전화를 하고 있지 않을 때는, 음악을 듣거나 버스를 타고 도시를 달리는 순간을 즐기며 간다. 상쾌한 공기, 멀리 보이는 바다와 산…. 창밖으로 시애틀의 풍경을 바라보며 나의 **왜**를 다시금 떠올리기도 한다. 즐거울 수밖에 없는 시간이다.

4:30 마침내 집에 도착한다. 보통은 전화로 회의를 몇 차례 더 하는데, 영상 통화로 하기도 하고 그냥 전화로 하기도 한다. 이렇게 계속 전화를 하다보면 저녁 먹을 시간이 없을 때도 있다. 그러면 엄마는 내가 부탁하지 않아도 내 '사무실(거실에 있는 테이블 구석 자리)'로 먹기 좋게 자른 과일을 갖다 주고는 하는데, 이럴 때면 정말 기쁘고 감사하다.

5:00 꼬리에 꼬리를 물고 전화 통화가 이어지는 날이 아니면, 이때 저녁을 먹는다. 식탁에 앉아서 거실의 TV를 보며 먹는데, TV에서는 보통 미국 정치의 동향이나 충격적

인 소식에 대한 보도가 흘러나오고 있다. 우리 집에서는 국내 뉴스가 항상 틀어져 있다. 따라서 기본적으로 내가 가만히 있어도 미국에서 어떤 충격적 일들이 일어나고 있는지가 끊임없이 들려온다. 그러다보면 점점 더 압도적이고 감당할 수 없게 느껴지기도 해서, 내 정신 건강을 위해 식사를 마치고 나면 즉시 헤드폰을 끼고 음악을 듣기도 한다. 잠깐 정신적으로 뒤로 한 발짝 물러나 싸움을 다시 시작하기 위한 재충전을 하는 것이다.

5:30~8:00 이제 컴퓨터를 켜고 본격적으로 오늘 해야 하는 글쓰기, 행동주의 활동 관련 일을 한다. 일단 가볍게 이메일을 검토하는 것부터 시작해, 전화 회의 결과에 따른 일을 처리한 후, 제로 아워와 기후 행동에 요구되는 무게감 있는 업무에 착수한다.

8:00~10:30 숙제를 하고, 또 하고, 또 한다! 다음 날 제출해야 하는 숙제는 다 마치려고 노력한다.

10:30 잘 시간! 10시간 동안 거의 쉬지 않고 일을 하고 나면 10시 30분 넘어서까지 머리를 쓸 힘이 남아 있지 않다. 내가 하는 일의 대부분이 컴퓨터로 하는 것이기 때문에 이때쯤 되면 머리와 눈이 아프기 때문이다. 뭘 한다고 11시가

조금이라도 넘어서 자면 다음 날 피로감이 크거나 두통까지 생긴다. 숙제를 다 못 했어도 일찍 자는 편이, 늦게까지 깨어 있다가 다음 날 컨디션이 안 좋은 상태로 하루를 시작하는 것보다 생산적으로 지낼 수 있다고 생각한다. 나는 모든 전자 기기는 다른 방에 두고 자러 들어간다. 그래야 다음 날을 위해 충분한 재충전을 할 수 있기 때문이다.

그리고 다음 날 아침…, **다시 이 하루가 반복된다!**

분명 주말이나, 평일이어도 특별한 이벤트나 다른 사정이 있는 날에는 하루가 이 스케줄표와 똑같이 흘러가지는 않는다. 학생으로서 얼마나 바쁜 나날을 보내고 있든 행동주의 활동을 하루하루에 잘 포함해 넣을 방법을 찾아내자!

대프니 프리아스Daphne Frias, 21세, 여성She/Her

카운티 위원회 의원, 기후 정의/ 장애인 권리/ 총기 폭력 예방/ 인종 정의/
젠트리피케이션 반대/ 폭력 조직 반대 활동가, 박스 더 발롯Box the Ballot 설립자

제이미 어떻게 활동가, 그리고 정치인의 길을 걷게 되셨나요?

대프니 장애가 있는 유색 인종 여성으로서, 저는 늘 활동가로 살아왔어요. 제 스스로를 옹호해야 했으니까요. 저는 뇌성 마비를 앓고 있어요. 휠체어를 타고 다녀야 하는데, 대학을 졸업하기까지 아주 힘들었어요. 학교는 어떻게 조력해줘야 하는지 잘 몰랐고, 제게 편의를 제공해주는 걸 필요에 의한 일이 아니라 특권을 주는 것으로 여겼어요. 그래서 저는 스스로를 지키기 위해 나서야 했고요.

제이미 어떻게 지역 사회에서 공직에 진출할 결심을 하게 되셨나요?

대프니 저희 지역은 흑인과 라틴계가 대다수고, 젠트리피케이션으로 큰 변화를 겪고 있어요. 최근에는 폭력 조직의 활동도 활발해졌고요. 저는 이득을 취하려고 저희 지역에 새롭게 찾아왔으면서 모든 문제를 알고 있는 것처럼 말하는 정치인과 달라

요. 평생을 그곳에서 살아왔으니까요.

출마를 결심하게 된 건 대학 첫 여름 방학을 보내려고 집에 돌아왔을 때예요. 쭉 지낸 곳이지만 가족과 떨어져 독립적인 삶을 경험한 터라, 다시 돌아왔을 때는 제가 자란 지역 사회를 새로운 시각에서 볼 수 있었어요. 제가 출마하고 싶다는 생각을 꺼내자 주민분들이 환영해주시더라고요. 지역 공동체의 많은 사람이 저를 믿고, 기꺼이 제게 책임을 맡기고 싶어 한다는 걸 깨닫고 나니까 결심이 섰어요.

제이미 변화를 창조하기 위한 자신만의 전략은 무엇인가요?

대프니 사람들이 그들 개개인의 목소리로 변화를 만들 수 있다는 사실을 깨닫게 하는 거요.

최근에 저는 재사용 가능한 물병 이용율 장려하는 집중 프로그램을 시작했는데요. 이 캠페인에 참여하겠다고 서명한 사람에게는 물병에 스티커를 붙여줘요. 물병에 물을 채울 때마다 스티커를 스캔하면 포인트를 주죠. 그렇게 모은 포인트는 기프트 카드나 상품으로 바꿔주는 거예요.

제이미 대프니 씨처럼 되기를 열망하는, 장애가 있는 유색 인종 청소년을 위한 조언이 있을까요?

대프니 자신이 앞으로 어떤 장벽과 장애물을 맞닥뜨리게 될지 잘 알아야 해요. 그러고 나면 어떻게 그것을 무너뜨리고 넘어설 수 있을지 계획할 수 있을 겁니다.

제이미 운영하고 계신 비영리 단체, '박스 더 발롯'에 대해 소개해주시겠어요?

대프니 선거권을 행사하지 못할 위기에 처한 사람들의 투표
가 무효처리되지 않도록 하는 것을 목표로 2018 중간 선거 직
전에 설립하게 된 비영리 단체인데요. 부재자 투표 용지를 모아
서 보내는 활동을 했어요. 사실 이와 관련해서 뚜렷한 지침이
전달되지 않는 경우가 많아서, 대학을 다니느라 집에서 떨어져
사는 제 친구들도 어떻게 해야 하는지 잘 몰랐거든요.

그렇게 해서 저희는 2018년 중간 선거에 37만 개가 넘는 부
재자 투표 용지를 집계에 포함시킬 수 있었죠.

14 활동가의 정신 건강

활동가로서
건강하게 지내려면?

사람들은 흔히 활동가 세계에서 정신 건강 같은 것은, 모든 일에 과민하게 반응하고 화합의 노래를 부르며 모닥불에 둘러앉길 좋아하는 감상적인 사람들이나 하는 이야기일 것이라고 생각한다. 그러나 건강한 정신은 활동가로서의 삶을 지탱하는 데 가장 중요한 요소 중 하나다. 자신이 감정적으로 공허한데 어떻게 지역 사회를 도울 수 있을까? 식상한 말이라고 느낄 것 같다. 그리고 그 심정을 나도 잘 안다.

'아니, 정신 건강이라는 둥 자기 자신을 돌보라는 둥, 그런 건 척척 일 처리를 할 줄 모르는 사람들한테나 필요한 거지'라고 생각하는 사람이 바로 나였다. 하지만 그러다 번아웃에 빠졌고, 모든 일에 신물이 났다. 어디 구멍에라도 들어가 숨고 싶었고 아무것도 하고 싶지 않았다. 나는 나의 개인적인 생활과 행복을 너무 많이 희생했고, 그러다보니 내가 좇는 대의를 원망하기에 이르렀다. 불행감이 커질수록 생산성은 떨어졌다.

몇 달 동안 쉬지 않고 일하고 나니, 내가 즐거운 마음으로 고대하던 모든 일이 두려워졌다. 전화 회의를 통해 소중한 동료 조직가들과 함께 계획을 세우고 전략을 짜는 것? 나는 그들이 미웠다. 한번도 성가시다고 느낀 적 없는 그날그날의 업무들? 이메일 계정에 로그인 하는 것조차 버거웠다. 나는 소파에 누워 내가 사랑했던 모든 일을 증오하고 있는 나 자신을 보며 깨달았다. 나는 지쳤던 것이다.

번아웃은 자신을 돌보지 않고 목표에만 몰두하다가 건강하지 못한 형태로 자기 자신을 잃게 될 때 발생한다. 활동가로서 자신의 정신 건강을 등한시하는 것은 현명한 처사가 아니다. 업무와 건강을 위해서도 그렇지만, 지쳐서 축 처져 있는 여러분을 참고 견뎌야 할 주변 사람들을 위해서도 말이다.

아래는 활동가로서의 여정을 걸어가며 늘 마음속에 간직해야(그리고 꺼내 봐야) 하는 조언들이다. 번아웃을 예방하고 번아웃으로부터 회복하는 데뿐만 아니라, 장기적으로 더욱 행복하고 효율적으로 활동해 나가는 데 도움이 될 것이다.

정신 건강을 지키기 위해 늘 기억해야 할 사항

1. 끊임없이 뭔가를 하고 결과를 내야 가치와 자격을 갖춘 사람이 되는 것이 아니다

우리에 대한 평가는 그저 충분히 자기 자신으로 존재하는 데서 발현되는 우리 고유의 가치가 아니라 점수나 수상 내역, 업적 같은 것들에 의해 잘못 이루어지고는 한다. '끊임없이 일을 하지 않고 끊임없이 성과를 내지 못한다면 자격도, 가치도 없는 사람이야'라는 생각은 곧잘 활동가 공간을 파고들고, 우리가 활동가로서 자신의 가치를 측정하는 근거가 된다. 극도로 지칠 때까지 끊임없이 일해야 누군가 다른 사람이나 세상을 볼 때 자신이 떳떳할 수 있다는 생각을 하고 있다면, 그래서 계속해서 자신을 한계로 밀어붙이고 언제나 뭔가를 하려 든다면, 그렇게 오래 일을 지속할 수 없을 것이다. 여러분은 어떤 대의를 위해 싸우는 활동가라서만 가치 있는 사람이 아니라, 활동가가 아니어도 그 자체로 멋지고 완전한 사람이기 때문이다.

2. 여러분의 일을 여러분보다 '잘하는' 것 같은 사람, 그리고 '못하는' 것 같은 사람은 언제나 있다. 동료 활동가와 자신을 비교하고, 그로부터 자신의 성공 여부를 판단하려 들면 불행해질 뿐이다

조직가나 활동가로서 자신의 일과 성취를 다른 사람들의 그것과 비교하기 시작하면 만족감을 얻기는커녕 비참한 기분에 빠질 수밖에 없다. 자신보다 객관적으로 '나은' 위치에 있는 사람(어떤 식으로 측정하든 간에), 그리고 '못한' 위치에 있는 사람은 언제나, '언제나' 있다. 세상을 바꾸는 일이 무슨 시합이라도 되는 것처럼 동료들 사이에서 자신이 몇 등이나 될지 순위를 매기며 자신의 역량을 평가하려 든다면, 자신의 **왜**에서 한참 멀어진 것이다. 그리고 자신을 불행하게 만들 뿐이다.

3. 학교 공부를 따라잡고 오랜만에 가족과 시간을 보내거나 개인적 일들을 처리하기 위해 행동주의 활동을 쉰다고 해서 자책감을 가질 필요가 전혀 없다

시험공부와 밀린 과제를 하고 사랑하는 사람들과 함께 시간을 보내고 개인적인 문제를 해결하기 위해 일주일간 휴가를 낸다고 해서 나쁜 활동가가 되는 것은 아니다. 전혀 자책감을 가질 필요가 없다. 자신의 대의를 배신하는 것도, 이기적으로 구는 것도 아니다.

4. 그저 십 대답게 놀기 위해 휴가를 내는 것도 괜찮다!

꼭 완벽한 이유가 있어야 휴가를 내거나 일을 조금 미뤄도 되는 것도 아니다. '가까운 가족의 죽음으로 장례식 준비를 도와야 해서 할 수 없이 일을 며칠 빠지고 업무량도 줄여야 한다'와 같이 극적인 사정이 없어도 된다. 콘서트를 보러 가고 신나게 놀고 싶기 때문에 하루 휴가를 내는 것도 전적으로 정당하다는 말이다. 친구들과 어울리고, 사랑에 빠지고, 영화를 보고, 바보 같은 일을 하자(너무 심한 바보짓은 말고). 나는 내가 사랑하는 사람들과 함께 재미있는 일을 하는 데 시간을 들이고 나면 제로 아워 일이나 행동주의 활동 전반에 훨씬 큰 에너지와 건강한 태도로 임할 수 있다는 사실을 깨달았다.

5. 우리에게는 '아니'라고 말하고 경계를 그을 권리가 있다

우리 앞에 나타나는 모든 기회에 '예'라고 응하지 않아도 된다! 몸담고 있는 조직이나 공동체, 진행하고 있는 프로젝트를 위해 하루 24시간 일주일 내내 무슨 일에든 투입될 수 있는 상태일 필요가 없다. 그렇게 경계를 긋지 않고 생활하는 것은 행동주의 활동을 원망하고 지치다가 번아웃에 빠지게 되는 지름길이다. 전화를 받지 않고 이메일에 답장을 쓰지 않으며 기타 다른 업무들을 하지 않는 시간을 정하도록 하자. 그리고 사람들에게 존중해줄 것을 요청하자. 예를 들어, '저는 정말 긴급한 상황이 아니고서는 저녁 8시 이후에는 일을 하는 게 어려워요'라거나 '일주일에 최대 4번 정도만 회의에 참석하고 싶어요'라거나 '이 프로젝트에 하루 4시간 이상 투자하는 건 무리예요'라고 알려야 한다. 스스로 정하고, 존중하고, 다른 사람들로부터도 존중을 받고, 그렇게 하면 훨씬 기운차고 신나게, 행복하게 자신의 대의를 위해 싸울 수 있을 것이다.

6. 순교자가 되지 마라. 대의를 위해 자신의 건강과 금전적 안정을 희생하는 것은 그럴 만한 가치도 없고 도움도 안 된다

대의를 위해 고통을 감수하는 것만이 진정한 활동가가 되는 유일한 길이라 믿고 있다면 당장 그 생각을 버리자. 세상을 바꿔라, 그렇지만 세상을 바꾸는 중에도 여러분이 '흥하기를' 바란다. 대의를 위해 얼마만큼 고통받고 있는가는 대의를 위해 얼마나 열정을 쏟고 있는가, 대의를 달성하는 데 얼마나 성공적인가와 절대로 같은 의미가 아니다. 대의를 위해 거의 보수도 안 받고 장시간 일하며 늘 처참한 기분으로 근근이 지낸다고 해서 자신을 순교자처럼 느끼는 것은 그리 현명한 선택이 아니다. 그런다고 우리가 더 우수하고 유능해지는 것도 아니고, 영웅이 되는 것도 아니다. 슬퍼질 뿐이다. 그러니 순교자가 되려 하지 말자. 경제적 안정을 추구하고 건강하게 지내며 즐거움을 찾고 자신의 행복을 우선시하도록 하자.

번아웃에 빠졌을 때 대처법
가끔은 별다른 이유 없이 나타나기도 한다

1. 심호흡을 한다

모든 일이 불만스럽고 싫증이 난다면, 있지도 않은 힘을 짜내 일할 생각은 하지도 말자. 번아웃에 빠졌을 때 하는 일은 질 좋은 결과물로 나타날 가능성도 낮다. 한 주나 두 주, 혹은 그 이상 일을 쉬도록 하자. 일에서 물러나 천천히 생각할 시간을 가져야 한다. 산책을 하고, 사랑하는 사람들과 어울리고, 모든 것을 맑은 정신과 새로운 관점으로 검토해보자.

2. 인생에서 놓치고 있는 것에 다시 초점을 맞춘다

번아웃은 우리가 자기 자신을 등한시할 때 벌어지는 경우가 많다. 자신이 인생에서 놓치고 있는 것은 없을까? 좋아하는 취미 생활을 하는 데 충분한 시간을 보내고 있지 않은 것은 아닐까?

친구나 가족들과 함께하는 시간이 모자란 것은 아닐까? 건강을 제대로 안 돌보고 있는 것은 아닐까? 무엇이든 간에 빠뜨리고 있는 것이 있다면 시간을 내 주의를 기울여보자.

3. 같은 경험을 겪었던 사람들에게 연락해 조언을 구한다

자신이 겪고 있는 일을 이해해주는 동료 활동가들과 통화를 하거나 만나서 대화를 나눠보자. 자신의 감정을 있는 그대로 털어놓고 조언을 구하는 것이다. 번아웃에 빠졌을 때 우리의 기분을 잘 아는 동료에게 전부 다 토로하는 것만큼 좋은 약은 없다. 단, 감정을 쏟아내기 전에 듣는 사람이 여러분을 받아들이고 공감해줄 여유가 있는 상태인지 먼저 확인해야 한다. 때로는 듣는 것만으로 마음에 타격을 입을 수 있기 때문이다.

4. 잠을 잔다

규칙적이고 적정한 수면 시간을 확보하라! '무슨 일이 있어도 매일 밤 11시 30분 전에는 자러 갈 것이다'와 같이 마감 시간을 정하라. 잠을 잘 못 자면 자신이 겪고 있는 문제 상황으로부터 충분히, 그리고 빨리 회복하기가 어렵다.

잠을 우선시하는 것이 영 익숙하지 않다고? 지금이 습관을 들일 때다. 번아웃을 겪을 때 최선의 치료법은 푹 쉬는 것이다. '그야 그렇겠지만, 잘 시간이 없는걸' 하는 생각이 드는지? 아니다, 있을 것이다. 누구에게나 시간은 있다, 시간을 내려 하지 않고 있을 뿐이다.

규칙적인 수면 패턴을 만들려면 어떻게 해야 할까? '설령 할 일을 다 끝내지 못했더라도 나는 매일 평일 저녁 ○○시에는 잠을 잘 것이다'와 같이 잠자리에 드는 시간을 엄격하게 정해놓고 지키자. 마감 시간이 되기 전에 모든 일을 해치우기 위해 서두르는 자신의 모습을, 그리고 규칙적인 패턴 속에서 충분히 휴식을 취하고 건강해진 자신의 모습을 발견하게 될 것이다. 밤늦게까지 일했다고 낮잠을 왕창 자더라도 밤에 8시간 쭉 자는 것과 같은 효과를 기대할 수는 없다. 과학자가 아니라 자세히 설명할 수는 없으므로, 정확히 왜 그런지 궁금하다면 인터넷에서 알아보기를 바란다. 아무튼, 요점은 충분한 수면이 엄청난 변화를 가져다준다는 것이다.

번아웃을 피하기 위한 팁

1. 자신을 위한 보상을 주기적으로 하라 #TreatYourself

물살을 거슬러 오르며 고군분투하다 손톱에 매니큐어를 바르거나 친구들과 하잘것없는 일들을 하기 위해 쉬는 것은 전혀 부끄러운 일이 아니다.

이 부분은 너무 자명한 내용이기 때문에 따로 세세히 설명할 필요도 없는 것 같다. 자신에게 보상을 해주자. 보상의 내용은 사람마다 다를 것이다. 잘 차려입고 외출하거나 느긋하게 목욕을 하거나 좋아하는 장소에 가거나…, 무슨 뜻인지 알 것이다.

내 개인적으로는 멋지게 꾸미고 친구들과 즐거운 한때를 보내는 것으로 나에게 보상하는 편이다.

내 친구이자 블랙 라이브스 매터 활동가인 누폴 키아졸루는 네일 숍에 가서 길고 화려하게 손톱 꾸미는 것을 좋아한다(누폴의 손톱은 정말 정말 길다. 그리고 큐빅이 잔뜩 들어가 있다). 누폴은 손톱을 손질하는 것이 안식의 수단, 즉 자신의 정신없는 인생과 정신없는 세상에서 빠져나오는 유일한 방법이라고 했다.[*]

내 안식처는 헤드폰 아래다. 음악이 내 귀로 흘러들어오기 시작하면, 나는 모든 것을 조금 더 견딜 수 있게 된다.

자신만의 안식처를 찾아라. 아무리 사소한 것이어도 좋다.

2. 심리 상담이나 테라피 프로그램에 참여하라

모든 사람에게 있는 선택지는 아닐 것이다. 그래서는 안 되지만, 정신 건강 치료는 특권에 해당하는 경우가 많다. 모든 사람이 전문적인 치료사를 만날 경제적 자원이나 의료 보험을 갖고 있는 것은 아니다. 내 친구 중에는 임상적 우울증이나 불안 증세를 갖고 있음에도 부모님이 치료 요법, 정신 질환, 트라우마의 존재 같은 것을 '믿지' 않는 분들이어서 상담의 도움을 받을 수 없는 아이들도 있다. 하지만 심리 상담이 여러분에게 있는 선택지라면 나는 강력히 추천하고 싶다. 여러 대응 기제와 자기 관리 기제

---

[*] 334쪽 인터뷰의 주인공이다.

중 나는 이 방법으로부터 가장 큰 도움을 받았기 때문이다. 치료사를 찾을 때는 여러분에게 잘 맞고 진정으로 이해하고 공감해줄 수 있는 사람을 만나는 것이 중요하다. 이 글을 쓰고 있는 지금 내 치료사는 내가 정말 마음을 열 수 있는 젊은 여성이다. 심리 상담을 받을 특권을 갖고 있다면, 꼭 받아보기를 바란다. 더없이 추천한다.

3. 건강한 피난처를 찾아둬라

세상과 관련을 맺고 살아가는 것은 물론 중요하지만, 자신의 인생과 소중한 사람들을 위해 늘상 분발하며 지내기만 하면 누구나 지치게 돼 있다. 가끔은 현실 세계로부터 떠나 재충전하며 다시 일상을 견딜 힘을 채워야 한다. 나는 그렇게 하고 있다. 다방면에서 스스로 자신의 건강을 챙기는 것(셀프 메디케이션self-medication)을 실천하는 데 어려움이 있다면 의지하고 있는 어른이나 멘토로부터 도움을 받도록 하자.

아래의 건강한 피난처들이 있었기 때문에 내가 아직 멀쩡히 지내고 있는 것 같다.

》 음악

나는 헤드폰을 귀에서 떼는 법이 없는 사람이다. 하루 종일 음악을 듣지 않으면 제정신으로 지내지 못할 것 같다. 인터넷이 있어서 나와 같은 고민을 하고 있고 공감할 수 있는 아티스트를 찾기가 정말 쉽다. 새까맣게 어두운 방 안에 혼자 누워 헤드폰을 머리에 쓰고 눈을 감은 채, 정말로 음악에 '귀를 기울여본' 적이 있는지? 배경 음악으로 흐르게 둔 것 말고, 있는 힘껏 '귀 기울여본' 적 말이다. 어둠 속에서 음악에만 집중하는 시간은 내가 마음을 가라앉히고 잠시 세상으로부터 사라짐으로써 재충전하는 것을 도와준다.

》텔레비전, 공연, 영화

좋은 영화나 공연 속으로 도피하는 것만큼 좋은 것도 없다. 나는 시간이 나면 극장에 가서 커다란 스크린 속으로 잠깐 사라지는 것을 좋아한다. 영화는 넓은 시야로 세상을 바라보는 데 도움을 주고, 잃었던 영감을 되찾게 해주기도 한다.

》넷플릭스, 유튜브

설명이 필요 없을 것 같다. 때로는 자신에게 절실한 위안과 웃음이 클릭 한 번으로 해결되기도 한다.

》친구, 가족들과 보내는 시간

나를 이해해주고 나를 웃게 하는 이들과 함께 시간을 보내는 것보다 더 행복한 일은 없다.

단 하나의 최선의 대응 기제 같은 것은 없다. 그리고 누구에게나 자신의 스케줄, 자원, 열정에 맞는 전략이 존재할 것이다. 자신에게 편하게 느껴지고 효과가 있는 방법을 찾아서 시도하면 된다.

이 장이 여러분에게 도움이 되기를, 적어도 자신이 활동가이기에 앞서 보통의 한 사람이라는 사실을 다시금 생각해보는 계기가 되기를 바란다.

기억하라: 여러분은 자기 자신을 돌보고 너그럽게 대할 여유를 가질 자격이 충분하다.

여러분이 자신을 돌볼 동기를 영 찾지 못할 경우를 대비해 오드리 로드의 말을 또 한 번 싣는다 – '자기 자신을 돌보는 것은 방종이 아니다. 그것은 자기 보존이며, 정치적 전쟁 행위다'.

더 나은 세상을 만들기 위한 싸움에 여러분은 꼭 필요한 존재다. 그런데 자기 자신의 보존에 애쓰지 않는다면 어떻게 이 싸움에서 유능하고 생산적인 투사가 될 수 있겠나? 끊임없이 우리 자신을 미워하도록 부추기고 그로부터 이득을 도모하는 세상에서 진정한 자기애를 가꾸는 것은 급진적이고 혁명적인 일이며, 꼭 필요하다. 우리 문화가 업신여기도록 가르치며, 본질적으로 열등한 존재로 바라보고, 바로잡아야 할 대상으로 인식하게 하는 정체성을 지녔다면 특히 더 그렇다. 주변화된 이들에게 다른 사람을 뒷받침할 것을 요구하는 세상에서 자기 자신을 사랑하고 가장 소중히 여기도록 스스로에게 허락하는 일은 가히 혁명적이며 강력한 효과를 낳을 것이다.

어리고, 유대계이고, 라틴계이며,* 동성애자 여성(나는 나에게 너무 자기소개가 '길다고' 법석을 떠는 사람들에게 신이 다양성 고용 정책을 펼쳐서 내가 태어나게 된 것 같다고 농담하는 걸 좋아한다)이라는 나의 진정한 자아를 부끄러움 없이 드러내며 살아가는 것은 그 자체로 저항 행위다. 퀴어 여성으로서 나 자신을 보존하고 몸과 마음의 건강을 지키는 것은 대단히 중요한데, 그도 그럴 게 세상은 마치 나와 같은 공동체의 사람들을 쓰러뜨리기 위해 만들어진 것처럼 보일 지경이기 때문이다. 세계 대부분 지역에서 LGBTQ+는 그 존재 자체가 저항이다. 나는 늘 이 사실을 상기하며 자신을 드러낼 수 없는 세상의 많은 사람들을 위해 나 스스로를 더 자랑스럽게 여기고 진실해야 한다는 책임감을 느낀다.

나에게는 한 걸음 물러서서 스스로에게 더 친절해야 할 의무가 있다. 세상이 이미 나 같은 사람들에게 불친절하다는 것을 알고 있기 때문이다.

따라서 어떤 면에서 보면 행동주의 활동을 쉬는 순간이란 결코 없는 것일지도 모르겠다.

---

* 저자는 아버지가 유대계, 어머니가 라틴계이다.

그레이시 헤르난데스 Grelsy Hernandez, 18세, 여성 She/Her

라스 치카스 출라스 Las Chicas Chulas 설립자, 정신 건강 옹호 활동가

제이미 왜 유색 인종 청소년 여성의 정신 건강과 라틴계 여성을 위해 활동하게 되었나요?

그레이시 중학생 때 LA의 오래된 종합 병원 건강 센터와 함께 조직 활동을 하기 시작했어요. 스트레스를 없애기 위한 대응 전략이나 균형 잡힌 정신 건강을 유지하기 위한 루틴 같은 것에 대해 배웠고요.

모든 사람은 자신의 인종, 계급, 시민권 보유 여부와 상관없이 공평하게 정신 건강 서비스를 제공 받을 권리가 있어요. 자원을 마련하는 데 어려움이 있었죠. 우리는 자신이 어떤 투쟁 상태에 놓일지는 선택할 수 없지만, 자신과 자신의 공동체를 위한 해결책을 창조하기 위해 노력할 수는 있어요.

제이미 '라스 치카스 출라스'는 어떤 일을 하는 곳인가요? 또 정신 건강을 옹호하고 향상시키기 위해 어떤 일을 하고 계신가요?

그레이시 저는 라틴계 여성을 위한 안전한 공간과 공동체를 만들고 싶다는 비전을 갖고 있었어요. 그렇게 해서 라스 치카스 출라스가 탄생했죠. 소셜 미디어를 이용해서 사람들 사이를 연결해주는 플랫폼이에요. 다양한 사회정치적 문제들, 특히 정신 건강에 관한 대화를 장려하기도 하고요. 각종 행사를 개최하기도 합니다.

패션에 대한 관심을 발전시켜서 멜라닌*을 찬양하고 서구화된 미의 기준으로부터의 탈피를 추구하는 치카스 출라스 의류 라인을 런칭하기도 했어요.

제이미 자기 관리와 정신 건강을 활동가 공간의 중요 요소로 만들고자 노력하고 있는 청소년 활동가에게 조언 한마디 부탁드려요.

그레이시 자기 자신을 돌보는 것은 저항의 한 형태예요. 우리는 우리 스스로를 돌보고, 또 서로를 돌볼 때 세상을 바꿀 에너지를 확보할 수 있어요. 자신을 돌보는 데 가장 유효한 실제적 방법 하나는 공동체에 들어가는 것이라고 할 수 있어요. 공동체에는 치유의 힘이 있거든요. 특히 서로 영향을 주고받을 수 있을 만큼 안전한 공간일 때 이러한 효과가 커지죠.

테라피스트를 만나거나, 일주일에 한 번은 온전히 자기 자신에게 집중해봐요. 자기 생각을 써보고, 스마트폰으로 생각을 녹

---

* 흑갈색 색소로, 멜라닌의 양에 의해 피부색이 결정됨.

음하는 것도 좋은 방법이고요. 필요하다면 고래고래 소리라도 질러요! 우리는 자신의 감정을 알게 모르게 억누를 때가 있기 때문에, 그런 감정들을 풀어 놓을 공간이 있으면 자신의 삶에 큰 변화를 불러올 수 있어요. 소셜 미디어를 이용하고 있다면, 여러분에게는 자신의 피드를 큐레이션 할 수 있는 힘이 있다는 걸 알아야 해요. 정신 건강 전문가나 긍정적 사고방식을 지닌 사람의 안내를 받도록 하고, 목적의식을 가지고 미디어를 소비하는 편이 좋아요.

15 비즈니스, 돈, 기업

활동가로서
돈의 세계를
항해하는 법

오늘날 돈이 흐르지 않고 비즈니스가 이루어지지 않는 영역은 없다. 행동주의 세계도 마찬가지다.

청소년 활동가인 우리의 힘과 목소리는 여러 단체, 기업, 정치인들에게 상당히 매력적이라고 할 수 있다. 기업들은 대부분 광고를 비롯해 각종 이니셔티브를 진행하는 데 청소년 활동가를 끌어들이고 싶어 한다. 청소년 행동주의가 주류로 자리매김하고 있는 최근에는 특히 더 그렇다. 즉 단체는 자신들의 어젠다를 발전시키기 위해, 기업은 제품을 팔기 위해, 정치인은 표를 얻기 위해 우리의 목소리를 이용하려 한다.

이 중 어느 것도 본질적으로 잘못된 것은 없다. 나 역시 내가 동의하는 어젠다의 발전을 위해 다른 단체들과 힘을 합친 적이 있으며, 까다롭게 선택한 환경친화적인 몇몇 기업들과도 협업한 적이 있고, 친밀하게 지내는 정치인들도 있다.

우리는 아슬아슬한 줄다리기를 하되 자신의 입장을 굳건히 지켜야 한다. 왜일까? 우리는 어려서 이용당하기 쉽기 때문이다. 종종 운동 조직이나 동료 활동가들이 이미 진정한 대의는 잃어버린, 커다란 NGO나 에이전시, 기업에 썩 내키지 않는 형태로 흡수되고는 하는 사례를 본다.

그러나 기업이나 거대한 플랫폼을 갖춘 조직체들은 우리의 메시지를 더 많은 사람들에게 전달하는 데 도움을 줄 수 있다. 요점은 우리의 **왜**를 진전시킬 수 있다는 것이다. 여러분과 함께 일하고 싶어서 접근해온 기업이 여러분과 같은 가치를 추구하고 있다면, 여러분의 목표와 불협화음을 이루지 않고 여러분의 **왜**와 보조를 맞출 수 있는 곳이라면, 여러분이 지키기 위해 싸우고 있는 대의를 도모하는 데 실질적으로 도움이 될 것으로 판단된다면, 그것은 좋은 거래이므로 여러분의 메시지를 전파할 새로운 기회를 잡아야 한다.

그런데 기업들은 우리를 이용하려 한다는 사실을, 그들의 관행이 우리가 좇는 가치와 모순된다는 사실을 절대 겉으로 명명백백하게 드러내지 않는다. 대신 우리에게 좋은 인상을 주기 위해 최선을 다한다. 따라서 조짐이나 기색을 잘 살피고 스스로 조사를 해봐야 한다.

나쁜 거래를 하게 되면 여러분 자신에게는 물론, 여러분이 좇는 대의를 위해서도 상당히 해로운 결과가 발생할 수 있다. 우리는 변절자처럼 보이게 될 것이고, 이는 힘의 상실로 이어진다. 청소년 활동가의 힘이란, 세상의 잘못된 것들을 잘못이라고 말하는 용기와 권력에 맞서 진실을 외칠 수 있는 때묻지 않은 기량으로부터 나온다. 우연히 관계를 맺게 된 나쁜 기업 때문에 위선자로 비춰지고 강력했던 메시지가 희석되고 나면, 여러분의 메시지는 더 이상 사람들에게 진실로 가닿지 않을 것이다. 우리의 **왜** 및 우리의 대의와 직접적으로 충돌하는 브랜드에 지지를 표명하는 행위는 우리에게 극심한 손상을 입히고 우리의 힘을 약화시킬 수밖에 없다.

아래는 기업 및 대규모 단체가 계약이나 파트너십을 제안해왔지만 괜찮은 기회인지 아닌지 판단이 서지 않을 때 참고할 만한 조언들이다.

기업, 대형 에이전시, 단체와의 협업을 고려할 때 유념해야 하는 사항

1. 그들의 존재 이유를 상기하라. 바로 물건을 팔고 돈을 벌기 위해서다

나에게 접근해오는 곳의 주요 사명이 무엇인지를 항상 떠올려야 한다. 의류 브랜드라면, 그들의 존재 이유는 옷을 파는 것이다. 물론, 지속 가능한 옷을 만들고 수익금 일부는 여성 권리 신장 단체에 기부할 수도 있겠지만, 이는 그 브랜드의 존재 이유는 아니다. 그들이 어떤 활동을 하고 있건 그들의 첫 번째 목적은 물건을 파는 것이다. 나머지는 전부 브랜드를 구축하고 판매를 늘리기 위해 추구하는 전략들일 뿐이다. 만약 어떤 브랜드가 접근해온다면, 그것은 여러분과 여러분이 쌓아 올린 플랫폼이 자신들이 더 많은 제품을 판매하는 데 도움이 된다고 판단했기 때문이다. 본질적으로 잘못된 것은 아니지만, 우리로서는 자신이 당면한 상황이 어떤 것인지 정확히 파악할 필요가 있다. 순진하게 무턱대고 비즈니스 거래에 참여해서는 안 된다. 그들은 여러 분으로부터 뭔가 이득을 취하길 바라고 있는데, 그것이 무조건 잘못됐다는 말은 아니지만 사실은 사실이기 때문이다. 여기서 해야 하는 질문은, 그렇다면 우리는 그 거래에 참여하는 대가로 어떤 이득을 취할 수 있는가, 하는 것이다.

2. 장기적 영향과 단기적 클릭 수 및 유명세 중 어느 쪽이 더 중요한가?

나도 나의 **왜**나 내가 실제로 추구하고 있는 가치와 거리가 멀지 만, 단기적으로 내게 엄청난 유명세와 소셜 미디어 팔로워 수를 안겨줄 수 있는 대기업의 제안에 솔깃했던 적이 있다. 그 기회에 응했다면 아마 틀림없이 우리 모두에게 있으며 내게도 있는, 크 게 조명받고 인지도와 찬사를 얻고 싶어 하는 자만심을 충족시 킬 수 있었을 것이다. 그러나 내가 왜 활동가이며 무엇을 위해 싸우고 있는가를 진지하게 생각해본 결과, 단기적 명성은 내 가 치관과 대의를 포기할 만큼의 의미가 없다는 사실을 깨달았다. 장기적인 뭔가를 양보해야 단기적으로 화려하고 흥미진진한 무 엇을 얻을 수 있는 상황이라면, 스스로에게 이렇게 물어보도록 하자 – '정말 그만한 가치가 있는가?'.

3. 내가(또는 나의 메시지가) 주는 가치가 상대 기업, 기회 등이 나에 게 주는 가치보다 큰가? 생각해보자

둘 중 누가 누구에게 호의를 베풀어야 성립되는 거래인가? 한쪽으로 심하게 치우친 거래인가? 더 많은 것을 주는 쪽, 상대에게 더 큰 가치를 제공하는 쪽은 누구인가? 기업은 자신이 제공하는 것보다 훨씬 많은 일을 우리에게 시키면서, 우리가 바로 그 흔치 않고 영광스러운 '기회'에 선택됐으니 기꺼이 절충에 나설 수밖에 없다고 느끼게 하는 데 능하다.

4. 기업이 자신에 대해 광고하는 것 말고, 실제로 적용하고 있는 관행을 조사하라

자사 웹사이트에 '저희는 노예 노동을 활용하고 있고, 미친 듯이 환경을 오염시키죠…'라고 보란 듯이 써놓는 회사는 없다. 하지만 그렇다고 해서 안 하는 것은 아니다. 기업의 웹사이트도 살펴보되 해당 기업 쪽으로 편향돼 있거나 의무를 지고 있지 않은, 믿을 만한 출처를 통해서도 그들이 '실제' 어떤 관행을 갖고 있는지 알아보도록 하자.

좋은 거래인지 알아보는 법

1. 그들이 우리에게서 얻는 것만큼 우리도 얻는다

누가 누구에게 가치 있는가의 문제로 다시 돌아간다. 나도 이 파트너십을 통해 상대 기업이 내게서 얻는 것만큼 얻을 수 있다면 좋은 징조라고 보면 된다. 내가 더 많이 얻는 경우라면 더욱 좋다. 나에게 요구되는 노동 및 수고를 나를 위해 파트너가 해야 하는 것과 견줘보자. 동등하거나 나에게 보탬이 되는 쪽으로 기운 경향이 있다면, 좋은 조짐이다.

2. 그들의 관행이 우리가 추구하는 대의와 호흡한다

편향되지 않고 믿을 수 있는 출처를 통해 조사해봤더니 어느 모로 보나 해당 기업의 관행이 여러분이 좇는 대의와 일치하는 것으로 나온다면 긍정적인 신호로 판단할 수 있다. 믿을 만한 출처란, 인정 받고 있는 언론 매체나 연구 사이트 등이겠다. 여러 다양한 뉴스 매체가 똑같은 말을 하고 있다면 사실일 가능성이 크다. 아무개 씨 블로그의 포스트 단 하나에 '그 기업이 개구리를 동성애 성향으로 만드는 화학 물질을 강에 방류하고 있다'는 내용이 실려 있다면, 그다지 믿을 만한 자료라고 보기 어려울 것이다. Snopes.com와 같은 사실 확인 사이트를 이용하는 것도 도움이 된다.

3. 우리에게 타당한 보상을 제공한다

어떤 요구를 받았는지에 따라, 거래상 제공된 호의 외에 노동의 대가로 여러분이나 여러분의 조직, 공동체에 일종의 금전적 기부가 돌아와야 한다. 다른 조직체를 위해 연설, 거래, 협업을 하는 데 있어 금전적 보상을 받는 것은 잘못된 것도, 이기적이거나 위선적인 것도 아니다. 기억하기를 바란다. 자신의 **왜**에 진실하라. 그러나 순교자는 되지 마라. 노동의 대가로 보상을 받는 데 죄책감을 느껴서는 안 된다. 상대 기업이 많은 예산을 갖고 있고 충분히 감당할 수 있는 수준이라면, 보상을 부탁하는, 아니, '요구'하는 것은 절대 잘못된 일이 아니다.

한편, 계약서도 쓰지 않고 보수도 지급하지 않지만 '노출'시켜주겠다고 나오는 회사가 있으면 의심을 해야 한다. '대가로 제공하는 것은 없지만 이 기회로 노출될 수 있을 것이다'라며 접근하는 기업이나 단체들이 많다. 더 큰 영향력을 확보하도록 도와준다는 식인데, 그러나 영향력은 현금으로 바뀌는 경우는 드물며, 여러분은 '노출'되는 것 이상의 가치를 지니고 있다. 대가를 지급하기에 무리가 없는 큰 회사라면, 노출시켜주는 것만으로 보상하겠다는 것은 여러분과 여러분의 일에 대한 모욕이라는 뜻을 분명히 밝히자. 그리고 반드시 경계하도록 하자.

4. 학생이자 활동가로 살아가고 있는 우리의 상황을 배려해주며, 우리를 지나치게 밀어붙이거나 너무 많은 것을 요구하지 않는다

고생할 가치가 있는 협업이라면 파트너가 학생인 우리의 생활을 존중해주며, 턱없이 많은 일을 요구해 우리의 삶을 지치게 만들지 않아야 한다. 좋은 파트너는 또한 우리 부모님과 우리 삶 속에 있는 다른 어른들을 존경으로 대하며, 그들이 묻는 질문에 답하는 데 막힘이 없어야 한다.

5. 우리가 추구하는 대의에 관심을 기울이고 행동한 적이 있는 기업이다

청소년 활동가인 우리와 협업하기 위해 접근해오는 기업이 우리가 좇는 가치를 옹호하고 지원한 적이 있는가도 중요하다. 그러한 경력이 있다면 그들이 우리에게 관심을 느끼는 것도 이해가 가므로, 진행해도 좋겠다는 증거로 받아들이면 된다.

나쁜 거래인지 알아보는 법

1. 학생이자 활동가로서 이미 바쁜 우리의 생활을 배려하지 않고 지나치게 많은 일을 요구한다

터무니없이 많은 일을 해달라고 요구하는 기업이라면 우리로부터 억지로 이것저것 뽑아내려 할 것이며 우리에게 아무런 도움이 안 될 것이라는 징조다. 업무의 압박으로 혹사당하는 기분을 맛보며 부당한 기준에 맞추려 할 필요가 없다. 우리는 학생이다.

2. 일을 심하게 밀어붙이며 우리 부모님의 권위를 존중하지 않는다

강압적으로 굴고 우리 부모님의 눈을 피해 일을 시키려고 하며, 부모님과 대화하기를 꺼리고 질문에 대답을 회피한다면, 우리를 착취하면서 부모님이 눈치채지 못하게 하려는 가능성이 크다. 그러니 뒤도 돌아보지 말고 가버려라.

3. 온당한 대가를 지불하지 않는다

작은 풀뿌리 조직이라면 우리에게 협업의 대가로 보수를 제공하지 못하더라도 이해할 수 있다. 그러나 지금 여기서 말하는 것은 작은 풀뿌리 조직이 아니라, 막대한 예산을 운용하고 있어 충분히 우리가 하는 일에 따라 보수를 지급할 능력이 되는 대형 NGO와 기업들이다. 보수를 제공하지 않거나 요구하는 일의 규모에 맞지 않는 보수를 제공하려 한다면, 우리와 우리의 목소리를 이용하려는 것이니 협업하려는 생각을 관둬라.

4. 우리가 추구하는 대의에 관심을 표명하고 지지한 과거가 없다

우리가 몸담고 있는 활동을 실제로 지지하고 실행한 과거가 없는 기업이라면? 그렇다고 해서 반드시 거래를 파기해야 하는 것은 아니지만, 조금 더 조사는 해보는 편이 좋다.

제의를 거절하는 법

자, 상대 기업이 내가 청소년 활동가로서 쌓아 올린 권위와 목소리로부터 이득을 취하려는 것에 불과하다는 결론에 이르렀다면? 거절해야 할 때다. 해당 기업에 기대지 않아도 여러분은 앞으로 충분히 영향력을 확보하게 될 것이다. 여러분에게는 여러분의 힘이 있다. 그러니 거절하는 것을 두려워하지 말자. 마음에 걸려 할 필요도 없다. 여러분이 구축해온 기반을 내어주는 순간, 여러분의 활동가로서의 힘이 사라져버릴 것이다.

확고하되 정중하게 거절 의사를 전하도록 하자. 아래는 광고 부문에서 나와 협업하기를 원했던 한 의류 기업에 내가 실제로 보냈던 거절 편지다(기업명은 지웠다). 누구나 이름을 들어봤을 법한 대기업이었는데, 여기서는 '대형 의류 업체'라고 부르도록 하겠다.

대형 의류 업체 관계자분들께

안녕하세요. 그사이 가족, 멘토, 다른 풀뿌리 활동가들과 함께 깊이 의논해봤습니다. 저를 선정해주신 데 대해 무척이나 감사한 마음이지만, 현재로서는 대형 의류 업체 청소년 자문단에 들어가는 것이 저와 맞지 않다는 결론에 이르게 되었습니다.

보내주신 계약서와 자료를 꼼꼼히 읽고 제가 해야 하는 일이 무엇인지 검토해보았습니다만, 처음 제 예상이나 제가 실제로 들일 수 있는 것보다 훨씬 많은 시간과 노력이 요구된다는 사실을 깨달았습니다. 또 제가 마음 편히 임할 수 없는 광고 관련 업무가 많다는 것도 알게 되었습니다. 솔직히 말씀드려, 패스트 패션 의류 판매를 위한 명시적 광고에 참여하는 것은 지속 가능성과 환경 보호를 추구하는 저의 핵심 메시지에 반하기 때문입니다.

저는 이미 많은 시간을 요구하는 여러 프로젝트에 참여하고 있으며, 무엇보다 풀뿌리 활동과 환경을 지키는 일에 전념하고자 합니다.

따라서 안타깝게도 이번에 제안해주신 청소년 자문단 활동에는 참여할 수 없을 것 같습니다.

다만, 이 말씀이 귀사와 파트너십을 구축할 의사가 없다는 뜻은 아님을 알려드립니다.

자문단 활동과 대형 의류 업체를 대표하는 일을 진행하는 것이 어려울 뿐으로, 앞으로 이 밖의 다른 형태의 파트너십을 또다시 제안해주시기를 고대하고 있겠습니다.

한편, 제로 아워가 새롭게 기획하고 있는 행사에 대해 전화 통화를 나누고, 관심이 있으시다면 후원 가능성에 대해서도 여쭐 수 있다면 기쁘겠습니다.

자문단에 꼭 맞는 훌륭한 청소년 활동가를 찾으실 수 있기를 진심으로 바랍니다.

연대의 뜻을 담아,
제이미 마골린

1. 서면으로 계약을 체결해야 한다

기업이나 비영리 단체의 말을 무작정 믿어서는 안 된다. 그들이 약속하는 것은 반드시 서면의 형태로, 즉 계약서로 받아야 한다. 나쁜 의도가 있을 것이라고 생각한다거나 의심해서가 아니라 당연히 그렇게 해야 하는 것이다. 거래를 할 때는 내용을 전부 서면으로 남기는 것이 중요하다. 계약서가 있으면 당사자 간의 목표와 기대가 합치하는지 확인할 수 있고, 거래 내용이 명확히 기술돼 있기 때문에 모두가 맡은 바 책임을 성실히 이행하도록 하는 데 도움이 된다. 계약을 보호책, 즉 여러분의 프로젝트를 위한 보험 같은 것으로 생각하면 이해가 쉬울 것이다. 나는 이 책을 출판하기 위해 서면 계약서에 서명을 했고, 출판사도 마찬가지다. 이렇게 해서 나와 출판사 사이의 거래 내용이 무엇인지 분명히 드러났고, 서로에게 합당한 기대치가 설정되었으며, 둘 다 보호를 받게 되었다. 광고든 대기업 연설이든, 모든 제안 내용은 서면으로 확보하도록 하자.

2. 반드시 믿을 수 있는 어른의 검토를 받은 다음, 서명하도록 한다

자신이 믿고 있는 어른이 검토해주기 전에는 어떤 약속도, 계약도 해서는 안 된다. 계약서 세부 항목에는 우리에게 해로운 내용이 포함돼 있을 수도 있다. 따라서 계약을 진행하기 전에 반드시 가까운 어른에게 훑어봐달라고 부탁해야 한다.

여기까지가 우리가 브랜드, 기업, 에이전시, 대형 비영리 단체, 정치인, 유명인, 또는 다른 힘 있고 우리로부터 뭔가 원하는 것이 있는 어른이나 조직들과 함께 일하려 할 때 알아야 할 것들이다. 이러한 협업을 통해 우리가 얻을 수 있는 이득은 굉장히 많지만, 우리가 대중에게 전달할 수 있는 메시지를 가진 청소년이라는 사실은 우리가 이용당할 위험에 노출돼 있다는 의미도 된다. 늘 친절하고, 열린 마음으로 기회를 받아들이되, 매사 곧이곧대로 믿지 말고 주의 깊게 파트너십에 접근하도록 하자.

우리의 진정한 힘이 어디에서 비롯되는지를 잊지 마라. 그리고 우리의 **왜**를 기억하라. 이를 위태롭게 하는 일은 하면 안 된다.

누폴 키아졸루 Nupol Kiazolu, 19세, 여성 She/Her

블랙 라이브스 매터 뉴욕 지부장, 제도적 인종주의, 경찰 폭력 반대 활동가

제이미 자신의 이야기를 전체적으로 해주실 수 있을까요? 하고 계시는 일에 대해서도요.

누폴 제가 행동주의 세계에 들어오게 된 건 트레이본 마틴 때문이에요. 트레이본이 살해됐을 때 전 열두 살이었어요. 그때 저는 학교에서 침묵 시위를 하기로 결심했어요.

저는 학교에서 인기가 있는 것도 아니었고, 오히려 괴롭힘을 당하기도 하는 쪽이었기 때문에 어떤 파장이 있을 거라고는 기대하지 않았어요. 저는 등에 '제가 수상해 보이나요?'라고 써 붙인 후드티를 입고 학교에 갔어요. 가는 길에 '세븐일레븐'에 들러서 캔디랑 아이스티도 샀고요. 트레이본이 비무장 상태로 살해됐을 때 바로 캔디랑 아이스티를 편의점에서 사고 나온 참이었고, 후드티를 입고 있었으니까요. 트레이본의 살해범이 내놓은 변명이란 게 트레이본이 후드티를 입고 있었다는 거였어요. 그것 때문에 '수상해' 보였다는 거예요.

제가 학교에 들어서자마자 논란이 벌어졌어요. 선생님들이 저한테 후드티를 벗었으면 좋겠다고 했어요. 저는 거부했죠. 그랬더니 정학 처벌을 내리겠다고 겁을 주더라고요. 그런데 제 편이 있었어요. 수학 선생님이셨는데, 저와 마찬가지로 흑인 여성이었죠. 선생님은 자신의 일자리를 위협하는 상황을 무릅쓰면서까지 저와 함께 교장실에 가주셨어요. 선생님도 후드티를 입고 계셨고요! 거기서 제가 여러 선생님과 관계자분들 앞에서 제 의견을 밝힐 때 옆에 앉아서 저를 지지해주셨어요.

저는 연방 대법원의 1969년 팅커 대 디모인 시 판결Tinker v. Des Moines을 예로 들었어요. 학생들에게도 자신의 정치적 신념을 표현할 권리가 있다는 게 인정된 판결이었죠. 그리고 저는 이겼어요! 몇 시간 걸리긴 했지만요.

수학 선생님과 제가 교장실에서 나왔을 때는 이미 점심시간이었어요. 그래서 카페테리아로 갔는데, 거기 있는 학생들 전부 '제가 수상해 보이나요?'라고 쓴 후드티를 입고 있지 뭐에요!

제이미 이제 막 행동주의를 시작했고, 기업이나 대형 비영리 단체와 함께 일하고 싶어 하는 활동가들에게 조언 부탁드려요.

누폴 일단 모든 활동가는 자신만의 브랜드를 구축하는 단계를 거쳐야 해요. 그런 과정 없이 곧장 어떤 보상을 받겠다고 할 수는 없는 노릇이죠. 일관성 있는 활동을 보여줘야 하겠고, 다양한 사람들과 네트워크를 쌓도록 하세요. 그리고 늘 겸손해야 해요.

제이미 그렇다면 같은 경우에, 이미 행동주의 활동을 오래 해온 활동가에게는 어떤 조언을 해주실 수 있을까요?

누폴 저는 정당한 보상 없이는 절대 브랜드나 기업과 함께 일하지 않아요. 조직가이자 연설가로서 저의 시간과 재능은 정말 귀중하니까요. 어른은 다른 어른을 상대로는 속이려는 시도를 안 해요. 바보가 아니니까요. 저는 청소년 활동가에게 자신의 연설 보수 같은 것에 대해서 어느 정도 받아야 한다는 계약 내용을 미리 작성해보라고 말하고 싶어요. 그리고 흔들리지 마세요. 자신의 가치를 알아주세요.

한편으로, 저는 기업이 아니라 공동체에서 들어온 일일 때는 대가를 요구하지 않아요. 합리적이고 도덕적인 자신만의 기준을 갖길 바라요.

16 질투, 경쟁, 에고

세상이 여러분을
동료와 비교하고
경쟁하도록 부추길 때

비교는 행복의 적이다. 활동가 공간에서도 비교는 정말로 중요한 것을 달성하는 데 방해가 되는 적이다.

우리 세상은 큰 변화를 요구하고, 행동주의 세계에서도 굉장히 많은 사람이 그 변화를 위해 일하고 있다. 그래서 나와 내 성과를 다른 사람들과 비교하기 십상이다. 체인지 메이킹은 경쟁적 활동이 아님에도 종종 경쟁으로 비화되고는 한다 – '저쪽이 조직한 이벤트가 우리 이벤트보다 규모도 크고 낫잖아. 저 사람이 한 직접 행동이 내가 한 것보다 주목을 많이 받고 있네. 저 단체는 세상에 이렇게 큰 영향을 일으키고 있는데, 우리 단체는 뭘 하고 있는 건지 모르겠어'.

원대한 야망을 지녔으면서 자신감과 자아 존중감은 부족한 경우, 우리는 자신이 충분히 잘 해내지 못하고 있다는 느낌에 사로잡히기 쉽다. 우리 모두 똑같은 사람이고, 사람에게는 에고가 있다. 에고는 진짜 중요한 것이 무엇인지에 관한 판단을 흐리게 하고, 우리의 마음을 탐욕으로 가득 채우며, 우리가 같은 대의를 추구하며 같은 팀에서 활동하고 있는 다른 이들을 질투하게 만든다. 특히 오늘날은 더 큰 명성, 더 원활한 자금 융통, 더 많은 소셜 미디어 팔로워 수가 대개 더 큰 파급력으로 이어지는 세상이므로, 공인으로서의 영향력을 갈망하는 활동가는 이미 그 영향력을 확보한 다른 활동가를 보며 분한 마음을 느끼기 쉽다.

'내 일은 이 정도 인정을 받는 것으로는 부족해'라고 우리 마음속에서 속삭이는 작은 목소리가 전적으로 타당할 때도 있다. 예컨대 여러분이 어떤 사회 문제를 해결하기 위해 최전선에서 싸워왔다면, 주변화된 공동체를 위해 오랜 기간 열심히 일해왔다면, 여러분의 일은 더 많은 주목으로 보상받아 마땅하다. 여러분의 목소리는 아직 우리 사회에 충분히 울려 퍼지지 않았고, 공동체의 필요를 충족시키는 데 여러분의 지속적인 활동이 꼭 필요하기 때문이다.

따라서 내가 이번 장에서 우리의 에고를 버리자고 말하는 것은 우리의 목소리가 더 많은 사람에게 닿도록 하기 위해 싸우는 것을 멈추자는 의미가 아니다. 다만 다른 활동가에 대한 분개심, 질투심에서 벗어나자고 말하는 것이다. 이러한 감정은 우리가 목표를 향해 전진하는 것을 저해할 뿐이기 때문이다.

인정하고 싶지 않지만 나도 무수한 시간을 동료 활동가의 소셜 미디어 채널에 들락날락거리는 데 쏟았다. 독선적인 마음으로 다른 사람과 나를 비교했다. 쓰라린 기분을 느끼며 다른 사람이 갖고 있는 것을 열망했다. 그러다보니 불만족스러울 때가 잦았고 외부의 인정으로 만회하고 싶었지만, 뭐, 당연히 때때로 스스로 비참하다고 느낄 수밖에 없었다. 더 많은 인기와 찬사를 얻게 하기 위해 사람들을 끊임없이 서로 겨루게 하는 세상에서 소셜 미디어를 탐닉하게 되면, 다른 사람이 일군 것을 바라볼 때마다 자신과 비교하며 자기 비하에 빠지게 되기 십상이다.

비교, 경쟁, 불안, 동료 활동가를 향한 질투 같은 것을 극복하기 위해서는 먼저 이 감정을 인정해야 한다. 다른 사람의 성공에 시샘하고 분개하며 피해 의식을 갖고 자존심 상해 하는 분위기가 팽배하면, 사회 운동 공간은 크게 위축될 수밖에 없다. 변화를 만들어나가는 데 필수적인 서로 간의 협력 관계가 약화되기 때문이다. 이 부정적 감정은 우리의 의사 결정 능력을 떨어뜨려, 우리가 궁극적으로 개선하고자 노력하는 문제에 아무런 가치도 더하지 못하는, 화려하고 공허하고 권력만 좇는 행동주의 활동을 하도록 만든다. 무턱대고 권력만 추구하는 행태 때문에 문제가 악화되기도 한다. 게다가 이 감정은 우리 자신을 비참하게 만든다. 질투에 눈이 멀면, 우리는 모두 각자의 고유한 여정을 걷고 있는 것임에도 자기 자신의 가치를 알아볼 수 없게 된다. 우리 어머니는 아주 어릴 때부터 내게, 남과 나를 비교해서 돌아오는 것은 공허하고 불행한 마음뿐이라고 일러주셨다. 다른 사람의 성공을 보며 분통을 터뜨려봤자 우리가 앞으로 나아가는 데 아무 도움이 안 된다. 길을 걸어가는 발걸음이 늦어질 뿐이다.

자, 우리의 활동 공간에 이러한 감정이 존재하고 있으며 대의를 추구하는 데 생산적인 도움이 되지도, 옳지도 않다는 사실을 스스로 인정했다면, 이제 어떻게 이 감정을 이겨내야 할지를 이야기해보자ㅡ

'어떻게 하면 자만심과 에고를 극복할 수 있을까?'.

°에고/ 질투/ 동료 간의 경쟁심을 극복하는 방법

1. 자신의 감정을 받아들인다

그냥 멈춰서 이렇게 생각한다고 해도 너무나 타당한 일이고, 괜찮다 – '나랑 똑같은 목표를 위해 싸우고 있는 이 친구를 위해 나도 기뻐하는 게 맞겠지. 하지만 이 아이는 이제 막 행동주의 활동을 시작했을 뿐인데도 이렇게 금방 엄청난 기반과 주목을 얻게 되다니, 너무 샘이나. 나는 몇 년 동안이나 활동해왔는데도 별다른 관심을 받은 적이 없는데'. 휴, 정말 짜증 나는 상황이다. 당연히 이런 생각이 들 수 있으며, 자신의 감정을 솔직히 인정해야 한다.

특히 자신이 일을 해온 지 오래된 원주민 조직가 혹은 유색 인종 조직가라면, 그런데 백인 청소년이 활동에 뛰어들자마자 세간의 엄청난 주목을 받는데 자신의 일은 여전히 외면받고 있다면, 어떻게 그런 감정을 느끼지 않을 수 있을까? 하지만 총기법 개정에서부터 기후 정의 문제에 이르기까지 사회 운동의 모든 영역에서 이런 일은 없었던 적이 없고 지금도 늘 일어나고 있다. 앞으로도 끝없이 되풀이될 것이다. 정말 불공평한 상황이며, 이 때문에 실망하고 화가 나도 괜찮다.

자신의 감정을 온전히 마주하되, 공공연한 행동으로 드러내지 않도록 하라! 자신이 질투하고 있는 조직가들을 소셜 미디어상에서 비난하거나 공격하고 적으로 만들지 마라. 그런 행동을 하면 후회할 게 뻔하며, 공공의 이익을 도모하는 데 아무런 도움이 안 된다. 동료 조직가를 무너뜨리면 안 된다! 우리는 모두 서로의 편이다.

대신, 내가 개인적으로 검증을 마친 방법을 추천한다. 나와 똑같이 느끼고 있을 동료 활동가와 전화를 하며 서로 자신의 기분을 털어놓는 것이다. 하나부터 열까지 전부 말하자. 속이 후련해질 때까지 모든 것을 토로하자.

이 방법은 소셜 미디어를 통해 공개적으로 비난을 하는 것도 아니고, 적을 만들어내거나, 활동에 손상을 입히지도 않고, 갑자기 언론의 관심을 한몸에 받으며 특권을 누리고 있는 새로운 활동가를 공격하는 것도 아니다. 그저 자신과 똑같은 마음인 다른 사람과 함께 감정을 분출하는 오래되고 무해한 방법일 뿐이다.

2. 자신의 '왜'를 상기한다

에고, 피해 의식, 질투심, 그 밖의 여러 감정을 자신의 마음에서 내보냈다면, 다시 중심을 잡을 때다. 먼저 무엇이 행동주의가 '아닌지부터' 되짚어보자. 행동주의에서 중요한 것은 소유, 인정 여부가 아니다. 누가 누구보다 유리한 위치에 서 있는가가 아니다. 누가 가장 큰 영향력을 갖고 있는지, 누가 가장 사회 정의에 정통하며 깨어 있는 것으로 공공연하게 알려져 있는지가 아니다. 누가 뭘 먼저 했는지, 어떤 활동의 공이 누구에게 있는지, 누가 가장 큰 언론의 관심을 받는지, 누가 가장 대단한 곳에서 연설을 하고, 가장 소셜 미디어 팔로워 수가 많으며, 가장 성공적으로 기금을 마련하는지가 아니다.

그렇다면 행동주의란 무엇인가?

우리 각자에게 다른 의미일 것이다. 자신의 **왜**를 발견했을 때 행동주의가 자신에게 어떤 의미인지도 알 수 있었을 것이다(1장을 참고해주길). 우리가 정말 이 일을 하는 이유를 유념하며 굳건히 앞으로 나아가기 위해서는, 이를 도와줄 의식이나 습관이 필요하다. 스물한 살 청소년 활동가이자 카운티 위원회 의원인 대프니 프리아스가 자신의 **왜**를 잊지 않는 좋은 방법에 대해 쓴 글이 있다.[*]

나는 매달 한 번은 특별히 시간을 내서 내가 지금껏 이룬 것과 앞으로 이루고자 하는 것을 상징하는 여러 가지 것들과 사진을 담아 비전 보드를 만든다.

활동가 여정을 시작하며 처음 만들었던 비전 보드도 아직 가지고 있다. 나와 내 공동체, 나는 누굴 위해 싸우는가 같은 것이 표현된 비전 보드다. 거기에는 우리 가족, 내 강아지, 내 공동체, 그리고 총기 폭력 피해자의 사진이 붙어 있다. 나의 중심에 있는 것들이다. 누구나 자신이 진정 누구인지를 담아 비전 보드를 만들어보기를 권한다. 자신이 누구인지, 자신이 아끼고 사랑하는 것은 무엇인지, 정확히 무엇을 위해 싸우려 하는 것인지.

이렇게 매달 내 중심을 찾아 비전 보드를 새로 만들 때면, 나는 이전 보

---

[*] 297쪽 인터뷰의 주인공이다.

드를 보고 반성하며 내가 지금도 나의 핵심 가치에 충실한지를 점검한다. 종이와 사진을 자르고 붙이며 비전 보드를 만드는 과정에서 자연스럽게, 내가 현재 행동주의 활동을 하고 있는 모습이 오리지널 비전 보드와 일관된 선상에 있는지 아닌지 생각하게 될 수밖에 없다.

'나는 내 공동체에 충실한가? 내가 추구하는 대의에 충실한가? 한 사람으로서의 나 자신과 나의 가치에 충실한가?'

이렇게 비전 보드를 만들며 보내는 시간은 내게 정말 소중하다. 활동가로서 자신이 추구하는 바를 재확인하고 마음에 새기는 것은 무엇보다 필요한 일이다. '나는 이런 사람이고, 이것이 내가 싸우는 목표이며, 이게 바로 내가 옹호하고 대변하는 가치다'라는 것을 주기적으로 되새길 수 있는 습관을 삶 속에서 하나쯤 실천해야 한다.

모든 일은 관점에 달려 있다. 내가 지금껏 이룬 것을 돌아보는 시간을 갖다 보면, 언제나 우리 자신의 삶보다 멋져 보이는 정제된 인스타그램 사진 속 다른 사람들의 삶을 부러워하는 덫에 빠지지 않는 데 도움이 된다. 또 우리가 좀더 진실된 활동가가 되고, '나도 엄청 멋지잖아!'라는 사실을 깨닫게 해준다. 요즘에는 우리에게 스스로를 자랑스러워해도 괜찮다고 알려주는 뭔가가 필요하다는 생각도 든다. 자기 자신에게 있는 그대로 충분하다고 말해주자. 그래도 괜찮다. 매일 매 순간, 더 많은 것을 위해 끊임없이 노력하지 않아도 된다.

다음번에 질투나 경쟁심에 휩싸일 때는, 그게 아니더라도 자신의 **왜**에서 멀어진 느낌이 들거나 낙담하는 때가 온다면 이 방법을 시도해보기를 바란다.

3. 부정적 감정의 원인을 파악하고 가능하다면 그 원인에 자신을 노출시키지 않는다

혹시 어떤 일을 할 때, 또는 어떤 곳을 방문할 때 특히 열등감이나 질투심이 자극되는 것 같다고 느끼는 부분이 있지는 않은가?

나에게는 소셜 미디어가 바로 그 기폭제다. 소셜 미디어는 내 활동에 필수적인 요소다. 다른 청소년 활동가에게도 마찬가지일 것이다. 하지만 나는 소셜 미디어에 마음을 완전히 **빼앗겨서** 지나치게 많이 이용할 때가 있다. 무심코 빠져들어 시간과 정신을 과도하게 쏟고 마는 것이다. 소셜 미디어에서 다른 사람이 이룬 것들, 그들의 삶을 보고 있자면 금세 그들과 나를 비교하게 되고, 결국 내가 하는 일은 초라하게 느껴진다. 나는 너무 쉽게 비교의 함정에 빠지기 때문에 가능한 한 소셜 미디어 이용 시간을 제한해둔다. 소셜 네트워크 앱의 사용시간 제한 기능을 켜두거나, 소셜 미디어가 주는 즉각적인 만족감을 느끼고 싶은 끊임없는 유혹에서 벗어나기 위해 인스타그램, 트위터 앱을 며칠 동안 아예 지워버리기도 한다. 자신의 부정적인 감정들을 자극하는 요인이 무엇인지 파악하고, 그 요인을 피하거나 건강하게 대처할 수 있는 방법을 찾도록 하자!

4. 행복감을 느끼고 자신의 '왜'를 되새길 수 있는 장소를 방문한다

사랑하는 사람들, 반려동물과 시간을 보내라. 그리고 이 모든 피상적 문제와 자신과 자신의 행동주의 활동에 대한 부정적 생각이, 긴 안목에서 보면 전혀 중요하지 않다는 사실을 깨달을 수 있는 장소로 가라.

같은 공동체에 속해 있으며 자신이 돕고자 하는 사람들을 만나라. 나는 기후 위기의 최전선에 있는 사람들과 대화를 나누거나 내가 반드시 지키고 싶은 태평양 북서부 지역의 아름다운 자연 속으로 나가면, 행동주의의 피상적 부분에 집착하는 내 모습이 바보같이 느껴진다는 걸 알게 됐다.

산성화된 태평양을 바라보고 있자면, 바다는 나에 관한 뉴스가 몇 건이 실렸는지 전혀 신경 쓰지 않는다는 사실을 깨닫는다. 굶주리고, 죽어가고 있는 고래는 내 팔로워가 몇 명이나 되는지 관심도 없다는 것을 알게 된다. 팔로워 수는 고래에게 도움이 안 된다.

자연 속에 머물다보면 온갖 상과 찬사들…, 이 모든 것은 사회적 산물로 인간이 만들어내고 꾸며낸 가치를 지닌 것에 불과하다는 사실을 깨닫는다. 우리는 세상이 불타고 있어도 서로를 인터뷰하고 서로의 사진을 찍으며 서로를 영웅으로 추켜세운다. 그러나 우리가 숨 쉬는 공기와 우리가 마시는 물, 우리 지구의 아름다운 장소들과 우리가 지키기 위해 노력하는 사람들은 사회적 산물이 아니다. 진짜 가치를 지닌 것들이다.

그래서 나는 내가 피상적 압박에 사로잡힌 기분이 들 때마다 집 근처 해변 공원으로 가, 내가 이 일을 하는 진정한 이유를 다시금 되새긴다.

우리가 행동주의로 미친 듯이 유명해지든 말든 전혀 관심이 없는 이들과 때때로 시간을 보내도록 하자. 우리가 정말로 지키고 싶은 사람, 장소, 그 밖의 모든 것들 말이다. 자신이 하고 있는 활동의 궁극적인 의미를 다시금 상기하자. 실제로 상당한 도움을 받을 수 있을 것이다.

5. 자신이 걸어온 길을 인정하며 성과에 대해 자부심을 느끼는 시간을 갖는다

기억하라. 우리 자신에 대해 만족하는 데 누구의 허락도 필요하지 않다! 아무리 작은 것이어도 상관없으니 자신의 성취에 대해 기뻐하고 만족하도록 하자. 자신의 승리를 마음껏 축하하고, 가끔씩은 휴식을 취하자. 분하고 억울한 마음은, 우리가 대의명분에만 너무 깊이 몸을 담근 나머지 번아웃이 찾아왔을 때 더욱 쌓이는 법이다. 나는 나 자신을 소홀히 할 때 행동주의 활동에 대한 부정적 감정이 나타난다는 것을 알게 됐다. 내가 동료 활동가를 보고 분하다고 생각했던 것 중 99퍼센트는 정말로 분해서 그렇게 느낀 것이 아니었다. 내 인생에 벌어진 유쾌하지 않은 일을 해결하느라 지친 마음을 괜스레 다른 사람에게 투영해 일어난 감정이었다. 과로를 하고, 피곤이 쌓이고, 스스로를 제대로 돌보지도 못하면서 많은 압박까지 가할 때, 공연히 다른 사람에 대한 열등감이 올라왔던 것이다. 나를 찬찬히 들여다보니, 나는 사실 그 모든 '피상적인 것들을 원하는 게 아니라' 내 마음속 깊은 곳의 감정적 구멍을 즉각적 만족감으로 메우려 애쓰는 것뿐임을 자각하게 됐다. 다음번에 더 큰 외부의 인정을 받으면 진정으로 행복하고 자신감 넘치는 활동가가 될 수 있을 것이라고 희망하며 말이다. 스포일러 주의! 절대 그렇게 될 리가 없다.

어쩌면 이런저런 불안감의 원인은 우리가 일을 하는 방식에 있을지도 모른다. 그러니 조금 느긋해지고, 심호흡을 하고, 자신을 돌보도록 하자! 그리고 자신이 이미 이룬 모든 것들에 대해 스스로 칭찬과 격려를 아끼지 말자. 세상의 흐름을 거스르는 것은 쉬운 일이 아니다. 그런데 여러분은 그걸 하고 있다. 평소에 아무도 충분히 잘하고 있다고 얘기해주지 않았다면, 내가 말해주겠다. 여러분은 충분히 멋지게 해내고 있다! 여러분이 지금 하고 있는 일로 충분하다. 여러분은 더없이 멋지고 끝내주는 사람이다!

토카타 아이언 아이즈Tokata Iron Eyes, 16세, 여성She/Her

#NODAPL 운동 주창자, 수자원 보존 활동가

제이미 지금까지 어떤 행동주의 여정을 걸어오고 있는지 자세히 말씀해주세요!

토카타 활동을 시작한 건 아홉 살 때예요. 그때 처음으로 사람들 앞에서 연설을 했거든요. 그전에는 서구적 교육 체계 밖에서 가르침을 얻으며 원주민 문화 속에서 성장한 걸 행동주의의 한 형태였다고 볼 수도 있겠네요. 그리고 2016년에 다코타 액세스 송유관 건설 반대 투쟁에 제 인생을 던지게 됐어요. 열두 살이었는데, 그때 그 송유관이 저희 공동체 바로 옆에 지어질 예정이라는 걸 알게 된 거예요! 저는 십 대로서 어떻게 맞서 싸워야 할지 고민했어요. 제가 사는 곳은 노스다코타주 스탠딩 락 원주민 보호 지구죠. 거기서 특권이란 머무를 집이 있고, 부모님이 두 분 다 계시고, 겁먹지 않아도 되는 상태예요. 그렇다보니 저희 공동체에서 저뿐 아니라 다른 친구들도 송유관 문제에 관심이 크지만 다들 동원할 수 있는 방편이 없다는 데 생각이 미쳤어요. 그러자 저한테 있는 걸 이용해서 맞서 싸우자, 송유관 건설에 반대하는 목소리를 내자, 하고 결심하게 됐고요. 여긴 미국 정부가 조약을 통해서 저희의 주권을 인정해준 땅이기 때문에 저희 원주민들은 점거를 하기로 했어요. 저항의 뜻을 물리적으로 표시한 거죠. 송유관 건설을 진행할 수 없도록 막고 저희의 조직망, 살아가는 방식이나 가치 같은 것들을 동원해서 말이에요. 거의 날마다 비폭력 직접 행동을 벌였어요. #NODAPL은 기도, 의식과 함께 이루어진 점령 시위라고 할 수 있어요.

제이미　자신의 궁극적인 목표에 충실하려면 어떻게 해야 할까요? 그리고 활동 공간이 에고와 경쟁 심리로 물들지 않게 하는 방법 같은 것이 있을까요?

토카타　뭔가 거대한 것을 바꾸고 싶다고 할 때, 사람들은 유명해지기 시작하면 초심을 잃기 쉬워요. 사람들 간에 진정으로 연결되고 자신들의 이상에서 멀어지지 않는 것이 중요하죠. 함께 일하는 사람들을 거짓된 페르소나를 쓰고 대하는 건, 나를 믿고 있는 그 사람들에게 거짓된 신호를 보내는 것이나 다름없어요. 늘 자신의 말을 신중히 선택하고 다른 사람들에게 어떻게 전달될지 의식해야 해요. 무관심한 사람들을 만나 그들이 변화를 이루고 싶게 만드는 것은 뭔지 알아보세요. 언제나 자신과 똑같이 생각하는 사람하고만 지내다보면, 우리가 싸우는 게 다른 생각을 가진 사람을 위해서라는 걸 잊게 돼요. 어느 공동체를 살펴보든 거기에는 이미 똑같은 일을 하는 사람이 수천 명은 있을 거예요. 우리에게 필요한 건 다양하고 접근하기 쉬운 해결책을 찾는 거죠.

제이미 다른 사회 운동을 하는 활동가들이 원주민 조직가들로부터 배우면 좋을 질서나 방식 같은 것에는 어떤 게 있을까요?

토카타 자연과 연결되는 방법을 다시 깨쳐야 할 것 같아요. 저는 제가 자연에 속해 있고 자연의 모든 것들이 저의 한 부분이라는 걸 배우며 자랐어요. 사람들은 자신과 직접적인 관련이 있다고 생각하는 문제에 대해서만 맞서 싸우려 하는데, 우리는 모두 자연의 일부이며 서로 연결돼 있다는 사실을 깨닫는다면 어느 한 사람의 고통이 우리의 집단적 고통이라는 걸 알게 돼요. 지구만 겪는 고통이 아니라, 우리 모두의 고통이죠.

17 세상을 바꾸는 공동체 이루기

절망을 헤쳐나갈
행동엔 공동체가
뒷받침돼야 한다

어떤 체인지 메이킹 공간에서든 우리가 들을 수 있는 가장 큰 거짓말은, 변화가 어느 한 사람에 의해 이루어질 수 있다는 것이다. 우리를 억압하는 법과 체제를 극복하고 더 나은 세상을 만들기 위해서는 반드시 공동체가 있어야 한다. 가능한 한 많은 사람이 모여야 변화를 향해 나아갈 수 있다. 이제 '공동체'라는 말이 광범위하게 느껴질 것 같으니, 여러분이 속해 있는 공동체를 중심으로 이야기를 좁혀보겠다. 어떤 조직이나 마을 공동체, 활동 진영 등 여러분이 정의 활동을 벌이고 있는 곳 말이다. 실제로 대의를 위해서는 조직 내에서 자신이 믿는 가치를 실천하는 것이 조직 밖에서 그 가치를 옹호하는 것 못지않게 유효하고 중요하다. 조직 안에서조차 억압을 지속하고 있다면 어떻게 세상의 억압적 체제를 해체할 수 있겠나? 자신의 조직 안에서 공정하고 민주적이며 유연하고 기능적으로 행동하지 않으면서 어떻게 더 관대하고 공정하며 민주적이고, 유연하며 제 기능을 하는 세상을 주창할 수 있겠나? 우리가 활동을 이끌어가는 환경과 일을 하는 공간은 아무리 강조해도 지나치지 않을 만큼 중요하기 때문에 시간과 자원을 들여 가꿀 필요가 분명하다.

무엇보다 조직 내부에 갈등과 분쟁이 있으면 적대 세력에 맞서기 어렵거나 활동이 흐지부지되기가 쉽다. 솔직히 말해 (기후 정의 행동을 예로 설명하겠다) 석유, 가스, 화학 및 대규모 상업적 농업 회사들은 돈, 정치적 힘, 그 밖의 거의 모든 자원을 가지고 능률적으로 움직인다. 그야말로 기름칠이 잘된 기계가 따로 없다. 이들이 지구상의 모든 생명을 끝장내기 전에 막고 싶어 하는 조잡한 활동가 진영은 이들보다 수적으로 우세하다는 것 말고는 가진 게 별로 없다. 그런데 우리가 그 사실을 이용하는 유일한 방법이 단결, 체계적 전략, 공동체, 대중적 압력, 효과적 전술을 갖추는 것이다. 이 전략과 공동체, 단결이 와해되면 엄청난 자금력으로 끝없이 원활하게 돌아가는 이 기계들에 맞서 활동을 지속하고 성공하기란 요원한 일이다.

체인지 메이커 세계는 내부 갈등까지 감당할 여력이 없다. 우리가 일하는 환경이 부당하고 불공평하며 유해한 상황에서 정의, 공정성, 평등, 그리고 변화를 위해 싸우자고 주장할 수는 없는 노릇이다. 외부의 일과 압력에만 사로잡혀 내부 공동체 구축과 유지 업무에 소홀한 조직들(청소년이 운영하는 조직들도 당연히 포함된다)이 때때로 보인다. 하지만 제대로 된 공동체를 이룬다면 체인지 메이킹 여정의 반은 이룬 셈이다.

그러니 놀라운 활동 공간을 만들어보자!

사실 말이 쉽지 다른 사람들과 함께 일하는 것은 굉장히 어려운 일이다! 활동과 조직이 내분에 빠지고 무너지는 것은 우리가 서로를 미워하고 공동체를 신경 쓰지 않기 때문이 아니다. 함께 일하는 사람들과 제대로 소통하려면 배우고 익혀야 할 것도 많은 데다 업무도 늘고 감정 노동까지 요구되기 때문이다. 더 나은 세상을 만들기 위해 함께 분투하는 동료들을 서로 돌보는 것은, 반은 우리가 꿈꾸는 세상을 만드는 것과 다름없지만, 무진장 어려운 것이 사실이다.

사람에게는 누구나 감정이 있는데, 감정을 표현하는 데 아주 서툰 사람도 있고, 나와 의견이 다른 사람도 있다. 사람들이란 정말 짜증 나고 성가시다. 그냥 솔직하게 말하겠다. 나는 다른 사람과 교류하는 활동이 늘 즐겁지는 않다. 계속해서 상대방을 살피고 관계를 유지하기 위해 노력해야 하며, '정신 건강'이니 '일과 삶의 균형', '경계선'같이 지지하고 격려해줘야 하는 성가신 것들도 있다(정말 쉽지 않다!).

사람들의 생각이 잘못 전달되거나 오해가 발생할 때(특히 서로 떨어져 있어서 디지털 기기로 소통할 때), 의견의 충돌, 아니면 그저 전형적인 에고의 문제나 해결되지 않은 내부 이슈가 있을 때도 공동체의 발전은 저해된다.

자신이 활동하고 있는 조직, 공동체, 활동 내부의 갈등으로, 또는 다른 조직, 공동체, 활동과의 갈등으로 어려움을 겪고 있다면? 나도 마찬가지다! 사람을 상대하는 일은 번거롭고 힘겹지만, 유감스럽게도 다른 사람과 함께 일하는 것은 우리가 성공적인 활동가가 되는 데 중대한 요소다.

지금 자신이 일하는 조직에서, 혹은 다른 곳의 조직가들과 갈등을 겪는 중이라면… 먼저, 여러분을 힘껏 안아주고 싶다. 무지무지 고달픈 기분일 것이다. 하지만 주저앉지 말고 일어나 문제를 해결하고, 우리 모두를 위해 더욱 멋진 공동체를 만들자! 지금부터 활동 공간에서 발생하는 갈등을 해결하는 데 도움이 되는 방법을 소개하려고 한다.

잘 운영되면서도 유대감이 강한 멋진 공동체를 만들기 위한 가이드

1. 말을 하라! 사람들이 내 마음을 읽어주기를 바라지 마라

함께 일하는 사람들이 나의 기분과 생각을 알 것이라고 넘겨짚으면 절대 안 된다. 내가 조직을 이끄는 방식이나 일하는 방식 등에 동의할 수 없어 속 끓인 동료들이 많았다. 그러나 누구도 내게 말을 하지 않았다. 이들은 넌지시 암시를 주고 내가 자신들의 마음을 눈치채기를 바랐다. 하지만 나는 이 간접적인 신호를 알아차리지 못했고, 시간이 흐르면서 드러나지 않은 이슈들을 둘러싸고 분노와 적의가 자랄 대로 자라다 결국, 이들은 많은 사람들 앞에서 폭발해버렸다.

불만을 나에게 직접 말해줬다면 많은 문제가 훨씬 빨리 해결되거나 애초에 생기지 않았을 것이다. 이 이야기의 교훈은? 여러분이 활동하고 있는 공간에 불만족스러운 부분이 있거나 다른 활동가나 조직과의 신경 쓰이는 점이 있다면 직접 말을 해야 한다. 다른 사람의 등 뒤에서 험담을 하지 말자. 그들에 대해 소셜 미디어에서 수동적으로 공격하지도 말자. 수동적 공격성이나 옹졸한 마음은 모두 걸러라.

문제가 있다면? 당사자에게 직접 프로답게 문제를 제기하자. 모든 사람이 보는 앞에서 말하는 것은 좋지 않다.

다른 사람의 문제점을 지적하고 대립해야 하는 상황이 부담스럽다면? 이를 악물고 어떻게든 감당하거나 조직 내의 믿을 수 있는 사람을 찾아가 문제 제기를 도와달라고 하는 방법이 있다. 사회 불안이나 기타 여러 이유로 직접적인 대화가 힘겨운 사람들도 당연히 있을 것이다. 그럴 때는 고충을 담아 '프로답게' 이메일을 보내는 것도 좋고 (부디 감정에 휩싸여 공격적인 이메일을 쓰지 않기를 바란다. 절대 도움이 안 된다) 중재자와 함께 만나 대화의 시간을 갖는 것도 좋다. 이 밖의 어떤 방법이든 자신에게 잘 맞는 방법을 택하도록 하자.

한편, 자신과 자신이 불만을 이야기하려는 사람 사이에 심각한 힘의 불균형이 있다면(내 월급을 결정하는 상사에게 맞서야 하는 경우, 나는 유색 인종 여성이며 어린 학생인데 나이 많은 백인 남성 교수에게 맞서야 하는 경우 등) 문제 제기를 조력해줄 강력한 동맹을 찾도록 하자.

다음과 같은 말들이 소통과 대화를 시작하는 데 도움이 될 것이다 – '있잖아, 나는 너랑 같이 일하는 게 정말 즐겁고 좋아. 그런데 요즘 일할 때 아무래도 조금 신경이 쓰이는 부분이 있어서 너한테 말하는 게 좋을 것 같아', '○○씨와 함께 이 활동을 만들어나갈 수 있어서 정말 행운이라고 생각해요. 그런데 그렇기 때문에 현재 우리 일을 진행하는 방식에 대해서 한번쯤 얘기를 나눠보고 싶어요. 이런 부분은 개선하면 좋지 않을까 싶은 것들이 몇 가지 눈에 띄었어요'.

짚고 넘어가야 할 점은, 불만이 있는 사람에게 직접적이고 분명하게 내 뜻을 전달하겠다고 공개적으로 그렇게 해서는 안 된다는 것이다. 이메일을 보내면서 이 사람 저 사람 모두 참조로 넣으면 그 이메일은 이제 개인적인 것이라고 할 수 없다. 상대방의 변화를 바라며 자신의 의사를 전달하는 것이 아니라 자신이 옳은 것을 알아달라고 공개적으로 호소하며 소동을 일으키는 꼴이 된다. 자신만 깨어 있는 척 사람들의 주목을 끌어봤자 백해무익하다. 상대방은 방어적인 태세가 돼서 내 말을 주의 깊게 들을 수 없다. 게다가 모든 사람들은 본의 아니게 그 순간을 목격하고, 편을 선택하기를 강요받는다. 한마디로 엉망진창이다. 바로 그 엉망진창을 겪어봤기에 하는 말이다.

어렵게 느낄 것 없이 상식적으로 생각하고 상대방의 입장이 돼보면 된다. 누군가 나의 문제점이나 부족한 부분을 말한다고 할 때, 어떤 식으로 말해주면 받아들이기 쉬울 것 같은가?

2. 퍼실리테이터(조력자)를 초빙하고 교육, 연수 프로그램에 투자하라

외부의 전문적 견해를 얻는 것은 갈등을 조정하는 데뿐 아니라 조직과 활동을 전반적으로 개선하는 데 굉장히 중요하다. 그래서 많은 기관이 비영리 단체 전문가와 다양한 사회 정의 전문가들을 초빙해 연례 연수를 열고 팀 역학, 팀 전략, 대인 커뮤니케이션 능력 등을 개발하고 구축하는 데 도움을 받는다.

인터넷에서 검색해보거나 해당 부문에서 오랫동안 일해온 조직가들에게 물어보면 여러분의 업무에 필요한 대인 관계 기술을 한 단계 끌어올려줄 훌륭한 퍼실리테이터facilitator*와 관련 기관을 소개받을 수 있을 것이다.

하지만 이렇게까지는 안 해도 될 것이다. 이런 서비스들은 학생에게는 접근하기 어려울 뿐 아니라 그렇게 필요하지도 않다. 우리는 인생의 여러 일을 성실하게 잘 풀어가려 노력하는 청소년일 뿐이다.

따라서 내가 제안하는 방법은 갈등 상황으로부터 완전히 중립적인 사람을 찾아 당사자들 간의 대화가 용이하게 이루어지도록 하는 데 도움을 받는 것이다. 다른 단체의 활동가일 수도, 멘토나 조직 내의 공정성이 뛰어난 사람일 수도 있겠다. 누구든 간에 어느 한쪽에 편향된 사람은 안 된다. 나도 그렇고 내가 아는 다른 조직가들도 공정한 중재자 덕분에 문제를 극복하고 앞으로 나아간 사례가 많다. 10점 만점에 10점을 줄 만큼 추천하는 방법이다!

---

* 회의나 교육 같은 일의 진행이 원활히 이루어지도록 돕는 사람.

3. 민주적인 조직화와 투표 과정을 보장하는 기반 체계를 만들어라

내 경험상 활동 공간에 있는 사람들은 크게 두 유형으로 분류된다. 자신의 의견을 밝히는 데 거리낌이 없고 끊임없이 말하는 사람들과, 자기 생각을 내놓는 것이 힘겨워서 말하기 좋아하는 사람이 원하는 대로 하게 두며 조용히 있는 사람들이다.

그런데 활동 공간에 존재하지 않는 사람은 어떤 유형의 사람들인지 아는지? 바로 자기 의견이 없는 사람이다. 누가 어떤 문제에 대해 자신은 상관없다고 말한다면 그 사람은 단순히 생각을 드러내지 않는 것일 공산이 크다. 특히 중대한 결정에 관한 한 누구에게나 의견이 있을 수밖에 없다. 그런데 의논 과정에서는 조용히 있다가 결정이 내려지고 나서 마음에 들지 않는다고 비난하고 짜증 내는 사람이 있다. 나는 몇 차례나 이렇게 화가 나는 경험을 했다.

그러므로 사람들이 자기 목소리를 내고 자신이 원하는 방향을 분명히 밝히도록 강제하는 시스템이 필요하다. 얼마 동안 시간을 투자해 민주적 의사 결정 과정을 보장하는 기반 체계를 조직 내에 구축하도록 하자. 그리고 어느 한 사람도 예외 없이 전부 기본적인 의사소통 절차에 참여하도록 해야 한다. 사람들 한 명 한 명의 관심과 의견을 모두 존중하고 공유하는 체계를 갖추고 나면 성공적인 조직화에 필수적인 자유롭고 민주적인 소통 문화를 정착시킬 수 있을 것이다.

조직 내의 주변화되고 억압된 목소리가 결정 과정에 반영되도록 하는 것 또한 중요하다. 큰 조직에서 한 사람이나 몇 사람이 이야기를 전부 진행하고 결정을 내려서는 안 된다. 모든 사람의 말에 귀를 기울이고 모든 사람에게 발언권을 주는 규칙과 절차가 공고하면 전체 구성원을 위해 더욱 효과적이고 힘 있는 의사 결정 과정이 확보될 것이다.

또 한 가지, 만약 여러분이 회의에서 자신의 우려를 드러내지 않거나 중요한 의견을 속으로만 간직하는 타입이라면, 지금 바로 사람들이 자기 생각을 읽어주길 바라는 기대를 버리도록 하자! 평등하고 민주적으로 모든 구성원의 참여를 보장하는 시스템의 마련도 중요하지만, 구성원이 그 시스템에 기꺼이 참여하며 다른 사람에게 자기 마음을 그냥 알아달라며 부당한 짐을 지우지 않는 태도를 견지하는 것 또한 중요하다.

4. 활동과 조직에 대한 모든 구성원의 비전을 검토하고 충돌하지는 않는지 파악하라

조직에서 갈등이란 발생하기 마련이지만, 그에 따른 역기능은 천차만별이라는 사실을 알아야 한다. 강도 높은 역기능 양상이 오랫동안 계속된다면 조직에 생각보다 커다란 문제가 있다는 사실을 알려주는 것일지도 모른다.

조직 내의 모든 구성원이 전체적으로 비슷한 목표와 비전을 지니고 있나? 아니면 전략상, 또는 이념상의 본질적인 갈등이 존재하나? 여러분이 향하는 방향에 대해 구성원 대부분이 그다지 만색하지 않는 상황인가?

직접 소통하고 문제를 대면하는 것이 핵심이다. 용감하게 팀에 문제를 제기하라 - '우리 모두 같은 전략을 염두에 두고 있는 게 맞을까? 벌써 꽤 오래 추진한 프로젝트이기는 한데, 이게 정말 우리 모두가 하고 싶은 일일까? 다들 아직 함께 일하고 싶은 게 맞나? 지금 우리 팀의 목표에 동의할 수 없는 사람도 있지 않을까?'. 직접 만나서 하는 회의도 좋고 전화 회의도 좋으니, 활동과 조직의 전체적인 방향에 대해 서로 솔직한 생각과 의견을 나눌 수 있는 장을 마련하도록 하자. 구성원 각각이 그리는 큰 그림의 차이로 일상의 자잘한 갈등이 발생하는 경우가 적지 않다.

내가 겪어본 일이라 잘 알 수밖에 없다. 자기 속마음을 말하지 않아도 남이 알아주기를 바라는 대신 팀원들 모두 자기 의견을 분명히 밝히고 직접 소통했더라면 피할 수 있었을 기나긴 밤들과 스트레스…, 휴!

솔직히 말해 이전에 내가 일군 공간은 모두가 자기 목소리가 반영된다고 느끼는 공간이 아니었고, 사람들은 내가 이끄는 방향에 반감을 가지고 있었다. 문제는 갈등이 상당히 쌓이기 전까지 아무도 나에게 이런 말을 하지 않았다는 것이다. 마침내 동료들이 입을 열었을 때는 내가 1년 내내 해온 일에 대한 길고 긴 불만 사항 목록이 쏟아져 나왔다. 나는 건설적인 피드백을 좋아하며 배우고 성장하는 데 열려 있는 사람이다. 하지만 우리는 누군가 우리에게 그럴 필요가 있다고 말해줄 때라야 배우고 성장할 수 있는 법이다.

5. 지금 있는 공간이 자신이 하고 싶은 일을 할 수 있는 최적의 공간인지, 변화의 가능성은 있는 공간인지에 대해 곰곰이 생각해보라

갈등은 자신이 활동하고 있는 공간이 자신에게 적합한 공간이 아니라는 사실을 깨닫는 데서 비롯되기도 한다. 그러니 자신의 상황을 검토해보는 시간을 갖도록 하자. 그곳이 여러분에게 알 맞은 곳일까? 여러분은 자신이 지금 몸담고 있는 공간에서 자신감을 가질 수 있으며 든든하고 감사하다고 느끼는가? 갈등이 오랫동안 계속돼왔나? 눈앞의 문제들에 끝이 보이나? 해결책이 있는 문제인가, 아니면 좀체 사라지지 않을 것 같은 문제인가? 지금의 공간에서 노력해보는 것과 다른 공간을 찾아 나서는 것 중 어떤 것이 여러분과 여러분이 하고 있는 활동에 더 나은 선택일까?

몇 주가 걸리더라도 자신에게 솔직한 답을 내리도록 하자.

6. 절대 행동주의 공간에서 벌어진 위기 때문에 삶의 다른 영역들을 망치지 마라! 예외란 없다!

나는 이미 이 실수를 한 적이 있다. 그때 제로 아워는 격동의 과도기를 겪고 있었고, 3주 정도는 생지옥이 따로 없었다. 3주가 마치 몇 달처럼 느껴질 정도였고, 하루에도 감정이 수백 번씩 왔다 갔다 했다. 내가 그때까지 열심히 쌓아온 모든 것이 눈앞에서

와르르 무너져 내리는 심정이었다. 이 대의를 좇느라 인생의 다른 부분들을 거의 다 포기했는데(참고로 이건 활동가가 되는 건강한 방법이 아니다), 이제 그 모든 게 스러지고 있었던 것이다. 나는 믿었던 사람들로부터 배신을 당한 느낌이었고, 영원히 변치 않을 것이라고 생각한 것들에 대해 갑자기 더는 확신을 가질 수가 없었다. 중간고사 대비를 해야 했지만, 앞뒤 재지 않고 제로 아워 문제에만 골몰하느라 학교 공부는 안중에도 없었다. 문제가 해결됐다 싶을 때마다 별안간 새로운 문제가 터져 나왔고, 나는 어떻게든 해결해보려고 다시 기를 쓰고 매달렸다.

그 3주 동안 나는 가족들을 소홀히 대하며 스트레스를 줬다. 친구들을 완전히 등한시하고 몇 번이나 실망시켰다. 나는 제로 아워 일이 어떻게 되든 변함없이 나를 사랑해줄 사람들을 돌아보는 대신 전화기만 붙들고 지냈다. 나 자신도 돌보지 않았다. 학교 공부를 무시한 결과 그 어떤 때보다 나쁜 성적을 얻었다. 제로 아워를 뒤흔드는 난관에 삶 전체를 침식당하고 말았던 것이다.

나와 동료들은 제로 아워의 내부 문제들을 결국 해결했고, 많은 것을 배우고 한결 나은 조직 문화를 갖게 됐다.

이 이야기를 통해 전하고 싶은 바는, 나와 같은 과오를 범하지 말라는 것이다. 활동 공간에서 일어난 일을 파고드느라 인생의 다른 영역을 팽개치지 마라. 조직과 활동 내의 그 어떤 위기나 갈등, 문제도 자기 인생의 다른 부분을 침범하지 못하도록 해야 한다. 그만한 가치도 없을뿐더러, 그 문제에만 매몰돼봤자 상황이 악화될 따름이다. 사랑하는 사람들, 반려동물과 함께 시간을 보내지도 못하고 자신의 정체성을 구성하는 행동주의 외의 다른 부분을 일절 돌보지 않으며 한숨 돌릴 여유도 없이 지낸다면 갈등을 해결하려 덤비면 덤빌수록 더욱 성급하고 짜증이 나게 될 텐데, 그러면 당연히 상황이 더 나빠지기밖에 더하겠는가.

자, 지금까지가 어려운 목표를 위해 혼자가 아니라 다른 사람들과 함께 일하다보면 부딪힐 수밖에 없는 현실을 헤쳐 나갈 방법에 대한 조언이었다. 여러분도 감을 잡았기를 바란다.

나는 직접 부딪히고 고생하며 조직 내 갈등에 대해 많은 것을 배웠다. 이 과정을 견디고 나자 전보다 강하고 공정하며 우수한 활동가이자 조직가로 다시 태어날 수 있었다. 다른 사람과 상호작용하며 함께 일할 때 생기는 역동적인 관계와 힘에 대해 이해하기 시작하고 유효한 시스템을 찾기까지는 수년간의 시행착오가 있었다. 지금도 엉망진창일 때가 없는 것은 아니지만, 나는 계속 배우고 있다!

나도 했고 다른 청소년 활동가도 계속하고 있는 실수, 그리고 해결 방법!

1. 독재를 한다

제로 아워 초창기에 나는 독재자나 다름없었고, 그 때문에 일부 구성원은 그리 좋지 못한 조직 생활을 경험할 수밖에 없었다. 당시 제로 아워에는 민주적 의사 결정 체계가 없었다. 나 혼자 모든 권력을 휘둘렀고, 사람들에게 주어진 선택지는 내가 하자는 대로 하거나 제로 아워를 떠나거나였다 – '나 빼고 전부 다 괴로워하며 일하도록 만들겠어. 누구든 하나부터 열까지 내 명령에 따라야 해'. 이렇게 의도적으로 생각하고 행동했던 것이 아니다. 나는 그저 내가 느끼기에 우리 활동에 가장 좋은 방향으로 업무가 진행되기를 바랐고, 믿기 어렵겠지만 내가 독재자처럼 굴고 있으며 그것 때문에 많은 사람이 실망하고 화가 나 있다는 것을 몰랐다. 몇 사람이 말 그대로 개입을 시도하기 전까지는 내 리더십이 우리 활동을 방해하고 있다는 사실을 전혀 눈치채지 못했던 것이다. 그러나 우리 제로 아워 팀은 난관을 이겨냈다. 나는 이 일을 계기로 자기 인식 수준이 훨씬 높아졌고 다른 사람들의 필요와 감정에 대해서도 잘 알게 됐다. 모든 사람이 이 경험으로부터 많은 것을 배웠고, 우리는 공정하고 민주적인 합의적 의사 결정 체제를 마련했다. 내 독재자 시절(이렇게 생각될 정도다)은 모두 지나갔다.

서로의 실수로부터 배우자. 돌아보고 반성하는 시간을 갖도록 하자. 여러분의 활동 공간은 공정하고 민주적인가? 한 사람이나 몇 사람이 지나친 권력을 갖고 모든 결정을 내리고 있나?

해결책 그룹 내 모든 구성원이 모여 무슨 일이 벌어지고 있는지 솔직하게 이야기 나눌 수 있는 장을 마련하자. 서로 존중과 배려 속에서 소통할 수 있도록 기본 원칙을 정한 후, 한 사람 한 사람 모두 자신의 의견을 밝히며 조직과 활동의 운영 방식에서 느낀 불만을 털어놓을 수 있도록 독려하자. 변화를 요구하는 영역들을 정리해 문서화하고, 모든 사람의 생각과 필요가 동등하게 존중받는 민주적 체계를 만들기 시작하자. 민주적으로 운영하는 다른 조직과 활동을 참고해 아이디어를 얻는 것도 좋은 방법이다. 다른 조직의 구조와 의사 결정 과정을 살펴보고 어떤 점을 어떻게 반영하면 여러분의 활동 공간을 개선할 수 있을지 연구해보자. 우리는 어리고, 계속해서 배우는 중이다. 그러니 자신의 활동 공간이 변화를 요구하는 상황이라고 해서 과도하게 자책하거나 자기 비난에 빠질 필요가 없다. 배움과 변화에 늘 열려 있고, 현재 일하는 공간을 자신이 만들고 싶은 세상과 같이 차별 없고 포용적이며, 공정하고 민주적인 곳으로 가꾸어라.

2. 팀 역학을 무시한다

나는 조직화에 있어 사회적이며 사람들 간의 관계를 다루는 부분의 중요성을 항상 도외시했었다. 교육 프로그램을 마련하고 퍼실리테이터를 초빙하는 데 시간과 자원을 할당하자는 이야기가 나오면 늘 주저하고 인색했으며, 구성원이 안락하다고 느낄 수 있는 조직 문화를 기르는 데 소극적이었다. 나는 '바로 본론으로 들어가자. 왜 사람들 기분을 신경 쓰느라 시간을 낭비해야 하지? 할 일이 산더미 같다고!' 같은 느낌으로 일을 하는 사람이었다. 그렇다보니 많은 문제가 쌓이고 쌓여 폭발할 수밖에 없었다. 조직 내 팀 역학과 대인 커뮤니케이션 환경을 개선할 소통의 창구가 없었으니 당연한 일이었다.

˚해결책 시간과 자원을 투자해 팀 역학과 조직의 내부 운영 체계를 구축해야 한다. 연수를 실시하거나, 함께 일하는 사람들과 업무 환경 개선안을 툭 터놓고 논의할 수 있는 자리만 마련하더라도 좋다. 사람들이 활동의 목표를 위해 로봇처럼 일만 하는 것이 아니라 인간답게 어우러질 수 있도록 살피자. 기계적으로 성과를 얻는 데만 치중하지 말고 구성원들 간의 상호 교류 부문을 조직화하는 데도 신경을 써야 한다는 뜻이다. 누구나 긴장을 풀고 자유롭게 어울릴 수 있는 공간이나 업무 스트레스 해소와 팀워크 향상을 위한 프로그램, 퍼실리테이터와 함께하는 건설적인 회의 시간 같은 것을 도입해보면 어떨까.

3. 이미 무책임하다고 판명된 사람에게 임무를 내준다

나는 어떤 일을 할 능력이 없거나 할 생각이 없는 사람들에게 일을 맡긴 적이 너무나도 많다. 실력이 없고, 동기부여도 안 돼 있고, 책임감마저 없는 사람들이었는데도 자기 자리에 계속 있고 싶다니까 자리 보전을 하게 했다. 다른 사람과 맞서고 기분을 상하게 하는 것이 두려웠던 것이다. 그 결과 많은 돈과 시간, 그리고 내가 이끄는 활동의 성공을 대가로 치러야 했다. 자신이 맡은 일을 존중하지 않는 사람에게 그 일을 계속하게 하는 것은 조직에 해가 된다. 일을 끝까지 완수할 의지가 없는 사람에게 직책을 위임하는 것은 재앙의 지름길이나 다름없다. 하지만 어느 조직에서나 이 부분은 민감한 문제일 수밖에 없다. 어떤 사람이 일에 관심이 없는 것인지, 아니면 그저 일하는 방식이 다르거나 일에 대한 의지는 충만하나 그 직무에 요구되는 기술이 부족할 뿐인지를 판별하기가 쉽지 않기 때문이다.

°**해결책** 이 문제는 사례별로 접근해야 한다. 먼저 무책임하다고 생각되는 사람에게 갈등 상황에 대해 알리고, 그 사람의 입장도 들어봐야 한다. 그런 다음 그 사람에게도 도움이 되고 조직의 이익에도 부합하는 해결책을 찾도록 하자. 명심할 점은, 사람들이 자신의 본모습을 내비쳤을 때 그 사실을 무시하면 안 된다는 것이다. 책임감 없는 사람이라는 사실이 몇 차례나 입증됐는데도 계속해서 세 번째, 네 번째, 다섯 번째, 열 번째, 열두 번째 기회를 주지 마라.

4. 부모님이 관여한다

최근 활동가 세계에도 자녀에게 간섭을 일삼는 '스테이지 부모

stage parents', 다른 말로 헬리콥터 부모들이 많아졌다. 이들은 자녀가 활동가로서 유명해지기를 바라며 뛰어드는 것인데, 이는 정말 왜곡된 현상이다. 활동가가 되려는 목적은 변화를 이끄는 데 있어야지 유명해지는 데 있어서는 안 되기 때문이다. 행동주의 활동으로 기대하고 있는 것이 유명해지는 것이라면, 한 걸음 뒤로 물러나 이 일이 정말 자신에게 맞는지 되돌아봐야 한다. 활동가로서 명성을 얻는 일은 드물고 화려하지도 않을뿐더러, 일과 명성의 비율이 100시간 일했을 때 15초 정도의 작은 명성이 따르는 정도에 불과하다. 만일 삶의 목표가 유명해지는 것이라면 다른 일을 선택하는 편이 낫다. 인터넷에서 바보 같은 말만 해도 입소문이 나서 유명해질 가능성이 훨씬 더 크다.

아무튼, 스테이지 부모는 자녀의 행동주의 활동 전반과 인간관계 형성을 가로막고, 다른 청소년 활동가의 부모에게 (심지어 다른 청소년 활동가들에게도) 불평과 비난을 퍼붓기도 한다 – '아니, 그 댁 아이만 언론의 주목을 독차지하고 있잖아요! 이번 ○○건도 다 같이 활동했는데, 왜 우리 집 아이는 안 나오고 댁의 아이만《뉴욕 타임스》에 실린 거냐고요!'.

우리는 활동가로서 자신의 에고를 제대로 관리해야 할 뿐 아니라, 부모님의 에고가 우리 일을 장악하거나 방해하지 않도록 주의해야 한다. 그렇다면 내 어머니는 내가 하는 행동주의 활동에 어느 정도 관여하고 있을까? 내가 전화 회의를 너무 오랫동안 하고 있으면 파파야를 썰어서 간식으로 가져다준다. 집에서 거리가 있는 곳에서 행사를 진행하고 있으면 내가 잘 있는지 확인 전화를 한다. 연설을 하러 멀리 갈 때 내 곁에 있어주고 사진도 찍어주기 위해 동행하기도 한다. 우리 아버지는 어느 정도 관여하고 있을까? 내가 낭패당하는 일이 없도록 계약서를 검토해준다. 일이 여러 개 있을 때 일정 관리를 도와준다. 부모님의 서명이 필요한 인터뷰 같은 일을 할 때 승낙을 해준다. 제로 아워 행사에서 육체노동이 필요한 일이 있을 때 도와준다. 집에서 먼 곳에서 행사를 열고 있을 때 내가 안전한지 확인한다. 집에서 가까운 데서 행사가 있을 때는 데려다주기도 한다. 이게 다다. 두 분 모두 이보다 더 관여하고 싶어 하실 때도 있기는 하지만, 내가 선을 긋고 넘어오시지 못하도록 한다. 우리 부모님은 조직가도 아니고 사회 운동을 한 경험도 전혀 없으므로, 이 이상 관여한다면 득보다 해가 클 것이기 때문이다.

°**해결책** 경험에 비추어 볼 때, 부모님의 개입은 우리를 안전하게 지켜주기 위한 활동에 한해야 한다. 계약과 일정, 건강 관리를 도와주고, 우리가 착취당하거나 부당하게 이용당하지 않도록 보살펴주는 일 말이다. 우리의 홍보 담당자가 되기보다 우리의 부모님 역할을 하시는 데 그쳐야 한다. 어머니가 다른 청소년 활동가의 어머니에게 전화를 걸어 자신의 자녀는 그 청소년 활동가만큼 유명해지지 않는다고 불평을 늘어놓는 일이 있어서는 안 된다. 아버지가 조직과

아무런 관련도 없으면서 회의 전화를 대신 받아 내용과 상관도 없는 의견을 두서없이 늘어놓아서는 절대 안 된다.

물론 자녀에게 특별한 도움이 필요한 경우나 고유한 사정이 있을 때는 이 원칙이 융통성 있게 적용돼야 옳다. 핵심은, 부모님의 개입이 지나치면 청소년 사회 운동에 피해를 주게 된다는 것이다. 부모님이 자녀의 행동주의 활동을 독선적으로 주무르려 하는 경우라면 더욱더 말이다.

그런데 부모님도 활동가이거나, 부모님과 함께 조직을 설립하는 경우이거나, 가족이 다 함께 어떤 대의를 추구하며 활동하고 있는 경우는 별개다. 이때는 괜찮다. 사실, 여러 세대가 함께 공동체 조직 활동을 하는 것은 아름다운 일이며 엄청난 진전으로 이어진다. 피해야 하는 것은 스테이지 부모가 행동주의에 관한 경험이나 우리가 활동하고 있는 분야에 대한 실제적 지식 없이 에고에 사로잡혀 우리 활동에 과도하게 관여하는 상황이다.

위 실수를 피하기 위해 최선을 다해야겠지만, 아무리 노력해도 실수란 일어나기 마련이므로 자기 자신에게 너그럽기를 바란다. 인생이란 너무나도 바쁘고 어지럽게 돌아가기 때문에 뭔가를 눈치채지 못하거나 잊어버리고 넘어갈 때도 있는 법이다.

실수할까봐 전전긍긍하는 완벽주의자는 멀리까지 갈 수 없다. 활동가로서 탐험하고 성장할 수 있는 자신의 능력을 제한하게 되기 때문이다. 활동가 사이에서도 '캔슬 컬처cancel culture'* 가 유행하고 있고, '보여주기식 행동주의' 문제도 있다. 너 나 할 것 없이 자신이 남보다 조금이라도 더 완전무결하다는 것을 증명하려 애쓰고, 누군가 실수를 저지르면 만회할 기회조차 주지 않으려 한다. 실수를 저지르는 순간 '캔슬'을, 즉 당사자에 대한 전면적인 보이콧을 한다는 것인데, 활동가 공간에서 이러한 행태는 당연히 중단돼야 한다. 앞에서 살펴본 것들이나 다른 실수들을 한 적이 있다 해도 여러분은 결코 형편없는 사람, 형편없는 활동가가 아니다. 실패자도 아니다. 실수는 그저 여러분이 앞으로 신경 써야 할 부분일 뿐이다. 우리는 성장해야 하고, 청소년으로서의 삶도 살아야 하고, 정신없는 세상을 탐구하며 그 속에서 자신의 길도 모색하는 와중에, 학교생활을 하며 사회적 압력도 견뎌야 한다. 이것만으로도 힘든데 거기에다 세상을 변화시키기 위한 싸움도 하고 있는 것이다. 때로는 슬기롭지 못한 일도 저지르게 마련이다. 그러니 실수를 했을 때는 인정하고, 바로잡고, 그로부터 배우고, 자신을 자책하지 마라. 우리는 계속해서 배우고 성장하는 중이다. 자신에게서 그 여지를 빼앗지 않도록 하자.

---

* 자신의 생각과 어긋나면 팔로우를 취소cancel한다는 뜻으로, 소셜 미디어를 통하면 집단 공격으로 이어지기도 한다.

아이리스 펜 질링엄Iris Fen Gillingham, 19세, 여성She/Her

기후 정의 활동가, 가족 농장 그로잉 와일드루츠 팜Growing Wildroots Farm 운영

제이미 어떻게 활동가가 되셨나요?

아이리스 일단 제가 자라온 환경으로부터 받은 영향이 커요. 저는 가족의 유기농 농장에서 뛰놀며 자랐거든요. 제 이름 아이리스도 습지에서 자라는 꽃의 이름이에요. 이름 때문에 제가 대지와 연결돼 있다는 게 더 선명하게 느껴지고, 지구를 위해 일하고 싶다는 책임감도 들고요. 저희 가족은 쭉 유기농 채소를 키워서 생계를 꾸려왔는데, 제가 여섯 살 때부터 5년 동안 100년에 한 번 있을 수준의 홍수를 두 번이나 겪고 500년 만의 대홍수까지 겪었어요. 표토가 전부 다 쓸려 내려가버렸어요. 지금도 자급자족하면서 저희 가족이 먹을 농작물을 직접 기르고 있긴 하지만, 채소를 팔아서 먹고사는 생활은 더는 할 수 없게 됐던 거죠. 제가 여덟 살 때는 프래킹 산업체가 저희 마을에 들어왔어요. 저희 아버지는 제가 사랑하는 곳을 지키기 위해 끊임없이 프래킹 산업에 맞서 싸우시는 분이셨어요. 조금 더 나이가

돌고 나서는 저도 연설에 나서게 됐어요. 모든 어른이 자신이 싸우는 이유가 자녀와 그 다음 세대를 위해서라고 말했는데, 그때 그 연설장에서 청소년은 저밖에 없었죠. 한동안은 여러 조직과 함께 기후 변화 행동주의 활동을 하는 데 푹 빠져 있었어요. 지금은 활동가들이 자기 자신도 잘 돌봐야 한다는 부분에 초점을 맞추고 있고, 우리가 이 지구를 밟고 살아가면서 어떻게 하면 지구에 좀 더 다정해질 수 있을까, 우리가 한 행동과 지구에 책임을 다하기 위해 과연 우리는 무엇을 해야 하나, 같은 이슈에 관심이 많아요.

제이미 활동 공간에서 변화돼야 하는 부분이 있다면 무엇일까요?

아이리스 성과물을 얻는 데만 급급하고 과정이나 전체적인 여정을 소중히 여기지 않는 경향이 눈에 띄었어요. 지금까지 함께 일했던 여러 그룹을 봐도 건강을 지키고 자신을 돌보고 서로 관계를 쌓고 이런 것들은 뒷전으로 미루는 경우가 많았어요. 우리가 가장 우선시해야 하는 건 공동체를 이루고 서로 지지를 나누는 것이라고 생각해요. 다른 사람의 지지가 없어도 되는 사람은 없으니까요.

제이미 그렇다면 행동주의 공간에서 공동체를 이루는 방법은 뭘까요?

아이리스 서로를 잘 보살피고 지지하는 거죠. 가족이 되는 거요. 우리 형제자매 중 누가 최전선에서 싸운다면 우리 모두 그

옆에서 함께하는 거예요. 트위터에서만 목소리를 높이는 게 아니라, 말 그대로 바로 옆에서 함께 말이에요.

최전선 공동체들이 어떤 지지와 연대를 필요로 하는지 귀를 기울여야 해요. 우리를 끌어내리는 게 아니라 일으켜 세우고 북돋아주는 사람과 함께하는 게 좋고요.

청소년의 힘은 우리가 그냥 하고 싶은 말을 하는 게 아니라 가슴에서 우러나오는 말을 하기 때문에 있는 거라고 봐요.

우리는 누구나 각자의 힘을 가지고 있어요. 그러니 이 불꽃이 꺼지지 않게 잘 지키는 것이 중요해요. 멋진 공동체의 일원이 될 수 있는 것도 굉장한 일이고, 우리의 가슴을 따르고 우리가 사랑하는 일을 하다보면 그런 공동체를 새로 만들 수도 있을 거예요.

18 거인의 어깨에 올라타고 전진하라

청소년 활동가로서 변화를 위해
세대를 아우르는 활동을
펼쳐나가자

우리는 수 세기 동안 정의를 향해 도덕의 궤적을 구부러뜨려온 지구촌 체인지 메이커 가족의 일원이다.[*] 일상의 고된 일에 파묻혀 지내다 보면 우리는 모두, 우리가 활동하기 훨씬 전부터 있어온 운동을 이루는 퍼즐 한 조각씩이라는 사실을 잊기 쉽다. 우리는 우리보다 큰 무언가의 일부다. 우리는 공동체의 일부다. 우리는 더 이상 사회라는 기계 속에서 돌아가는 수많은 톱니바퀴 중 하나가 아니다. 활동가가 되어 세상이 우리 앞에 놓아둔 것에 용기 있게 도전하는 '오로지 하나뿐인 방법'으로 우리는 자유로워졌다. 청소년 조직가로서 기량을 발휘해, 세대를 아우르며 변화로 나아가는 사회 운동을 구축하자. 그것이 우

---

* 노예제도 폐지론자였던 시어도어 파커(Theodore Parker, 1810~1860)가 남긴 말에서 따온 문장이다 - '저는 도덕의 세계를 전부 이해하진 못했습니다. 도덕적 세계의 궤적은 무척 긴데, 제 시선이 닿는 거리는 짧디짧을 뿐이지요. … 그러나 제가 확실히 드릴 수 있는 말씀이 있습니다. 바로 이 궤적이 정의를 향해 휜다는 것입니다(I do not pretend to understand the moral universe; the arc is a long one, my eye reaches but little ways. … And from what I see I am sure it bends towards justice)'.

리가 이길 유일한 방법이다.

우리가 살아가는 세상은 정의가 거저 주어지는 곳이 아니다. 정의를 요구하고, 요구하고, 또 요구해야 하는 곳이다. 역사상 있어온 모든 위대한 사회 운동은 전 세대가 하나로 뭉쳤을 때 생기는 특별한 지혜와 힘을 바탕으로 커다란 변화를 이루어냈다.

이 책은 나이 든 세대에 맞서 젊은 세대의 위상을 격상시키겠다는 의도로 쓰지 않았다. 사실, 우리는 모두 우리보다 앞서 변화를 만들어온 체인지 메이커의 어깨 위에 서 있기 때문이다. 오늘날의 환경 운동은 지구를 보살피고 인류가 지구와의 연결성을 잃지 않도록 지키기 위해 식민주의자의 탐욕과 파괴적 행태에 맞서 수 세기 동안 싸워온 원주민 활동가의 어깨 위에 서 있다. 오늘날의 LGBTQ+ 해방 운동은 1960년대 후반 뉴욕에서 스톤월 폭동*을 벌인 퀴어 운동가의 어깨 위에 서 있다. 이 밖에도 수없이 많은 예가 있다. 우리 윗세대와 따로 떨어져서는 그 어떤 진전도 이루어낼 수 없다. 하지만 우리의 가치를 부정하는 사람들의 생각은 반드시 바로잡아야 한다. 그리고 우리 청소년의 목소리를 내기 위해 스스로 테이블을 찾아가 앉아야 한다. 우리를 위해 기꺼이 자리를 마련해놓고 부르는 어른은 드물기 때문이다.

우리 윗세대를 소외시키고 적으로 돌려서는 청소년 사회 운동은 앞으로 나아갈 수 없다. 청소년의 목

*스톤월 폭동
1969년 6월 28일, 성 소수자들의 아지트였던 뉴욕의 바, 스톤월 인Stonewall Inn이 경찰의 기습 단속을 받았고, 이때부터 성 소수자에 대한 억압과 차별에 저항하는 시위가 며칠 동안 이어졌다. 스톤월 항쟁을 계기로 성 소수자 인권 운동이 활발해지기 시작했다.

소리를 참여시키지도, 고려하지도 않는 일반 사회 운동이 모든 사람을 위한 정의를 실현하는 데 결단코 성공할 수 없는 것과 마찬가지다.

우리는 지금, 역사에서 중요한 순간을 살아가고 있다. 21세기 초입의 청소년으로서 우리가 우리 자신의 의견과 단단한 신념을 바탕으로 어떤 결정을 내리고, 어떤 행동에 나서는지에 따라 앞으로 다가올 수천 년의 세상을 만들 것이다. 우리가 지금 선택하는 행동에 따라 우리 지구와 지구상 모든 것의 미래가 결정될 것이다. 우리 청소년에게는 제도, 의회, 법, 언론, 금융 권력이 거의 없다. 그러나 우리에게는 이 모든 권력 시스템에 진실을 말하고 영향을 끼칠 힘이 있다.

오늘날의 세상을 살아가는 우리 청소년에게는 중요한 할 말, 사회를 위해 줄 수 있는 특별한 것이 있다. 우리의 힘, 청소년의 힘이란 높은 지위에 있는 사람에게 희석되지 않은 순수한 진실을 말하는 힘이다. 청소년은 정치 제도를 움직이지는 못할지 모르지만, 문화 면에서는 엄청난 영향력을 지니고 있다. 그리고 문화의 변화는 정치의 변화를 불러오게 마련이다. 법이 바뀌려면 그 법을 만드는 사회를 둘러싼 문화가 먼저 바뀌어야 한다. 청소년은 늘 그래 왔듯 앞으로도 이 문화를 사회의 진보를 향해 이끌어갈 것이다. 그것이 우리의 힘이다. 우리의 일이다. 그리고 우리의 능력이다.

이것으로 이 책은 끝나지만, 여러분의 여정은 이제 시작됐을 뿐이다. 《세상 좀 바꾸고 갈게요》의 원제목인 'Youth to Power'는 그저 시선을 사로잡고 해시태그로 쓰려고 지은 제목이 아니다. 억압적 형태의 권력에 맞서는 저항의 힘이자, 권력이 필요한 가치, 시스템, 사람들에게 권력을 가져다주는 변화의 힘으로서 우리 청소년이 세상에 존재하는 방식을 드러내는 것이다. 지금은 전방위적으로 청소년의 힘을 발휘해야 할 때다. 일어나 권력에 맞서 진실을 말하는 사람이 되자. 아무리 힘겹고 환영받지 못하더라도 말이다. 선을 긋고 '더 이상 안 된다'라고 말하는 바로 그 사람이 되자. 우리의 지구와 환경을 파괴하는 것도, 우리 공동체에 폭력을 행사하는 것도, 인종, 젠더, 민족, 성별, 종교, 그리고 능력을 이유로 차별하는 것도 더 이상 안 된다. 용기 내 우리에게 해롭기만 한 기존 체제를 대신할 더 나은 가능성과 해결책, 삶의 방식을 상상하고 창조하는 바로 그 사람이 되자. '늘 그래 온 걸, 무슨 수로…'라고 말하는 사람들 앞에서 웃어 젖히고 가능한 최고의 방법으로 현상을 타파하는 사람이 되자. 여러분이 못할 이유가 뭔가? 여러분과 똑같은 문제를 고민하고, 여러분과 마찬가지로 더 나은 세상을 꿈꾸고 자유를 갈망하는 사람이 적지 않다. 그러나 이들 대부분은 떨쳐 일어나 목소리를 높여줄 첫 번째 사람을 기다리고 있다. 아무도 입을 뻥긋하지 않는 상황 속에서 몇 년이 그냥 흘러가버릴지도 모른다. 어쩌면 누군가 나서기는 하지만 충분하지 않을 수도 있다. 그러니 여러분이 일어나 '더 이상 참지 않겠다'라는 결단을 내리고, 침묵을 깨야 한다. 그러면 똑같은 고민을 해왔던 다른 사람도 따라나설 것이다.

청소년 활동가의 여정은 길고 정신없고 혼란스럽겠지만 우리를 강하게 만드는 멋진 여정이다. 지치고 실망스러울 때도 있겠지만 신나고 힘이 솟을 때도 있을 것이다. 무엇보다 이 여정은 아름답고, 걸어갈 가치가 충분한 여정이다.

자신이 옳은 것을 위해 싸우고 있으며 세상에 산재해 있는 여러 문제를 해결하는 데 실제로 이바지하고 있다는 것, 그리고 더 밝고 멋진 쪽으로 우리 문화를 바꾸어나가고 있다는 사실을 실감할 때보다 더 기분 좋은 때도 없다.

그러니 세상에 나가라. 자기 자신에게 너무 엄격한 잣대를 들이밀지 말고, 자신이 하는 일의 의미를 결코 완전히 알 수는 없을 것이라는 사실을 받아들여라. 어쨌든 우리는 최선을 다해 멈추지 말고 앞으로 나아가야 한다. 성공적인 청소년 활동가가 될 수 있는 궁극의 비법이 담겨 있는 책인 줄 알았을 텐데, 이런 이야기로 책이 마무리되다니 내가 생각해도 정말 얄궂게 느껴질 것 같다. 그러나 그 어떤 체인지 메이커도, 그리고 그 어떤 청소년 활동가도 자신이 무슨 일을 하는 것인지 완전히 알고 한 사람은 없다. 그들은 그저 최선을 다해 깨우쳤고, 최선의 계획을 세워 최선을 다해 행했고, 자신이 쓸 수 있는 도구로 최선을 다해 가능한 한 많은 변화를 이끌어낸 것이다. 그러니 더 기다릴 게 뭐가 있을까? 세상이 우리 앞에 펼쳐져 있다. 세상 속으로 나가 생산적인 소란을 일으키고 변화를 끌어내라. 주저하지 말고 뛰어들어 배우고, 세상에 필요한 일을 하라.

이게 바로 내가 하고 있는 일이다. 그리고 여러분이 해야 하는 일이다. 우리가 할 수 있는 일은 이것이 전부다. 권력에 맞서 진실을 말하고, 청소년의 힘을 발휘할 때다.

。감사의 말

먼저 저를 세상에 낳아주시고 한 번도 날개를 꺾은 적이 없는 저희 부모님께 감사를 전합니다. 두 분이 저를 믿어주지 않고 제가 두 분과 함께 보내는 시간이 줄고 또 줄어드는데도 마음껏 세상을 탐험하며 하고 싶은 일을 하도록 북돋아주지 않으셨더라면, 지금의 저는 없었을 거예요. 제가 일을 하고 있으면 슬며시 간식을 챙겨주시고 언제나 사랑과 인내로 지켜봐주시는 어머니, 고맙습니다. 여섯 살 무렵 작가가 돼 책을 출간하고 싶다고 결심했을 때 제가 만든 이야기를 커다란 컴퓨터로 받아 써주신 영원한 저의 첫 번째 팬 아버지, 감사합니다. 제가 자신감을 잃고 스스로를 몰아붙일 때도 늘 저를 있는 그대로 충분하다고 느끼게 해주는 아버지의 지지는 제게 온 세상과 같답니다. 저희 할머니 루실라, 스텔라 이모, 엘러리 삼촌, 사촌 일라나와 사만다, 노라 아주머니, 휴고 아저씨, 헨리 아저씨를 비롯해 콜롬비아에 있는 모든 가족들의 사랑과 격려에도 감사의 말을 전하고 싶어요. 제게 여러분의 자랑스러운 가족이 되는 것보다 더 행복한 일은 없어요.

저의 첫 번째 글쓰기 멘토, 캐스린 모라에게 고마움을 전합니다. 작가가 되고 싶다는 열세 살짜리의 말을 귀담아들어주셨죠. 나이가 어리다고 무시하지 않고 진지하게 받아들여주었어요. 캐스린과 이메일을 통해 문학, 창작, 출판에 관해 나눈 수많은 대화가 있었기에 제가 작가로 성장할 수 있었습니다. 캐스린은 글쓰기를 비롯해 그 어떤 주제로 이야기가 오갈 때도 저를 동등하게 대우해주었고요. 그렇게 이메일을 주고받을 수 있었던 것을 영광으로 생각하며, 캐스린이 도와주지 않았더라면 캐서린처럼 훌륭한 에이전트를 만나지도 못했을 것입니다.

네, 저의 멋진 문학 에이전트, 캐서린 샌즈(제 인생에 캐스린과 캐서린이 좀 많아요)에게도 감사의 인사를 전합니다. 당시 저는 출판을 꿈꾸며 뉴욕에 푹 빠져 있는 비쩍 마른 열세 살짜리에 불과했음에도 제 잠재력을 알아봐주었습니다. 제가 에이전시 전화번호를 알게 되고, 샘플 원고를 보내고, 만나서 이야기를 나눠보고 싶다고 전화로 설득하던 그 순간부터 쭉 제 최고의 치어리더이자 옹호자가 돼주었습니다. 제가 패닉과 스스로에 대한 회의에 빠졌을 때도 변함없이 늘 저와 이 책을 믿어주었습니다. 처음 만났을 때부터 최고의 에이전트가 돼주어서 정말 감사할 따름입니다. 그가 없었다면 이 책이 이렇게 세상에 나오기란 정말 어려웠을 거예요!

제 글이 처음 공식적으로 발표될 기회를 주었던 브라이언 클렘스에게 감사드립니다. 열세 살짜리가《라이터스 다이제스트》에 글을 실을 수 있었던 것은 정말 영광이라고 생각해요. 제 글도 투고된 다른 어른들의 글과 다를 바 없이 진지하게 검토해주셨지요. 그때 이후로 제가 함께 작업했던 《뉴욕 타임스》에서부터 《가디언》까지, 모든 팀의 편집자 분께도 감사의 말씀을 전합니다. 제 칼럼을 실어주시고 제가 글로써 세상에 외칠 수 있는 공간을 내어준 데 대해 정말 감사드려요.

이 책의 혁명적 가능성을 알아봐주고 제가 걸작을 쓸 수 있도록 도움을 아끼지 않은 출판사의 멋진 팀과 제 편집자분들에게 깊은 고마움을 표합니다. 마케팅 및 프로모션 팀에도요. 이분들이 없으면 이 책의 정보가 꼭 필요한 사람들에게 닿기란 불가능한 일일 거예요.

행동주의 가족들에게 특별히 감사 인사를 전하고 싶습니다. 조직화와 행동주의 활동을 하는 데 필요한 온갖 지혜와 지식을 전수해준 제로 아워의 멘토들, 그리고 앞으로 있을 캠페인의 매니저인 나탈리 미베인에게 고마움의 마음을 전합니다. 그렇게 습득한 지혜를 제가 이 책을 통해 다음 세대 활동가에게 전달하는 특권을 누리게 되었네요. 특히 나탈리 미베인―당신의 바라는 것 하나 없는 무조건적 지지가 없었다면 저와 제로 아워는 여기까지 올 수 없었을 거예요. 나탈리는 몇 시간이고 계속되는 전화 통화를 마다하지 않으며 다방면의 지혜를 나누어주었고, 제가 어려운 상황들을 헤쳐나갈 수 있도록 좋은 의논 상대가 되어주었습니다. 그렇지 않았더라면 저는 지난 몇 년간 제로 아워를 무사히 꾸려올 수 없었을 거예요. 제로 아워의 중추인 캠페인 팀은 앞으로도 멈추지 않고 나아갈 것입니다.

제로 아워 결성을 함께했던 초기 멤버들에게도 감사 인사를 하고 싶습니다. 제가 아무것도 없으면서 청소년 기후 행동을 하겠다는 터무니없는 생각을 하기 시작했을 때 의기투합해준 나디아 나자르, 매들린 투와 자나지 아티스. 이들이 있었기에 제로 아워는 많은 것을 이룰 수 있었고, 저는 이들과 함께 기후 정의를 위해 싸우는 것을 큰 영광으로 여기고 있습니다.

제로 아워의 모든 팀에도 감사의 뜻을 알립니다(너무 많아서 이름을 일일이 다 언급하진 못하지만, 정말 정말 사랑해요). 이들은 제로 아워 활동에 대한 헌신, 희생, 끝없는 사랑과 지지를 보여주며 노력과 노고를 아끼지 않았습니다. 이들과 함께 활동을 꾸려온 것은 제 인생에서 가장 멋진 일이고, 이들과 함께 천국과 지옥을 오가며 지금에 이르렀기에 이 책을 쓰는 데 필요한 지식을 얻을 수 있었습니다.

우리의 어머니, 대지大地를 지키기 위해 싸우는 토카타 아이언 아이즈, 제이슬린 차저, 알레시아 필립스, 니나 로즈를 비롯해 모든 원주민 청소년에게 깊이 감사드립니다. 저는 현실이 고되고 힘들 때 이들로부터 큰 위로를 받습니다. 이들은 저의 영웅이고, 이들이 쌓은 토대와 그 모든 본보기가 없었다면 이 책은 (그리고 저의 활동가 여정 전체가) 불가능했을 것입니다.

활동가 세계에 첫발을 내딛고 허둥대던 풋내기였던 저를 환영해준 수 리낸더, 헬레이나 파이퍼, 마이클 포스터, 보그다나 마놀레를 비롯해 모든 시애틀 조직가들에게 고마움을 표합니다. 또 아워 칠드런스 트러스트 팀에도 깊은 감사의 말씀을 전합니다. 이들은 제가 워싱턴주를 고소하는 것을 도와주었고, 덕분에 저는 청소년 활동가의 정신을 실천하며 살아가는 삶으로 나아가게 되었습니다. 제가 권력에 책임을 묻는 기회를 가질 수 있도록 도와준 안드레아 로저스와 아워 칠드런스 트러스트 법률 팀의 모든 분들에 대한 고마움을 영원히 간직하게 될 것 같습니다.

그리고 제가 갈수록 더 많은 행동주의 활동에 뛰어드는 와중에 지금껏 인내심을 갖고 지지해주신 모든 선생님께 감사 인사를 드립니다. 유치원 때부터 6학년까지 재학했던 웨스트 시애틀 몬테소리 학교 선생님은 제가 자유롭게 탐험하고 자신을 마음껏 드러낼 수 있도록 창의성을 북돋우는 열린 학습 환경을 만들어주셨지요. 제가 웨스트사이드 학교에서 7학년과 8학년을 보내면서 만난 모든 선생님께도 감사드려요. 특히 수재너 선생님의 놀랍도록 새롭고 특별한 교육 방침, 활동, 수업들 덕분에 창의력과 비판적 사고력, 세상에 도전할 자신감을 기를 수 있었습니다. 수재너 선생님으로부터 조지 오웰에 대한 모든 것과 역사는 반복된다는 사실을 배운 결과, 저는 가톨릭 고등학교에서 4년을 보냈음에도 권력에 맞서려는 투지가 꺾이지 않았죠(이건 농담이에요! 가톨릭 고등학교는 제가 생각했던 것보다 훨씬 좋은 학교였거든요). 다시 진지하게, 활동가 일정으로 학교에 다니긴 하는 건가 싶을 정도로 수업을 많이 빼먹으며 '활동가, 그 아이'라고 하면 누구나 알 정도였던 저를 참고 지켜봐준 홀리 네임스 아카데미와 9학년부터 12학년 때까지의 선생님들께 감사 말씀을 올립니다. 말 그대로 한 해에 몇 달씩 학교를 빠지는 것을 허락해주고 저의 기후 정의 활동에 확고한 지지를 보내주신 행정실장 선생님과 린다 리거스 수녀님에게 깊이 감사드립니다. 세상을 바꾸기 위한 일을 하면서 학교도 잘 다니는 길을 모색하려고 고군분투하는 저를 지지해주신 리틀 선생님, 도슨 선생님, 행정실의 다른 모든 선생님께도 감사 인사를 드립니다. 홀리 네임스 아카데미의 모든 선생님과 직원분들께, 제가 가려는 길을 가로막지 않고 격려해주신 데 대해 다시 한 번 감사 말씀을 드립니다.

그리고 홀리 네임스 아카데미를 함께 다닌 친구들 모두, 특히 우리가 고등학생 시절을 보내며 맞닥뜨린 모든 좋은 순간과 나쁜 순간에 저와 함께해줬고, 늘 저를 웃게 해주는 켄달과 올리비아에게 감사 인사를 전합니다. 퀴어 유대인 아이가 여학생밖에 없는 가톨릭 고등학교에 다닌 것 같은 일도 또 없죠. 다른 곳도 아니고 바로 홀리 네임스 아카데미가 제가 커밍아웃을 하고, 그것을 받아들여주는 친구들을 만나고, 집처럼 편하게 생활할 수 있게 된 곳이라는 게 정말 재미있는 것 같아요. 홀리 네임스 아카데미의 퀴어 친구들에게 정말 고맙다는 말을 하고 싶습니다(누군지 알 거야). 이들의 흔들리지 않는 지지, 그리고 이들과 끝도 없이 주고받은 풍자적이고 위트 있는 농담과 다른 사람들이 듣기에는 마치 다른 언어처럼 들렸을 우리만의 유머가 없었다면, 저는 고등학생 활동가로서 무사히 학교생활을 마치지 못했을 것이라고 (그리고 무사히 커밍아웃을 하지도 못했을 것이라고) 생각합니다.

마지막으로 청소년이든, 어른이든 제가 이 여정을 걸으며 만나온 모든 조직가와 활동가들에게 감사를 표합니다. 이 책에 담긴 조언과 교훈은 모두 어떤 식으로든 이들 한 명 한 명으로부터 영감을 얻은 것입니다. 저는 이들의 이야기, 목표, 열정, 아이디어에서 에너지를 얻으며, 어려운 일이 있더라도 활동을 계속해나가겠다고 희망하게 됩니다.

그리고 지금부터 이 책을 알리며 만나게 될 모든 분과 앞으로 제게 자신의 이야기를 들려주고, 영향을 주고, 영감을 줄 분들께도 이 지면을 빌려 미리 감사 인사를 전합니다.